企业知识产权管理

王肃 ⊙ 主编

QIYE ZHISHICHANQUAN GUANLI

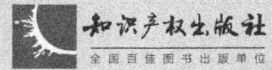

图书在版编目（CIP）数据

企业知识产权管理/王肃主编. —北京：知识产权出版社，2017.11
ISBN 978-7-5130-5285-6

Ⅰ.①企… Ⅱ.①王… Ⅲ.①企业—知识产权—管理 Ⅳ.①D913.04

中国版本图书馆CIP数据核字（2017）第286584号

内容提要

本书围绕企业知识产权管理涉及的要素，从实际操作的角度出发，探讨如何将知识产权管理落实到企业经营的各个环节中，同时将专利法、商标法、著作权法等知识产权的法律规定和企业如何进行知识产权管理有机结合。理论与实务相结合，案例丰富翔实，针对性和实用性较强。本书不仅适合高等院校知识产权相关专业学生作为教材使用，也适合企业、政府知识产权管理人员等教育培训使用。

责任编辑：田 姝　　　　　　　责任印制：孙婷婷

企业知识产权管理
王肃　主编

出版发行	知识产权出版社有限责任公司	网　址	http://www.ipph.cn
电　话	010-82004826		http://www.laichushu.com
社　址	北京市海淀区气象路50号院	邮　编	100081
责编电话	010-82000860 转 8598	责编邮箱	tianshu@cnipr.com
发行电话	010-82000860 转 8101	发行传真	010-82000893
印　刷	北京中献拓方科技发展有限公司	经　销	各大网上书店、新华书店及相关专业书店
开　本	787mm×1092mm　1/16	印　张	17
版　次	2017年11月第1版	印　次	2017年11月第1次印刷
字　数	300千字	定　价	58.00元

ISBN 978-7-5130-5285-6

出版权专有　侵权必究
如有印装质量问题，本社负责调换。

编委会

主　编：王　肃
副主编：胡翠平　高金娣　刘西怀
编　委：郭　谦　王晓辉　查国防
　　　　岳修志

前 言

在知识经济时代,知识产权管理水平已成为一个企业乃至一个国家在竞争中取得优势的关键因素。但目前,企业知识产权管理和经营人才几乎是空白,尤其是既懂得知识产权法律、又懂得经营管理知识;既有技术专业背景,又能够胜任知识产权管理的复合型人才奇缺。培养知识产权管理人才已经迫在眉睫。

本书的编写正是适应这种需求并力求突出其实用性。本书在体例和内容上均有所创新。在体例上,不再以知识产权种类作为知识产权管理主线,而是以企业知识产权管理的基本路径作为脉络,条理更为清晰;在内容上,增加了知识产权管理各环节所应注意的问题等较为前沿的内容,侧重于实务问题的探讨。本书深入浅出,既有企业知识产权管理基础理论的探讨,也有企业知识产权管理实务的介绍,不仅适合高等院校知识产权相关专业学生作为教材使用,也适合企业、政府知识产权管理人员等教育培训使用。

本书由王肃教授主编并统稿。撰稿人基本分工如下(以撰写章节先后为序):

王肃、高金娣:第一章;

郭谦:第二章、第八章;

胡翠平:第三章;

高金娣:第四章;

王晓辉:第五章;

查国防:第六章;

岳修志:第七章。

编者多为新学后进,理论水平有限,企业知识产权管理教材的编纂无现成、成熟的体例可循,如有不足之处,敬请批评指正,以期进一步完善。

目录

第一章　企业知识产权管理概论 ·· 1
　　第一节　知识与知识产权 ∣ 1
　　第二节　知识产权管理 ∣ 8
　　第三节　企业知识产权管理的意义 ∣ 15

第二章　企业知识产权管理基础 ·· 21
　　第一节　企业知识产权管理机构 ∣ 21
　　第二节　企业知识产权管理人员 ∣ 29
　　第三节　企业知识产权管理制度 ∣ 35

第三章　企业知识产权战略管理 ·· 53
　　第一节　企业知识产权战略管理概述 ∣ 53
　　第二节　企业知识产权战略环境分析 ∣ 59
　　第三节　企业知识产权战略制定 ∣ 66
　　第四节　企业知识产权战略实施 ∣ 77

第四章　企业知识产权创造管理 ·· 86
　　第一节　企业知识产权创造管理概述 ∣ 86
　　第二节　企业知识产权创造方式 ∣ 90
　　第三节　企业知识产权创造应注意的问题 ∣ 117

第五章 企业知识产权运用管理 ········· 136

第一节 企业知识产权运用管理概述 | 136

第二节 企业知识产权运用方式 | 143

第三节 企业知识产权运用应注意的问题 | 158

第六章 企业知识产权保护管理 ········· 166

第一节 企业知识产权保护管理概述 | 166

第二节 企业知识产权保护的方式 | 173

第三节 企业知识产权保护应注意的问题 | 181

第七章 企业知识产权信息管理 ········· 191

第一节 企业知识产权信息管理概述 | 191

第二节 企业知识产权信息管理的方式 | 200

第三节 企业知识产权信息管理存在的问题与建议 | 214

第八章 企业知识产权国际化管理 ········· 223

第一节 企业知识产权国际化管理概述 | 223

第二节 企业知识产权国际化管理的内容 | 232

第三节 企业知识产权国际化应注意的问题 | 246

参考文献 ········· 260

第一章 企业知识产权管理概论

> **本章提要**
>
> 知识在知识产权法中是指知识产品。知识产权是指在科学、技术、文化、艺术、工商等领域内,智力创造成果的完成人、所有人或工商业经营活动中工商标志所有人依法享有的专有权利。知识产权管理是指国家有关部门为保证知识产权法律制度的贯彻实施,维护知识产权人的合法权益而进行的行政执法及司法活动,以及知识产权人为使其知识产品发挥最大的经济效益和社会效益而制定各项规章制度、采取相应措施和策略的经营管理活动。此时应当将知识产权视为一种资源,知识产权管理涵盖了知识产权的创造、运用和保护并且最终实现经济和社会效益的全过程,是一种从宏观调控到微观操作进行全面系统协调的活动。企业是知识产权管理的重要主体。在管理层面上,企业知识产权管理是企业管理体系中具有战略意义的基础性管理环节。

第一节 知识与知识产权

一、知识产权的概念

(一) 知识

知识在知识产权法中是指知识产品,"是人们在科学、技术、文化等知识形态领域中所创造的精神产品"[1],是"概括知识产权各类客体的集合概念"[2]。知识产权是20世纪末期以来在国际上广泛使用的一个法律概念。法律

---

[1] 吴汉东. 知识产权法[M]. 北京:北京大学出版社,2007:2.
[2] 吴汉东. 知识产权法[M]. 北京:北京大学出版社,2007:13.

之所以视知识为一种权利，缘于知识的无形财产性。首先是知识生产的价值性。知识，特别是自然科学知识，有潜在的价值和使用价值，能通过社会生产转化为现实生产力，具有明显的商品属性。其次是知识资源的稀缺性。知识不是通过重复性简单劳动形成的，而是创造性智力劳动成果。它具有生产周期长、生产过程复杂和生产成本高等特点。最后是知识产品的公共性。"知识借助理性得以创获，所创获的知识倘若不传递给别人就会消亡"❶，知识的价值通过运用才得以体现。一旦公开，知识就无法像其他产品那样继续为生产者所控制。知识的上述特性使社会知识资源存在着"先天不足"，任何人只需支付较小数额的知识传播成本即可无偿地、任意地使用他人的知识产品。知识生产者无法通过市场交易收回高额的成本并取得受益，其从事的知识生产的积极性和经济合理性不断降低。最终造成整个社会知识供给不足，从而严重阻碍经济发展和社会进步。所以，法律赋予知识以私有权的性质，保护知识生产者对产品的垄断权利，归根结底是经济需求刺激的结果。❷

（二）知识产权

在民事权利制度体系中，知识产权是与传统的财产所有权相区别而存在的。17世纪中叶，法国学者卡普佐夫最早将一切来自知识活动领域的权利概括为"知识产权"。后为比利时著名法学家皮卡第所发展。皮卡第认为，知识产权是一种特殊的权利范畴，它根本不同于对物的所有权。这一观点得到世界上多数国家和众多国际组织的承认。❸ 我国民法理论在20世纪70年代至80年代初曾称之为"智力成果权"，1986年4月12日通过的《中华人民共和国民法通则》（以下简称《民法通则》）正式将其确定为"知识产权"。

知识产权的定义主要有"列举法"和"概括法"两种。国际公约主要采用列举法，我国学者多采用概括法。

列举法是通过列举知识产权所涵盖的权利类型或客体来达到明确知识产权概念的目的。如《成立世界知识产权组织公约》就采取了最宽泛的列举方法，详细列举了属于知识产权的8类客体范围，以此对知识产权进行界定。该公约第2条第8款规定，"知识产权"应包括下列项目的权利：①文学艺术

---

❶ 王晓华，任胜洪. 知识社会：高等教育职能的超越与整合[J]. 北京科技大学学报（社会科学版），1999（3）：87-91.

❷ 李琛. 知识经济的核心是知识产权——论高校知识产权教育[J]. 科技与法律，2004（4）：59-62.

❸ 吴汉东. 知识产权法通识教材[M]. 北京：知识产权出版社，2007：1.

和科学作品；②表演艺术家的表演、录音制品和广播；③在人类一切活动领域内的发明；④科学发现；⑤工业品外观设计；⑥商标、服务标记、商号和其他商业标志；⑦防止不正当竞争；⑧在工业、科学、文学或艺术领域内其他一切来自知识活动的权利。类似地，《与贸易有关的知识产权协定》（简称TRIPS协定）第1部分第1条规定，知识产权包括：①版权与邻接权；②商标权；③地理标志权；④工业品外观设计权；⑤专利权；⑥集成电路布图设计（拓扑图）权；⑦未披露过的信息专有权。采用列举法来定义知识产权的优点在于其表述清晰、明确、简单、易懂，但是由于知识产权是一个动态、开放、发展的法律制度，列举法无法囊括所有的知识产权类型，难免会有所遗漏。

概括法是通过对知识产权客体概括、抽象描述来给出知识产权的定义。郑成思先生在其主编的《知识产权法教程》中给出的定义是："知识产权指的是人们可以就其智力创造的成果所依法享有的专有权利。"为了说明这一定义的正确性，郑成思先生在多件作品中反复论证、强调知识产权的对象，包括商业标志，都是具有创造性的智力成果。刘春田教授在其主编的《知识产权法教程》中给出的定义是："知识产权是智力成果的创造人依法享有的权利和生产经营活动中标记所有人依法享有的权利的总称"，后改为"基于创造性智力成果和工商业标记依法产生的权利的统称"。吴汉东在其主编的《知识产权法》中给出的定义是："知识产权是人们对于自己的智力活动创造成果和经营管理活动中的标记、信誉依法享有的权利"。

一般来说，知识产权是指在科学、技术、文化、艺术、工商等领域内，智力创造成果的完成人、所有人或工商业经营活动中工商标志所有人依法享有的专有权利。❶

二、知识产权的分类

知识产权有广义和狭义之分。广义的知识产权包括著作权、邻接权、商标权、商号权、商业秘密权、地理标记权、专利权、植物新品种权、集成电路布图设计权等各种权利。狭义的知识产权，即传统意义上的知识产权，只包括著作权（含邻接权）、专利权、商标权三个主要组成部分。本书所指的知识产权是指广义上的知识产权。

知识产权依据其适用领域可划分为文学产权和工业产权。文学产权是

---

❶ 冯晓青. 知识产权法[M]. 2版. 北京：中国政法大学出版社，2010：3.

指关于文学、艺术、科学作品的创作者和传播者所享有的权利,包括著作权及与著作权有关的邻接权。工业产权则是指工业、商业、农业、林业和其他产业中具有实用经济意义的一种无形财产权,主要包括专利权、商标权、商号权、商业秘密权、集成电路布图设计权、地理标志权和植物新品种权等。

知识产权依据其权利来源可以划分为创造性成果权和经营性标记权。其中创造性成果权包括著作权及邻接权、专利权、商业秘密权、集成电路布图设计权和植物新品种权。这些权利保护的对象都是人们从事智力活动形成的成果。经营性标记权包括商标权、商号权、域名权、地理标志权等。该类权利保护的对象主要是指标示产品来源或经营厂商的区别性标记,主要存在于工商业经营活动中。❶

三、知识产权的客体

（一）知识产品的定义及分类

知识产权的客体是指人们在科学、技术、文化等知识形态领域中所创造的产品,简称知识产品。吴汉东教授把知识产品具体地分为三类:一是创造性成果,包括作品及其传播媒介、工业技术。其中,作品是指文学艺术领域中以不同表现形式出现并且具有原创性的创造成果（著作权客体）,可以概括地分为文学作品、艺术作品和科学作品;传播媒介是指在传播作品过程中产生的与原创作品有关联的各种产品、物品或其他传播媒介（邻接权客体）,主要包括艺术表演、音像录制品、广播电视节目;工业技术是指在工业、农业、商业等产业领域中能够物化在物质载体上的、依据科学原理和生产实践经验而发展形成的工艺操作方法和技能及与这些方法和技能相适应的生产工具和其他物质设施。在法律上,工业技术可以表现为取得工业产权的各类专利技术,也可以表现为取得其他知识产权的技术秘密以及受到新型知识产权即工业版权保护的工业产品。二是经营标记,即在工业、农业、商业等产业领域中能够标示产品来源和厂家特定人格的区别标记,包括商标、商号、产地名称等。三是经营资信,即工商企业在经营活动中所具有的经营资格、经营优势以及在社会上所获得的商业信誉,包括特许经营资格、信用及商誉等。与文学艺术作品、工业技术、经营标记不同,经营资信的财产价值尚未完全为

---

❶ 朱雪忠.知识产权管理[M].北京:高等教育出版社,2010:7-8.

人们所认识，相关立法保护明显不足。❶

（二）知识产品的特点

尽管知识产品的表现形式各有不同，但它们都具有以下基本特点。

1. 创造性

知识产品与物质产品不同，它不可能是以前出现的产品的简单重复，而必须是有所创新，有所突破。在这里强调知识产品具有创造性特点，并不是说物质产品没有创造性。问题的关键在于，创造性是知识产品获得法律保护的条件，物质产品却不要求这样。例如，生产相同的物质产品，不论其数量如何，都可以分别取得独立的财产所有权，而两个相同的发明物根据法律程序只将专利权授予其中的一个，以后的发明与已有技术相比，如无突出的实质性特点和显著的进步，也不能取得法律保护。一般来说，专利发明所要求的创造性最高，它必须是该技术领域中先进的科学技术成就，它所体现的技术思想、技术解决方案必须使某一领域的技术发生质的飞跃；著作权产品所要求的创造性次之，它要求作品必须是作者创造性劳动的成果，但任何作品只要其表现形式是独立构思和创作，不问其思想内容是否与已发表的作品相同，均可取得独立的版权；商标标志所要求的创造性仅达到易于区别的程度即可。

2. 非物质性

非物质性是指知识产品没有形态，不占有空间，可以被不同主体同时占有和使用的性质。人们对它的"占有"不是一种实在而具体的控制，而表现为认识和利用。知识产品虽然具有非物质性特点，但总是要通过一定的客观形式表现出来，使知识产品创造者以外的人能够了解，这种客观表现形式是对其进行知识产权保护的条件之一。例如，作品表现为文字著述、舞台表演、绘画、雕塑、音像制品等；发明创造表现为文字叙述、设计图表、形状构造等；商标表现为图案、色彩、符号、文字等。这些客观形式的载体，是知识产品的物化。知识产品表现形式的载体并不是知识产品本身，知识产品是精神产品，它的效能和价值是载体难以全部包括和体现的。

3. 公开性

公开性是知识产品所有人取得知识产权的前提。知识产品与物质产品不同，它必须向社会公示、公布，使公众知悉。发明创造者要划定自己的权利

---

❶ 吴汉东．知识产权法学[M]．北京：北京大学出版社，2013：14-15．

范围，就必须公布专利的技术内容，"专利"（patent）的拉丁文"patere"之原意，就有"公开"或"打开"的意思；商标所有人要取得商标权，或首先使用商标（使用在先原则），或首先申请商标注册（申请在先原则），这些行为无一不同公开性相联系；尽管作品完成之时即可获得著作权，但作者创造作品的目的之一就是使之传播，并在传播中因他人利用自己的作品而取得利益，如果作品不公开，其权利的意义便无从谈起。在此需要指出，作为知识产品的技术秘密是公开性的例外。

4. 社会性

知识产品的社会属性表现在它的产生、使用和归属等各个方面。从它的产生来看，一项知识产品，特别是创造性成果，是以前人积累的知识为劳动资料，以抽象的知识产品为劳动对象的生产活动，劳动者的知识拥有量与创造性思维在劳动过程中紧密结合。从它的使用来看，一项知识产品可以同时为若干主体所"占有"，为许多人所共同利用。从它的归属来看，知识产品既是创造者个人的精神财富，同时又是社会财富的一部分。❶

5. 可复制性

受其非物质性决定，知识产品在空间上可以无限制地再现或复制自己。"人类可以不受地域、国别以及特定物质材料的限制，在同一时间，利用不同的载体，不受数量限制地复制相同的结构与形式，并互不影响。"❷ 比如按图纸制作产品，按一定的方法施工、生产，用纸张、光盘或在网络中复制文艺作品，以及不同载体间信息的传递，等等。物质产品则不具有这样的特点，它的特定性和唯一性决定了任何"复制"都是新的客体的产生。

6. 增值性和不可损耗性

物质产品随着使用次数和年限的增加，不断地提取折旧，并最终消失殆尽。但是，知识产品的性质则不同，使用的人越多，次数越多，时间越长，价值越高，并且知识本身没有损耗。

四、知识产权的特征

1. 专有性

知识产权的专有性主要表现在两个方面：一是知识产权为权利人所独占，并受相关法律严格保护，没有法律依据或未经权利人许可，任何人不得使用

---

❶ 吴汉东. 知识产权法学[M]. 北京：北京大学出版社，2013：15-16.
❷ 刘春田. 知识产权法[M]. 北京：高等教育出版社，北京大学出版社，2000：9-10.

权利人的知识产品。但是知识产权的独占性是相对的，这种垄断性往往要受到权能方面的限制，例如著作权中的合理使用、专利权中的临时过境使用和强制许可使用制度、商标权中的先用权人使用等。二是对同一项知识产品，不允许有两个或两个以上同一属性的知识产权并存。例如，两人分别做出同样的发明，无论是依据先申请原则还是先发明原则，只能授予其中一项发明专利权。在理论上，分别独立创作完成的作品，如果相同或类似，其作者对其完成的作品都享有著作权；同样的情况在商业秘密中也存在，即两人或两人以上的主体独立研发完成的技术成果，只要未公开，那么他们对其技术成果也都享有商业秘密权，这种情况属于专有性的例外。

2. 地域性

知识产权的效力在空间上是有限的，即地域性。其基本含义是依据一个国家或地区的法律取得的知识产权，原则上只在该国或地区的范围内发生法律效力，而不能当然地延及其他国家或地区。例如，中国专利行政机构授予的专利权，只能在中国领域内受到保护，其他国家则不必须给予保护。如果知识作品的创作者希望在其他国家或地区就其知识作品获得知识产权保护，就应当依据有关知识产权国际条约或者双边协定、多边协定或者互惠原则，向相应的国家或地区申请知识产权。

3. 时间性

知识产权的时间性是指知识产权只能在法律规定的期限内受到保护，法定期限届满之后，知识产权将自行消失，相关知识产品将进入公有领域，成为整个社会的共同财富，供人类自由使用。它体现了对权利人知识产权的有效保护与社会公共利益的平衡。对于知识产权时间性的理解应当注意：首先，知识产权保护期限的长短，因法域的不同而不同。例如著作权中的署名权，大陆法系国家或地区给予的保护基本上不受时间限制，而英美法系国家或地区则对署名权规定了限制。❶ 其次，知识产权中不同类型权利保护期的确定性不同。专利权和著作权的保护期一般是完全确定的；商标的保护期在期满后可以续展，且续展的次数不限，这意味着实质上商标的保护期是无期限的；商业秘密的保护期更充满不确定性，它取决于保密措施的落实情况。

---

❶ 曹新明. 知识产权法[M]. 北京：中国法制出版社，2008：5.

第二节 知识产权管理

一、知识产权管理的概念

知识产权管理是一门新兴的学科，其研究既有重要的理论价值，又有很强的现实意义。对于知识产权管理如何界定，不少学者对此提出不同看法。

有的学者认为：知识产权管理，是指为了规范知识产权工作，充分发挥知识产权制度的重要作用，促进自主创新和形成自主知识产权，推动知识产权开发、保护、运营，由专门的知识产权管理人员利用法律、经济、技术等方式方法所实施的有计划地组织、协调和利用的活动。❶

有的学者认为：知识产权管理是指政府机构、高校、科研院所、企业或者其他组织等主体计划、组织、协调和控制知识产权相关工作，并使其发展符合组织目标的过程，是协调知识产权事务的宏观调控和微观操作活动的总和。❷

还有学者从知识产权管理特点、范围、内容等进行归纳，提出知识产权管理是一种从宏观调控到微观操作进行全面系统协调的活动，是协调各种关系、解决各种矛盾、提高效率、加速知识产权工作发展、保证知识产权成果实现的活动。❸

上述三种表达虽内涵各异，但并无实质的差异。本书认为：知识产权管理是指国家有关部门为保证知识产权法律制度的贯彻实施，维护知识产权人的合法权益而进行的行政、行业及司法活动，以及知识产权人为使其知识产品发挥最大的经济效益和社会效益而制定各项规章制度、采取相应措施和策略的经营管理活动。

二、知识产权管理的特征

1. 合法性

知识产权管理的合法性是指管理主体所从事的知识产权管理活动，不得

---

❶ 宋伟. 知识产权管理[M]. 北京：中国科学技术出版社，2010：85.
❷ 朱雪忠，乔永忠. 知识产权管理[M]. 北京：高等教育出版社，2010：14.
❸ 马海群，等. 现代知识产权管理[M]. 北京：科学出版社，2009：6.

违反相关法律法规，特别是知识产权法律法规、规章制度的性质。从"法"的位阶来看，知识产权管理的合法性具体包括两个方面：一是管理活动必须符合国家法律法规、地方法规和部门规章；二是管理活动必须符合组织内部规章制度。从管理要素来看，知识产权管理的合法性包括五个方面：一是管理者的主体资格合法；二是管理对象即相关知识产权合法；三是管理行为合法；四是管理方法合法；五是管理制度合法。

2. 市场性

知识产权管理的市场性是指知识产权管理活动必须遵循市场经济规律，知识产权的转让、许可等交易活动必须符合价值规律，知识产权交易价格由创造该知识产权客体的社会必要劳动时间决定，并受市场供求关系影响。知识产权制度是市场经济的产物，所以知识产权管理活动应当遵循市场经济原则，以市场机制为导向，以市场效益为目标。

3. 动态性

知识产权管理的动态性是指知识产权管理活动应该随着市场环境、知识产权法律状态、知识产权制度、组织内部环境及具体管理制度的变化而变化的性质。动态性体现在以下四个方面：一是知识产权管理的市场性特点，要求企业应当根据市场情况的变化对其知识产权管理作出相应的调整；二是知识产权管理活动应该随知识产权的法律状态（如有效期限、权利的有效性等）的变化而变化；三是知识产权管理活动应该随国家知识产权制度和政策的调整而变化；四是知识产权管理活动应该随着组织内部环境及规章制度的变化而变化。

4. 国际性

知识产权制度是一种涉及双边或多边条约的国际化制度。不同国家的知识产权管理活动不仅具有一定的相似性，而且具有紧密的相关性。知识产权管理不仅涉及国内法，也涉及国际公约以及相关国家的法律。知识产权交易不仅涉及国内市场，也涉及国际市场。随着经济全球化的深入，知识产权管理国际化趋势越来越明显。❶

三、知识产权管理的原则

知识产权管理原则是指在知识产权管理过程中应该遵循的规律及规则，主要包括管理效益原则、依法管理原则、系统管理原则、遵循价值规律原则

---

❶ 朱雪忠，乔永忠. 知识产权管理[M]. 北京：高等教育出版社，2010：14-15.

和功能管理原则。

1. 管理效益原则

管理效益原则是指知识产权管理活动必须遵循管理收益大于管理成本的原则。知识产权是一种无形资产，其收益有时可能非常丰厚，有时可能为负数。例如，畅销产品的核心专利技术、驰名商标，其收益极为丰厚，但是像已经过时、没有实际价值的专利技术，还要缴纳维持费，使得该专利技术成为负资产。所以，管理者必须遵循管理效益原则，根据知识产权资产的特点，进行科学的管理，为创新主体带来合理的收益。

2. 依法管理原则

依法管理原则是指知识产权管理必须依据相关法律进行合法管理。这里的合法管理应该包括两个方面的含义。一是知识产权管理和其他管理一样，要遵守国家的法律法规，如民法、经济法、商法、刑法等，不得违法管理。二是知识产权管理必须遵守知识产权本身的相关法律法规。知识产权管理和其他管理最大的区别在于其管理的对象——知识产权本身涉及大量的法律法规，如专利法及其实施细则、著作权法及其实施条例、商标法及其实施条例、反不正当竞争法等。如果管理不当，可能会使知识产权的价值减少，甚至消失。例如，发明在申请专利之前的不当公开，就有可能因为丧失新颖性而失去获得专利的资格；商标没有在法定时间内及时续展，失去其专有权；等等。因此，依法管理原则对知识产权管理具有非常重要的意义，关系到知识产权价值的大小甚至有无。

3. 系统管理原则

系统管理原则是指对知识产权进行系统化的分类、分层管理的规则。随着经济全球化的深入和知识经济的发展，以及我国国家知识产权战略的实施，创新主体的知识产权的储量不断增加。为了提高管理效率，对不同类型的知识产权，如专利、商标、著作权、商业秘密、植物新品种和集成电路布图设计等，必须进行分类管理。同时对不同层次的知识产权，如核心专利、外围专利等，进行分层管理。

4. 遵循价值规律原则

知识产权的运营是平等主体的法律行为。知识产权的充分运用是市场经济的产物。知识产权管理活动必须遵循市场经济的基本规律，充分利用知识产权制度与市场经济运行机制，根据价值规律制定管理制度，规范知识产权的转让、许可、质押等市场行为，在保障知识产权主体合法权益的前提下，获得更多的经济效益。

5. 功能管理原则

功能管理原则是指知识产权管理必须遵循保护知识产权、促进科学技术进步和文化传播的原则。专利管理必须有利于保护专利权人的合法权益,鼓励发明创造,推动发明创造的应用,提高创新能力,促进科学技术进步和经济社会发展。著作权管理必须有利于保护文学、艺术和科学作品作者的著作权,以及与著作权有关的权益,鼓励有益于作品的创作和传播,促进文化和科学事业的发展与繁荣。商标管理应该有利于保护商标专用权,促进生产、经营者保证商品和服务质量,维护商标信誉,以保障消费者和生产、经营者的利益,促进社会主义市场经济的发展。

四、知识产权管理分类

知识产权的创造、运用、管理和保护几个环节之间是相互联系、相互作用及相互促进的关系。但如果从系统工程的角度看,知识产权的创造、运用和保护实际上都是知识产权管理的内容。知识产权管理涵盖了知识产权的创造、运用和保护并且最终实现经济和社会效益的全过程。知识产权管理是一种对知识产权工作的宏观调控和微观操作进行全面系统协调的活动。为了便于理解和把握知识产权管理的真实内涵,我们将从不同角度对知识产权管理进行描述。

(一)根据知识产权管理过程分类

1. 知识产权的开发管理

企业作为知识产权主要权利主体,通过宣传、培训、教育等方法提高企业员工知识产权保护意识;通过制定相应的激励措施,鼓励企业员工积极开展生产技术的发明创造活动;通过制定相应的战术策略,促进企业知识产权的研发与应用,并做好知识产权的登记与核查、管理与保护工作,适时掌握产权变动情况,对知识产权实施有效的管理和监控。

2. 知识产权的经营使用管理

具有现代管理模式的企业,应当成立专门的知识产权管理机构,对知识产权的经营和使用进行规范管理。制定知识产权经营管理政策和规章制度,研究知识产权经营方式和管理模式,促进自主知识产权发展,防止企业无形资产流失。

3. 知识产权的收益管理

企业应当加强知识产权的收益管理,对知识产权使用效益情况进行统计,制定规章制度合理分配收益比例。并通过融资、投资、许可他人使用等运营方式，不断提高企业知识产权收益，提高企业专利、品牌等无形资产的经济效益。

4. 知识产权的处分管理

企业可以通过知识产权信息检索等方式，进一步了解本行业技术领域有关知识产权发展状况，并根据企业发展状况，确定知识产权的转让、拍卖和终止。❶

（二）根据知识产权管理客体分类

1. 专利管理

专利管理主要包含专利和技术秘密的管理。专利和技术秘密保护各有特点，也各自存在局限。在对一项技术成果进行知识产权保护时，权利人应根据不同的技术特点选择不同的保护方式，以便更好地保护自己的发明创造，获取最大的权益。

2. 商标管理

商标管理包括两个方面：一是商标行政管理，即政府部门的注册管理、纠纷处理和宏观政策管理；二是企事业单位自身的商标管理，包括商标注册、注册续展、商标知名度的培育、广告宣传、产品质量控制、侵权监控、商标转让和使用许可管理等。

3. 著作权管理

著作权管理主要涉及著作权取得管理；著作权许可使用、著作权转让及著作权质押等利用管理；著作权的保护管理。我国实行著作权自动取得制度，即作品创作完成后，作者自动取得著作权，而无须履行版权登记，但经登记的版权便于利用，且具有防范诉讼风险效力。另外，我国著作权管理的重点主要集中在图书、报刊、音像制品等传统出版领域，对于动漫、游戏等著作权新兴领域的重视和开发还有待加强。

4. 其他知识产权管理

即除了上述三大类管理以外的其他知识产权，如植物新品种权管理、地理标志权管理、集成电路布图设计权管理等。

（三）根据知识产权管理主体分类

1. 国家机关对知识产权管理

国家的管理主要从知识产权的取得和保护方面进行。从国家宏观管理的

---

❶ 官玉琴，彭强，叶文庆，等．知识产权管理[M]．厦门：厦门大学出版社，2014：9-10．

角度看,知识产权的制度立法、行政许可、行政执法、政策制定、司法保护都可纳入知识产权管理的内容。从国家战略部署的角度看,知识产权国家战略、技术信息、文化发展等都是知识产权管理研究的内容。国家对知识产权管理体现在专利、商标、著作权等管理中,譬如专利权、商标权等知识产权需要国家行政管理机关依法授予申请人相应的权利;知识产权的开发与应用需要各级政府的政策鼓励和支持;知识产权的保护和管理需要司法部门的通力合作。政府行政部门是最为典型的知识产权行政管理主体,对知识产权实施行政管理是国际上的通行做法。

2. 行业机构对知识产权管理

行业机构对知识产权管理是指各行业协会或者组织根据行业发展的基本情况,依据法律规定所实施的知识产权管理。行业协会根据保护行业利益和行业发展的需要,协调、组织本行业成员的知识产权工作,如制定标准、建立专利联盟、共同应对侵权诉讼、代表行业成员参与国家知识产权立法和政策的制定、修订,制定尊重知识产权的自律公约等。通过规范管理,制止行业不正当竞争,激发行业技术创新,增强行业整体对外抗衡能力。

3. 权利主体对知识产权管理

权利主体(主要是企业)的管理主要从知识产权的战略部署及知识产权(主要是专利)合理开发、应用、推广、自我保护等方面进行考虑,包括企业知识产权管理、科研院所知识产权管理、高校知识产权管理等。以企业为例介绍如下:

首先,企业应当确立以专利为主的战略,并在战略框架内,依据企业的总体经营和创新策略,对知识产权的创造,特别是对专利申请的数量、质量、时机、类别形成一个总的目标和方针。

其次,企业应当加强知识产权信息管理,建立和完善与本单位科研、生产领域相关的专利信息数据库,及时了解与本单位相关的国内外技术动态,提高创新研发的起点。

最后,企业应当根据国家相关法律法规政策要求,建立企业内部合理的知识产权利益分配与奖励等系列管理制度。通过兑现奖酬,最大限度地调动职务发明人的积极性,充分发挥职务发明人的聪明才智,避免人才和技术流失。❶

---

❶ 官玉琴,彭强,叶文庆,等. 知识产权管理[M]. 厦门:厦门大学出版社,2014:10-11.

4. 中介机构对知识产权管理

知识产权中介机构是指在知识产权贸易过程中，为客户提供咨询、代理或评估等服务的专业性社会中介组织（如专利代理所、律师事务所等）。知识产权所具有的专业性和知识性，对知识产权管理和贸易提出了较高的要求，而知识产权中介机构的作用和意义就在于为知识产权权利人或需求者提供专业性的服务，促进知识产权经济价值和法律价值的实现。当今社会，知识产权贸易对相关行业的影响已经远远超过有形资产的交易。一个国家或地区是否拥有齐全、成熟的知识产权中介体系，成为衡量一个国家知识产权制度运用水平的重要标志之一。❶

（四）根据知识产权管理内容分类

1. 知识产权法律管理

知识产权法律管理主要指国家相关管理机关依据法律法规的规定对知识产权行使管理权限的行为，涉及立法、司法及执法等方面，所以是工作内容最为广泛的一类管理行为。

2. 知识产权合同管理

知识产权合同管理是指管理主体依据合同法的基本规则对知识产权的创造、运用、保护等所实施的管理行为，是企事业单位最为常见的管理活动。公司对经营过程中签署的涉及知识产权的对内、对外合同进行规范管理，明确知识产权权属、权利义务条款，合同签订前进行事先评审，合同变更后进行跟踪评审，避免因知识产权问题遭受损失。

3. 知识产权战略管理

知识产权战略管理是指管理主体对知识产权从战略层面实施的一系列管理行为，它包括从制定战略、实施战略到评价战略的全过程。知识产权战略管理是学者比较关注且研究成果相对成熟的领域。知识产权战略管理又可根据战略实施的主体分为国家知识产权战略管理、区域知识产权战略管理、行业知识产权战略管理和企业知识产权战略管理。❷

4. 知识产权风险管理

知识产权风险管理主要包括对知识产权风险的识别、分析与控制。知识产权作为一种无形资产，是市场最为重要的经济资源，其自身极易遭受侵犯。如果企业对知识产权风险估计不足或处理不当，会带来相当严重的法律后果，

---

❶ 安雪梅，袁杰，彭志强. 知识产权管理[M]. 北京：法律出版社，2015：22-23.
❷ 安雪梅. 企业知识产权战略管理[M]. 北京：人民出版社，2010：19.

甚至是颠覆性的灾难。例如，研究开发阶段可能遇到的知识产权风险是：研究开发中利用的资源可能涉嫌侵犯他人的知识产权，甚至未来产生的研究开发成果可能侵犯他人的专利权或其他权利。为此，需要在风险出现前进行论证和解决。例如，如果研究开发活动利用的资源可能涉嫌侵犯他人知识产权，则应采取措施绕过存在侵权障碍的知识产权，如简化方法专利的工艺步骤、工艺条件，或者采用与专利技术不相抵触的替代技术。如果实在难以绕过，则应考虑征得权利人的授权，以免研究开发成果刚出来就陷入侵权泥潭的被动局面。

5. 知识产权危机管理

知识产权危机管理主要指管理主体对已发生的知识产权危机进行处理和管理的过程，这一过程包括诉讼环节和非诉讼环节的管理工作。

第三节 企业知识产权管理的意义

知识产权是对创造性劳动的法律保护，同时作为一种无形财产也是一种重要的经济资源，因此，对其进行管理就成为一种必然。管理的本意在于优化资源配置，提高生产效率。对知识产权进行管理，其任务主要就是充分发挥知识产权的特点，促进创新，对新的创造性劳动及时通过知识产权加以法律上的保护，并对知识产权这一经济资源进行维护、经营，合法利用他人的知识产权来指导自己的技术发展和经营方向，并合理运用知识产权制度的规则来为企业保驾护航。企业是知识产权管理的重要主体，知识产权是企业走向国际市场的通行证，是提升企业核心竞争力的牵引机。在管理层面上，企业知识产权管理是企业管理体系中具有战略意义的基础性管理环节。

一、企业知识产权管理存在的问题

近年来，企业的知识产权保护与利用工作已经越来越受到重视，同时也取得了一定的成绩，但是就整个大环境来说，企业的知识产权管理还是存在一些问题的。

1. 从外部环境来看

（1）我国知识产权法律体系不健全。现有的专利法、著作权法和商标法等仍然需要根据新形势变化，做进一步的修改与完善。有些法律、法规，例如对企业生产经营和技术创新活动至关重要的《商业秘密法》《技术秘密法》基本上是空白。

（2）政府部门对知识产权的管理不到位。法律的保护不仅在于立法的完善，更重要的是有力的执法。而知识产权局实际上只是专利局，商标和著作权等归其他部门管理，这些部门彼此缺乏紧密联系，增加了社会应用和查找知识产权的经费和时间成本，特别是中小企业，没有相应的人力和财力及时获取相关信息。

（3）社会缺乏知识产权管理的人才。目前，专利和商标申请的代理机构如雨后春笋相继出现，数量逐渐增多，但无法对大量企业的知识产权管理提供有效的人才和知识支撑。社会上有关知识产权管理、保护、分析和经营的专业咨询机构和专业人才很少，而企业知识产权管理人员一般缺乏相关专业知识与能力。

2. 从内部环境来看

（1）企业知识产权管理思想意识淡薄。目前，我国许多企业的领导仍然把眼光聚焦于有形资产，对无形资产的重要性和价值没有充分认识。这使得知识产权信息不能在科技创新中发挥其应有的作用，也使很多企事业单位不能在技术开发过程中有效利用已有的信息，造成不少重复研究情况，浪费了人力、物力资源，甚至引发法律纠纷。现有的企业知识产权管理大多停留在保护层面，还没有进入资本化运作。这说明我国企业还没有认识到知识产权类无形资产对吸引投资和获取利润的巨大作用。

（2）企业知识产权管理机构缺失。虽然我国颁布、实施《国家知识产权战略纲要》已有若干年，但在实践中，我国的许多企业仍然没有建立完善的知识产权管理制度，没有设置专门的知识产权管理机构和配备专业的管理人员，知识产权管理不能有效地贯穿于企业科研、生产、经营的全过程，更谈不上灵活地运用知识产权战略来促进企业的发展。即使设置相应机构，有的企业也存在管理职能与管理效果不佳的严重问题，不能平衡、协调与其他企业组织机构的关系。

（3）企业知识产权管理专业人才匮乏。知识产权人才匮乏成为我国知识产权发展的瓶颈。具备较强知识产权实务能力和外语交流能力、熟知国际国内知识产权规则并能够熟练运用这些规则开展涉外知识产权代理、进行国际知识产权许可贸易、处理知识产权纠纷诉讼以及能够参与国际技术标准制定的高层次知识产权专业人才极其缺乏。知识产权人才的匮乏，使得我国企业的知识产权管理工作跟不上国际社会发展的步伐，严重制约了我国现代企业的国际竞争力。

二、企业知识产权管理的意义

1. 增强企业的知识产权意识

强化知识产权管理，建立企业内部合理的知识产权利益分配与奖励制度，有助于增强创新主体的创新意识和知识产权意识。企业在知识产权管理的过程中，通过宣传、培训、教育等方式来增强企业管理层和员工的知识产权意识，从而顺利开展企业知识产权工作。

2. 提高企业知识产权的收益

知识产权是企业的重要无形资产，但知识产权只有通过实际利用才能为企业带来实际收益。企业通过知识产权运营，如用企业的知识产权进行融资、投资，或许可他人使用，或进行转让等，让其为企业带来巨大的收益。

3. 提高企业知识产权保护的水平

只有通过及时有效的知识产权管理，企业才能知己知彼，既及时保护自身知识产权不受侵犯，也避免重复研发和侵犯他人的知识产权，避免产生知识产权纠纷争端。同时，只有进行了科学的知识产权管理，才能应对竞争对手的知识产权攻势。

4. 防止企业无形资产的流失

企业可通过知识产权管理来规范企业和员工的行为，防止企业无形资产的流失。例如，商标在境外被抢注，企业的技术因为未申请专利而被他人无偿使用，企业的商业秘密因保密不力而泄露，等等。

5. 发展企业自主知识产权

企业知识产权管理的重要组成部分就是技术开发的管理、专利的申请、商标品牌的宣传和推广。通过企业的自主研发和品牌的推广，可促进企业自主知识产权的发展，增强企业的市场竞争力。

6. 促进部门之间的协调

有效的知识产权管理有助于创新主体的各职能部门在知识产权事务中的配合与协调，从而提高创新主体的组织协调能力和知识产权宏观管理的整体水平。做好知识产权统计、分析和预测工作，及时准确地为各级政府部门制定相关工作方针政策提供依据，为宏观经济、科技、贸易管理部门进行决策提供参考，为企业准确把握市场发展趋势提供服务。

7. 提升我国的综合国力

尽管知识产权是一种私权利，但对我国这样的发展中国家而言，国家综合实力的提高有待于各市场主体核心竞争力的提高。当今世界，知识产权已经成为一个企业和国家的核心竞争力。而合理有效的知识产权管理是促进知识产权的创造、运用和保护，建设创新型国家的关键。科学、有效的管理可以整合各方面的力量和聪明才智，把社会蕴藏的创造力最大限度地发挥出来，创造出更多更好的知识产权。把知识产权最大限度地运用起来，创造出更大的经济效益和社会效益，最大限度地提高我国的综合国力。

 案例分析

从柯达公司的失败看专利预警的重要性❶

在频繁发生，接连不断的专利诉讼案中，宝丽来公司与柯达公司围绕一次性成像技术而展开的长达14年的专利诉讼大战，是专利战争史上一个著名的案例。这场专利诉讼战当时创下了赔偿损失最高的世界纪录，是宝丽来公司用完备的专利布局战胜实力数倍于自己的对手的一个典型战例。

双方诉讼争执的技术是一次性成像技术。1947年，宝丽来公司一次性成像技术研发取得极大成功，推出了它的第一批即时成像照相机。宝丽来公司非常注意对其专利产品的保护，其依据核心专利技术和外围专利技术构建了严密、高效的专利保护网，最终形成对企业有利的地毯式专利组合。到20世纪60年代，该行业的产业链已被宝丽来公司完全控制，当时宝丽来公司在这方面拥有150项专利，基本上完成了"以逸待劳"所必需的专利技术储备、在技术必经点设置专利壁垒、基本控制了上下游的关键点的配置。

在"胶卷时代"，柯达公司曾经占据全球2/3的市场份额。对于柯达公司这样一个资金如此雄厚，管理也是比较完善的公司，专利预警应该是不会忽视的一块，对其来说也不应该是不能完成的任务。如果柯达公司专利预警做得好，及时了解到技术的发展动态，凭借其超强的研发能力，抢在宝丽来的即时成像相机立稳市场之前研发出具有竞争力的产品，也不是没有可能。但是，柯达公司当时的专利预警分析没有做好是有目共睹的，至少它的专利预警分析没有引起公司决策层的充分重视。

---

❶ 本案资料来源：李绩．柯达教训．http://lijiip.blogchina.com/337164.html．

20世纪60年代初期,柯达公司开始关注快照市场,进行了小规模研发,开发快照相机和即显胶卷技术,以期抢夺快照商品的市场。但那时候,该行业已被宝丽来公司完全控制,宝丽来公司这方面拥有150项专利。虽然宝丽来公司的年均销售仅及柯达公司100亿美元年销售量的1/10,但对于这样一个快速增长的市场,柯达公司不想放弃。

然而,柯达公司前期研发的工作基本失败,因为其研究开发的产品质量不过硬,完全不具备与宝丽来公司产品竞争的能力,其所有的努力都不得不付之东流。由此也可见宝丽来公司专利布局的严密程度。到了20世纪60年代晚期,宝丽来公司快速照相机的销售量达到了全美所有照相机数量的15%,这使得柯达公司的高层管理人士更加眼红。一位知情人士说:"柯达公司抢占该市场的想法由来已久,而且挥之不去,因为新市场的商业利润太高,让人无法抗拒。"

1969年,柯达公司不遗余力地发起了新一轮投资浪潮,取名"130工程",这次柯达公司不想像上次一样另辟蹊径了,它已经很清楚地意识到,除了开发一些与宝丽来公司相似的,而且已经受专利权保护的技术以外别无选择。基于这种考虑,柯达公司聘请了专业的纽约律师事务所为其研发部门提供有关专利权的咨询服务,加快了仿制宝丽来公司的技术的研发步伐。这时,宝丽来公司仍然采取"以逸待劳"战术,继续完善自己的专利布局,围而不攻,以不变应万变。

柯达公司于1976年4月20日推出了一系列的新的快照相机和胶卷。上市7天之后,销售额达到了宝丽来公司年销售额的90%,结果,宝丽来公司控告柯达公司侵犯了其12项快照摄影技术专利权。

最初,法庭对专利权的解释用了传统的限定性原则,认为柯达公司的产品成功"绕过"了宝丽来的专利,没有侵犯专利权。但里根上台后,等价原则慢慢发生了影响。1980年,证据认证开始偏向宝丽来公司。第一阶段的审判工作结束后,也就是大约该案开始9年以后,美国波士顿的法官瑞安·左贝尔认定柯达公司侵犯了宝丽来公司的7项专利权。她在判决书中这样写道:"柯达公司的官员、代理商、服务人员、雇员、律师以及那些与上述人员协同作战的人都应该停止生产、使用和销售快照相机和胶卷。"法院判决柯达公司赔偿9.25亿美元的损失费。此时的赔偿损害金额是按照故意侵权计算的,是一般的赔偿数额的3倍。而且赔偿金额并不按照产品中与专利对应的价格计算,而是按产品的整体价格计算。之所以要这样计算,据说是因为这一独特的即时成像照相机本身是消费者选择的对象,所以受到损害的金额不仅仅对应于同专利权有关的特定部分。除直接的专利损害赔偿外,柯达公司还被迫关闭资产为15亿美元的生产设备,解雇了700位工人,并花费了近5亿美元买回柯达公司在1976年至1985年出售的1600万台快照相机。在长达 14 年的法庭斗争中，柯达公司花费了 1 亿美元的律师费用。柯达公司十几年的研发工作取得的成果全部灰飞烟灭。

柯达公司付出侵权代价的重要原因在于没有做好专利预警，对专利研发中的法律风险缺少防范，对竞争对手的知识产权状况缺少必要的了解，不能合理地利用专利文献指导研发工作，结果造成了侵权的严重后果。专利预警给公司带来的好处是相当之多的。一方面，如果公司经常采集、分析这些信息，就可以了解技术的发展现状，避免重复研究，为公司节省下大量的资本，同时还能了解到技术的发展动态，为公司进一步的研发提供依据。另一方面，分析这些信息还可以为公司获取到"免费"技术解决方案，或者在分析之后发现可以给自己找到合作机会。另外，通过分析这些信息可以为自己物色到所需的专家等。

【基本概念】

知识；知识产权；知识产品；知识产权管理；知识产权管理原则。

【思考与分析】

1. 简述知识产权的概念与客体范围。
2. 知识产权管理的分类有哪些？
3. 请谈谈企业知识产权管理的重要意义。

第二章 企业知识产权管理基础

> **本章提要**
>
> 企业的知识产权管理是一项系统性的工程，这项工程的顺利实施有赖于"企业知识产权管理"这项系统的内部构造。企业知识产权管理已引起了国家相关部门的高度重视，直接表现之一便是2013年3月1日，由马维野、雷筱云、马鸿雅、刘海波、徐俊峰、唐恒、常利民、袁雷峰、张杰军、张艳、杨哲、黄晶、韩奎国、岳高峰作为主要起草人的《企业知识产权管理规范》（简称《规范》）正式实施。该《规范》是由国家知识产权局起草制定，国家质量监督检验检疫总局、国家标准化管理委员会批准颁布。该《规范》同时也是我国首部企业知识产权管理国家标准。本章的内容主要是企业知识产权管理基础概述（主要包括企业知识产权管理概念、内容以及分类）、企业知识产权管理机构、企业知识产权管理人员、企业知识产权管理制度以及企业知识产权管理的其他基础。

第一节 企业知识产权管理机构

一、企业知识产权管理机构的设置[1]

对现代企业，尤其是集团企业、高新技术企业而言，最主要的资产已并非厂房和设备，而是研究开发成果（如产品设计、生产方法、工艺过程、材料配方、计算机软件等）以及知名的商标、商誉等知识财产。它们是企业获得高额销售、高额利润的源泉，是企业在与同行竞争中成败的关键。

---

[1] 重庆捷讯律师事务所. 企业知识产权管理机构的设置[EB/OL]. （2016-05-05）[2017-07-17]. http://www.cqjiexun.com/zhishichanquan/294.html.

一个企业知识产权含量的多少,决定着企业日后的发展规模与潜力。而企业面对如此众多的知识产权,必须有一个科学的管理机构,负责企业日常知识产权管理工作,制订企业知识产权产业策略、各项管理制度,并监督制度的实施情况,切实保证企业知识产权工作落到实处。这也是现代企业制度对企业管理的要求。但不少企业往往对这关键一环有所忽视,采取一种分散型管理模式,即企业各部门对所涉及的知识产权各自为政。实践证明,这样既不利于企业制定知识产权管理的总体策略,亦不利于各项管理制度的贯彻实施。因此,科学的管理呼唤科学的管理机构。

企业知识产权管理机构的设置,须与企业产业特点及公司规模相协调。若系大型产业多元化集团企业,宜采取集权式管理模式,即在集团总部设置独立的知识产权管理委员会,领导各下属子公司、产业块的知识产权管理分部。由委员会负责制订本企业知识产权经营策略、方针及各项管理制度,而下属分部则负责公司各部门知识产权制度的实施以及人员的培训等。中型企业宜采用网络式管理模式,在总经理办公室成立知识产权部,由副总经理负责,下设多个联络员,负责联络企业各部门的知识产权工作。小型高新技术企业根据其产业单一的特点,不宜设立专门的知识产权部,而应采取点面结合的模式,即以本企业较为重要的部门为知识产权部门,如以专利、技术秘密为主,则主要由技术部门负责企业知识产权管理工作,并以其为中心,以点带面,协调其他知识产权管理工作。企业知识产权管理机构的设置模式主要有如下几种:

1. 集团企业管理模式

企业集团多为产业发展多元化且具有一定规模的大型企业。针对该类企业知识产权保护客体的广泛性、复杂性,企业集团应建立一套完整的知识产权管理体系与之相适应。

首先,在集团总部成立独立的知识产权管理委员会。可以由集团副总经理亲自挂帅,全权负责企业知识产权方面各项事务。委员会由集团副总经理、法律顾问、集团办公室主任、各产业块经理与办公室负责人等人组成,独立行使如下职能:①结合企业特点制订企业知识产权的经营方针策略及规划。②指导集团产业块以及各有关部门建立健全知识产权的各项规章制度。③监督各项规章制度的实施。④对违反各项规章制度的行为与个人提起法律诉讼或通过非法律手段进行处理。⑤组织职工,特别是高级管理人员及技术研究开发人员进行系统的知识产权教育培训。⑥协调部门之间、产业块之间的知识产权事务。⑦督促集团各产业块及时对已具备条件的专利、商标、版权等进行申请、注册的保护工作。

其次，集团办公室、行政部、发展部，集团下属的各产业块办公室、发展部，产业块总经理配合知识产权管理委员会开展工作。知识产权管理委员会每月与上述各部门召开一次会议。在知识产权管理委员会的指导下，由这些部门和个人将知识产权方面的工作落实到集团以及各产业块的每个部门、每个职工、每项工作及其每个环节中去。同时，这些部门亦将在知识产权过程中遇到的困难、问题以及建议及时反馈给知识产权管理委员会。

最后，知识产权管理委员会还与各知识产权行政管理机构保持密切的联系，及时搜集各类知识产权法律法规、政策为己所用。

2. 产业单一的中型企业管理模式

产业单一、规模不大的中型企业，亦应建立独立的知识产权部，作为董事会的智囊团，直接由企业董事会领导，该部由主管技术与法律事务的副总经理负责，下设技术室、商标室、法律室、信息室。各室负责人作为联络员由副总经理定期召集开会，研究、协调各职能部门的工作，以及制订企业知识产权的产业策略、经营方针，从而开发成一种网络型的管理模式。各职能部门对总经理负责，具体履行下列职责：①确定企业知识产权保护对象；②制订企业各项知识产权管理制度，并负责监督实施；③实施企业知识产权产业策略，实现企业知识产权效益最大化；④开展职工知识产权教育培训，提高企业职员知识产权的保护意识；⑤建立知识产权侵权监控网络，防止企业侵犯他人知识产权。

3. 小型高新技术企业管理模式

小型高新技术企业一般具有规模小、技术含量高、机构精简的特点，对知识产权管理机构的设置宜采取点面结合型管理模式，即选择重点，协调全面。无须质疑，科学技术是此类企业的生命，其重要性固然居各部门的首位，因此，知识产权管理部门不独立设置，而与本企业的总工程师办公室或者科技管理部门相结合。设置专职人员，专司专利、商业秘密、商标、计算机软件等知识产权的登记管理工作，并直接由企业中主管知识产权的干部领导。

在知识产权管理部门人员选派方面，大中型企业均应配备知识产权专业管理人才，技术部门应有专利代理人，商标部门应有商标代理人，法务部应有知识产权专业律师。管理人员专业化是现代企业管理的大趋势，许多跨国公司对此均十分重视。如美国IBM公司其有关专利的专门事务由专利律师及专利代理人来处理。在美国本部就有一百多位专利律师,其他地区则有一百多名专利代理人。当然,现在国内多数企业暂无如此雄厚的人力资源。因此,权宜之计是,一方面企业须加强与外部各类知识产权行政管理机构及事务机构的联系,以及时获得各类知识产权信息和咨询,了解政府政策、行业要求。另一方面,从企业长远发展需求角度看,企业须有意识地培养自己的知识产权专业管理人员。把企业现有的技术成果、专利方面的管理人员和技术合同的法务人员集中起来,进行系统的知识产权法律培训,并鼓励职工参加专利代理人、商标代理人或律师资格考试,努力造就一批既熟悉知识产权法律业务,懂得企业管理知识,又懂得本行业专业技术的高级复合型人才,更好为本企业服务。

二、企业知识产权管理部门的组织结构

企业知识产权管理部门的内部组织结构是知识产权管理的骨架。有了骨架的支撑,知识产权才能在企业中流通、发挥作用。企业知识产权管理部门的内部结构主要有三种典型基本模式:集中管理制、分散管理制、行列式管理制。❶

1. 集中管理制

集中管理制,又称集成管理制。集成管理实际上将集成的思想和观念创造性地运用于管理实践的过程,也就是说集成管理是以企业内外的知识资产为基础,以创新机制为动力,以社会责任为条件,以整体优化、优势互补、聚变放大为手段,兼容管理手段和文化资源,在集成对象连锁互动、共同得益、协同推进中实现可持续发展的一种管理方式。❷ 集中管理体制的特点是:全公司的知识产权管理部门按照统一的知识产权政策进行运作,最大限度地保护总公司的整体利益,保障在开发、制造、买卖产品的活动中能够工作顺畅。专利权与授权后的所有事宜全部由总公司知识产权管理部门统筹负责。总公司与子公司签有"综合技术协助协议",总公司将研究开发费用预付给子公司,而子公司创造的知识产权由总公司知识产权总部统筹管理。

2. 分散管理制

分散管理制是企业按照知识产权的不同类别在公司内部分别设立专门的

---

❶ 于涛. 国外企业知识产权管理模式分析[J]. 电子知识产权, 2003 (6): 101-106.
❷ 何敏. 企业知识产权管理战略[M]. 北京: 法律出版社, 2006: 14.

知识产权管理部门，如专利管理岗、版权管理岗等。❶ 分散管理方式的特点是：充分授权。充分授权是在知识产权本部统一管理下的充分授权。分散管理是针对各研究所和委员会而言，其优点是各事业部及研究所根据产品特性限制专利申请件数，决定知识产权的预算。但取得专利权后，如何运用知识产权、处理纠纷、对外谈判、提出异议等事务是由知识产权本部统一管理。

3. 行列式管理制

行列式管理制的特点是：按照技术类别、产品类别管理知识产权。实行按技术类别管理专利，可以避免重复开发技术，配合各事业部的产品策略对专利进行管理。知识产权法务部集中管理授权后的所有事宜，包括权利的运用、谈判、诉讼等。法务部通过派本部门人员参加公司内各事业部组成的产品法务会或根据各项问题组成的作业部会议了解技术、产品的相关情况，使法务体制贯穿于产品开发至产品销售各个阶段，利用知识产权的法规提高解决问题的效力。

三、企业知识产权管理部门主要业务❷

知识产权管理部门的业务主要有如下这些内容，有的由本公司职员来完成，在业务太多时也可委托专业代理人共同完成。

1. 鼓励员工的创造性开发

（1）协助培养能创造知识财产的人才。

（2）推动与知识产权相关的启发活动。

（3）举办有关知识产权的研修。

（4）指导并提高对知识产权相关制度的理解。

2. 援助发明等知识创新活动

（1）对技术文献调查，为研究人员、技术人员等提供情报（专利公告等），支持研究开发。

（2）在进行技术情报的专利性分析的同时，制作所有权图谱作为研究开发人员的资料，或帮助研发人员制作所有权图谱。

（3）协助研发人员认识发明等知识性创造成果，收集企业内部潜在的发明等知识性创造成果。

---

❶ 范晓波. 中国知识产权管理报告[M]. 北京：中国经济时代出版社，2009：73.

❷ 冈田全启. 专利·商标侵权攻防策略[M]. 詹政敏，杨向东，付文君，译. 北京：知识产权出版社，2005：199-200.

（4）为促进发明创造等相关的技术开发出谋划策。

3. 知识财产活动的评价和对发明等的奖励

为了鼓励技术人员、研发人员创造优秀的知识财产，应对发明人予以奖励。此外，因奖金有不断高额化的趋势，所以对发明的评价更显重要。

4. 知识产权的申报工作

（1）申请策略的制定。

（2）发明等知识财产内容的确定。

（3）对创造性发明办理专利申请。

（4）对不申请的发明进行保护。

（5）协助已获得的发明成果寻求周边新的相关发明，研究周边技术、关联技术的专利申请。

（6）研究向国外申请专利的必要性。

（7）研究除发明专利外，外观设计、商标等申请的必要性。

（8）进行申请管理等知识产权管理事务性工作。

5. 协助发明的实施

（1）调查是否与其他公司专利权等相抵触，或是否存在利用关系。

（2）调查与外观设计、商标、著作权等其他知识产权的关联性。

（3）研究有无企业化、事业化的可能。

6. 研讨委托研究、受托研究、共同研究中发明等知识性创造成果的具体操作

例如，对大学的委托研究、受托研究、共同研究相关的合同内容进行研讨。

7. 与专利和技术秘密转让相关的业务

引进其他公司技术或向其他公司输出技术时的合同处理，确认权利的操作等。

8. 防止他人的侵权行为和阻止他人权利的成立

通过"提供情报"等阻止其他公司专利等知识产权的成立，通过异议申诉、无效宣告的请求等手段阻止其他公司知识产权的成立。开展向侵权人或有可能侵权的人发出警告、诉讼等有关知识产权纠纷管理的工作。

9. 批准向报纸、电视等媒体发布信息

四、企业知识产权管理部门与企业其他部门的关系❶

科学的企业管理不是像搭积木那么简单,不仅要把基本的组织结构搭建出来,还必须明确已经构建出来的部门与其他部门的关系。给知识产权管理部门和其他部门之间涂上润滑剂,沟通知识产权部门与其他部门的关系,这样才可以既有利于知识产权管理部门发挥本身的作用,又可以对其他部门起到支持帮助的作用。

1. 知识产权部与研发部门的关系

研发部门是企业知识产权特别是专利的大脑,是知识产权部的重要合作伙伴。不同的位阶会造成两个部门在协调彼此关系时既要注意领导与被领导的关系,更要注意的是彼此的协调和协助关系。

首先,无论是位于何种位阶,知识产权部都必须给予研发部门战略上的指导作用。同时研发部可以提供给知识产权部重要信息。研发部门的人员由于专注于技术,对技术上的发展趋势有一定的敏感度,也可能最先发现具有战略意义的技术发展方向。其次,知识产权部还需要集中企业的一切资源,对研发部门的技术开发过程进行协助。

2. 知识产权部与设计部门的关系❷

设计部门的成果会成为最终商品,所以造成侵害其他公司知识产权的可能性较大。因此,需要详细研究与其他公司在知识产权方面是否抵触或是否近似。为此,向设计部门的设计人员提供知识产权情报是极为重要的。

首先,在对设计部门所设计的新商品进行评价时,知识产权管理部门的人员也应该出席并提出知识产权方面的意见,避免将来开发出的新商品侵害其他公司的知识产权。

其次,如果有抵触或近似其他公司知识产权时,知识产权部门的人与设计部门的人要共同研究,摸索回避其他公司知识产权的技术及商品开发的可能性,同时考虑有无可能为排除其他公司的权利而进行调查,不至于产生理论上的抵触或近似问题。

再次,设计部门的人员还要挖掘与基本发明相关的周边发明,不要忘记

---

❶ 崇德广业知识产权. 小议企业知识产权管理工作[EB/OL]. (2016-10-09) [2017-06-18]. http://www.cnipr.com/yysw/zscqzlygl/201610/t20161009_199092.htm.
❷ 冈田全启. 专利·商标侵权攻防策略[M]. 詹政敏, 杨向东, 付文君, 译. 北京:知识产权出版社, 2005: 203.

为取得知识产权需要办理相关手续的知识成果。为此，在自己公司办理申请手续时，在知识性创新活动中制作图谱是很有效的。

最后，知识产权管理部门人员对设计部门所设计的商品，要认定其为侵害其他公司的知识产权并确认对所设计的商品进行了充分的知识产权保护。

3. 知识产权部与营销、广告部门的关系[1]

对于在新商品上所用的商标，知识产权管理部门的人员要和营销、广告部门的人员一起进行验证，以防出现侵害其他公司知识产权，特别是商标近似等问题。此外，还要办理自己公司新商品命名等的相关知识产权，主要是商标权的手续。有时知识产权管理部门在对商品目录和宣传手册的编印审核未引起重视时，会出现在商品目录和宣传手册上的商标因颜色与其他公司商标权产生冲突等问题。因此，这些具体内容应受到知识产权管理部门人员的严格审核。

此外，在有醒目图案等图形化内容时，由于必须考虑到他人知识产权，尤其是商标权、著作权的关系问题，因此，在散发宣传资料时只派发由知识产权管理部门人员审核过的没有问题的商品目录和操作使用说明书等。

4. 知识产权部与法务部的关系

法务部是企业知识产权保护的重要部门，一方面要保护本企业的知识产权，对其他企业的侵权提起诉讼；另一方面又要应对其他企业针对本企业提出的侵权诉讼，保护企业的合法利益。首先，无论知识产权部与法务部之间领导与被领导关系如何，知识产权部都应该是沟通研发部与法务部的桥梁。其次，法务部可以在某些方面查漏补缺。如在处理企业诉讼中，也可能发现本企业的一些潜在有价值的技术还未申请法律保护，或者在研究其他企业的侵权案卷时发现一些知识产权信息，如其他企业可能在设法绕过本企业专利时，发现了一些技术上的进步，但没有申请专利。最后，知识产权部还必须指导法务部的知识产权保护工作。

5. 知识产权部与人力资源部的关系

人力资源部是企业所有人员进入本企业首先接触的部门，人力资源部甄选企业需要的人才，对人才进行培训、绩效考核、离职解聘等。人力资源部既是知识产权管理的重要协助部门，也是知识产权管理的执行部门。

首先，知识产权部要与人力资源部联合，制定企业的高级人才引进战略。

---

[1] 冈田全启. 专利・商标侵权攻防策略[M]. 詹政敏, 杨向东, 付文君, 译. 北京：知识产权出版社, 2005：203-204.

如果知识产权部的位阶较低，而人力资源部由于可以方便地接近高层，那么知识产权部就更需要与人力资源部合作，以了解高层的意向和向高层传达企业知识产权管理动态。其次，知识产权部要指导人力资源部的人才管理工作。在人才引进、人才培训、人才管理制度方面指导人力资源部。再次，知识产权部还要联合法务部对人力资源部的人才管理法律文件进行指导，从而以合同的方式确定企业知识产权归属、知识产权保护等方面的权利不会受到企业员工的侵犯。同时也明确了员工的权利范围，有利于员工的创造发挥。

6. 知识产权部与采购部门、销售部门的关系

采购和销售部门是联系企业与市场的纽带。采购部门负责从市场购入企业所需原材料，销售部门负责把企业产品推销到市场。首先，知识产权部必须利用自身熟识企业知识产权优势的特点，指导、配合采购部门和销售部门的工作。知识产权部可以协助采购部门、销售部门处理知识产权相关调查、审核、宣传、协助事宜；其次，采购部门和销售部门也可以向知识产权部反馈市场知识产权发展、侵权等信息。

7. 知识产权部与企划部门的关系

企划部门是将企业推向市场，扩大企业市场影响力的重要部门。首先，知识产权部可以协助企划部门正确定位，制定实施商标品牌策略。其次，知识产权部可以联合法务部对企划部门的对外宣传使用的相关文件进行著作权审查，防止企业侵害他人著作权；最后，知识产权部可以联合销售部向企划人员提供市场信息，以便企划部抓住企业优势，策划出成功的企划案。

8. 知识产权部与财务部门的关系

财务部门是结算统筹企业资金、材料，规划管理企业有形、无形财产的重要部门。知识产权开发必然要投入大量的人力物力，所以知识产权部必须得到财务部门的支持。同时知识产权部门又可以给财务部提供专业的知识产权信息，协助财务部的工作。

第二节　企业知识产权管理人员

一、企业知识产权管理人员的重要性

对于小微企业来说，知识产权的拥有量不多，可以不聘用专职的知识产

权管理人员，而是通过外部的中介机构做托管，管理相应的知识产权。但这并不意味着小微企业的老板可以对知识产权一无所知，要知道任何外部代理或者律师都是帮助企业做事的，并不能代替企业做决策，经营知识产权也是企业经营的一部分。企业做到一定规模，知识产权的重要性将日渐凸显，案件量也会激增，这时就不能单独依靠外部机构，必须要有比较专业的知识产权管理人员。大型企业动辄会有上百名这样的专职人员，他们起到的作用是巨大的。企业知识产权管理工作具有较强的专业技术性和法律专业性，对知识产权管理人员提出了较高的要求。我国企业知识产权管理机构对工作人员的专业化要求越来越严格。

第一，他们是企业知识产权档案的管理者。知识产权是无形资产，众多证书就是资产的凭证，除此之外，还有数不清的中间文件，这些文件的管理和归档，需要有熟悉业务的管理人员去处理，以便随时配合其他部门的需求调用。当然，这只是知识产权管理人员的初级工作。

第二，他们是企业知识产权制度的构建者。企业知识产权部的工作，对内涉及和其他部门方方面面的配合，比如研发部、财务部、项目投资部等。对外则涉及和外部代理机构、律所、咨询公司等的配合。如果一旦发生侵权，还涉及和相对方、法院甚至是媒体等的关系处理。这些关系如何理顺，靠的就是制度这根红线。越是大型的企业，越强调制度的重要性，这些制度都要由知识产权管理部门牵头才能制定。

第三，他们是企业知识产权质量的掌控者。知识产权，特别是专利，和专业背景关系非常密切。很多企业的专利管理人员都是由各个研发部门的技术人员逐步培养而来的，这些人对企业的技术特点以及该技术对企业的重要程度都十分熟悉，对自有技术的理解也比外部代理人更具有深度。因此，企业内部专业的知识产权管理人员，对外部代理或律师的工作起到了很好的监督和修正作用，可以保证案件质量。

第四，他们是构建企业知识产权战略的推动者。现在知识产权战略的概念很火，国家层面、地方层面、各行各业都在制订知识产权战略。但对于企业来说，知识产权战略只能自己制订，那些内部没有专业人员配合，纯粹依靠外部律所或代理机构制订出来的所谓企业知识产权战略只能是浮在表面，华而不实。原因很简单，第三方机构永远只是帮助企业做事的工具，不可能是主导，他们对企业的了解程度远远不可能超过企业内部人员，况且还涉及很多企业的商业秘密、未来的发展规划，更不可能对外部人员和盘托出。所以，只有企业内部的知识产权管理人员，才能真正制订出具有实操性的知识产权战略。

第五，他们是知识产权运营的操盘者。知识产权运营对企业知识产权管理人员实际上提出了更高的要求，不是所有的人都能懂得运营，这需要多年的知识产权从业经验、对企业所处产业十分熟悉，还需要敏锐的商业洞察力和经营头脑。迄今为止，国内能够成功运营知识产权的企业寥寥无几，甚至在这方面，全世界都在探索之中。我国以前是知识产权制度的追随者，基本按照国际已经确立的游戏规则确立自己的知识产权制度。但是在运营方面，全世界都没有摸索出非常好的成熟的制度，这对我们既是挑战也是机遇。这将是企业知识产权管理人员更全面实现自己价值的领域所在，当一个企业的知识产权部门从最初的花钱部门转变为盈利部门的一天，也就是企业知识产权管理人员真正实现价值的一天。

二、企业知识产权管理人员及其职责

企业知识产权管理部门内部有具体的分工，分工的不同决定了企业知识产权管理人员及其职责的差异。从目前掌握的资料来看，企业知识产权管理人员及其职责具体包括如下内容。

1. 经理岗位职责

（1）负责依据总办会要求起草年度工作计划及实施工作安排。
（2）负责策划建立企业知识产权管理体系并推进实施。
（3）负责对企业知识产权各项工作的审查、监督。
（4）负责部门工作的统筹安排及部门岗位考核工作。
（5）负责建立知识产权管理绩效评价体系。
（6）负责年度部门工作会议的召开和部门审计工作。
（7）负责对审核业务部门的申请，完成专利、软著的内部审稿。
（8）负责对获取的专利、软著撰写人员提请公司奖励实施工作。
（9）负责对知识产权相关文档、档案的保密工作。
（10）负责知识产权纠纷的协调和处理、诉讼等对外工作。
（11）负责建立知识产权风险预警机制。
（12）负责参与签订或审核涉及本专业知识产权内容的各类合同、协议。
（13）负责推进知识产权文化建设和工作环境优化。

2. 撰写人岗位职责

（1）负责部门依照年度知识产权工作计划实施。

(2) 负责督促部门研发人员及时提交专利、软著初稿。
(3) 负责落实知识产权部门负责人对部门提交的专利、软著的修改意见。
(4) 负责提请对专利软著获得的撰写人员提出奖励申请。
(5) 负责组织本部门人员参加知识产权培训,并整理培训需求。

3. 知识产权专员岗位职责

(1) 负责及时、准确、搜集政府关于知识产权的优惠、扶持、资助政策,并提交部门负责人报公司领导决策。
(2) 负责落实政府对知识产权示范企业的各项工作要求。
(3) 负责协调接待政府相关部门的调研、来访和交流、答辩等工作。
(4) 负责落实公司对知识产权各类管理规定,落实业务流程要求,协助部门负责人开展工作。
(5) 负责公司知识产权的申报维护工作,与专利、软件著作权代理机构进行协调和沟通。
(6) 负责组织和建立知识产权档案管理工作,落实借阅手续流程。
(7) 负责督促撰写人按年度工作计划及时提交专利、软著文档。
(8) 负责与国家专利、软著管理部门的材料提交、补充和衔接工作。
(9) 负责向部门负责人提交知识产权奖励的统计数据。
(10) 负责向公司财务提交知识产权的年度财务预算及预算实施。
(11) 负责落实知识产权年度培训工作。

4. 协调人岗位职责

(1) 协助知识产权负责人实施年度工作计划。
(2) 协助专干完成及时、准确、搜集政府关于知识产权的优惠、扶持、资助政策。
(3) 协助专干完成政府相关部门的调研、来访和交流、答辩等组织工作。
(4) 协助专干完成知识产权档案管理工作。
(5) 督促、检查撰写人的知识产权管理工作。
(6) 协助知识产权部负责人对知识产权纠纷处理、诉讼等对外工作。
(7) 协助专干完成知识产权财务预算管理,并确保按照政府部门要求核算。
(8) 协助专干落实年度知识产权培训工作。

三、企业知识产权管理人员素质要求

知识产权管理人员的素质如何对企业知识产权管理水平有很大的影响,

专业素质的高低直接关系到企业知识产权管理制度的实施效果，并直接决定着企业的发展趋势。所以，企业在确定知识产权管理人员时，必须要考虑其专业素质。

第一，知识产权管理人员要懂技术。知识产权管理人员虽然不是企业的技术研发人员，但是，他们是随时会跟技术打交道的人员，他们会因为工作需要和企业的技术研发人员进行沟通、需要撰写有关的知识产权申请文件以便通过法律程序获得企业的知识产权、需要利用法律规定的形式对知识产权加以运营和维护等。所有这些，都需要知识产权管理人员具有一定的技术知识基础，换句话说，就是知识产权管理人员要懂技术。

第二，知识产权管理人员要懂法律。知识产权是依法获得并依法行使的特殊财产权利，从知识产权的申请获得，到知识产权的维护，再到知识产权的合法运用都离不开各种法律规定的条件和程序，如果涉及企业的知识产权诉讼，更是离不开各种法律的支持。所以，要做好企业的知识产权管理工作，知识产权管理人员必须要懂法律，尤其要熟悉知识产权相关法律。

第三，知识产权管理人员要懂管理。知识产权管理属于企业管理的一部分，其工作不但关系到企业的技术开发和法律事务处理，还会进一步影响企业的生产经营和市场竞争力。所以，企业的知识产权管理人员应具备站在企业战略经营的高度管理企业知识产权、将知识产权管理与企业的其他战略管理结合起来的能力，能够建立起与企业领导层、企业内部其他部门及企业外部的良好沟通协调关系，有能力制定和实施高效而公平的知识产权奖酬制度等。

第四，如果是涉外性的企业，企业的知识产权管理人员还应当具有良好的外事沟通能力，包括熟练掌握沟通的语言工具、沟通的技巧以及沟通应当注意的问题等。当然，企业的知识产权管理人员除了具备上述的专业素质之外，良好的人际沟通能力、表达能力、团队合作意识等综合素质也必不可少。这些素质都会对其做好知识产权管理工作产生积极作用。

四、企业知识产权人才队伍建设

企业知识产权人才队伍包括企业知识产权创造型人才、管理型人才、实务型人才。创造型人才既要有专门的知识和技能、创新意识和能力，还要掌握相关知识产权知识；管理型人才是企业内的知识产权工作人员，需要较高的知识水平和专业知识；实务型人才是企业的知识产权法律实务人才和知识

产权中介服务人才。❶

企业培养知识产权人才的主要方式有以下几种。

1. 企业内部培养

大力培养这类企业知识产权管理人才是未来知识产权教育和管理学教育人才培养的一个重要方面。深圳市朗科科技股份有限公司（以下简称"朗科"）非常重视知识产权知识培训，出台了多种、多方面的知识产权培训措施，具体包括：

（1）新员工知识产权入职培训，这是每一位新入职员工的必修课；公司每个月或每两个月举行一次新员工知识产权入职培训，以树立每一位新员工的知识产权意识，让其具有一定的知识产权知识。

（2）成立知识产权培训小组，该小组成员包括知识产权工作人员、法务人员、技术开发人员、产品、工程与市场推广人员等，聘请具有一定知名度的知识产权专家作为培训讲师，专业地讲授知识产权知识，提升公司的整体知识产权水平，并取得了良好效果，提高了员工的持续受雇能力。

（3）外部培训与内部相结合，公司制度规定，知识产权部员工每年必须参加一次外部培训，以使员工获得新的专业知识和理论发展方向。

（4）充分利用网络资源，开展远程知识产权教育。知识产权部所有人员已参加或者正在参加世界知识产权学院和中国知识产权培训中心的专业知识培训，其中，部分人员已取得相关结业证书。

2. 引进人才

除对企业内部已工作的员工的培养以外，广招高等院校或研究院的知识产权专业大学生到企业工作也是不错的路径。

3. 交流合作

企业与高等院校或者国外机构加强交流合作，企业员工可以到高等院校或国外机构学习，同时高等院校的学生或国外机构的员工也可以到企业中传授专业知识、国内外知识产权领域的最新发展动态以及实际工作经验，这就是所谓的"走出去、请进来"的培养方式。

中石油天然气集团公司知识产权人才队伍建设措施：知识产权管理要充分发挥管理职能，需要高素质的专业知识产权工作队伍。这支专业队伍包括：企业各级领导者（总经理、厂长），他们是这支专业队伍的旗手，领导重视知

---

❶ 企业知识产权战略与工作实务编委会. 企业知识产权战略与工作实务[M]. 北京：经济科学出版社，2007：75.

识产权工作，才能提高知识产权管理工作水平。总工程师，他们具有很高的技术造诣和丰富的科研开发与管理的经验，可以把知识产权工作与本企业技术开发和技术竞争结合，与国内外专利技术的发展和动态相结合，与本企业的技术实力、开发方向以及优势有机统一起来，便于回避技术创新的风险，防止侵权，提升企业技术创新能力。知识产权专业人员，他们接受过知识产权法律和业务培训，不拘泥具有科技管理方面的专业技术基础，而且通晓法律、精通知识产权业务，有的还具备科技管理的实践经验；他们能熟练地集中收集、高质量加工、迅速传递信息；他们熟悉办理知识产权法律事务的程序，较好地掌握其策略与技巧，同时还具备处理知识产权纠纷及排除侵权的基本能力。此外，聘请技术专家和法律专家为顾问作为这支队伍的坚强后盾，在解决重大疑难问题时可以得到专家的指导和帮助，这也是十分重要的。集团公司以及所属单位知识产权管理机构和工作网络的建设已经初见成效，可以有机地运转。但由于集团公司企事业单位比较多，管理体制结构复杂，知识产权人员的配备和机构的建立与企业规模、层次、经营特点的结合还亟待进一步加强，应根据具体情况加快知识产权管理网络和专业队伍的建设。❶

第三节　企业知识产权管理制度

知识产权制度的形成过程，也是封建特许权向现代财产权嬗变的过程。❷一个企业的无形资产，尤其是企业所拥有的知识产权又与企业的前途息息相关。完善的企业知识产权管理制度可以有效地提高企业知识产权管理的效率、防范企业知识产权的风险，从而强化企业的经济实力。企业知识产权管理制度是指针对企业的性质、经营目标、市场策略、技术开发与国际国内法律环境等因素，对企业的知识产权加以分析、评估、融合所建立的一套经营管理和法律保护制度。

一、知识产权管理法律法规

中国知识产权立法起步较晚，但发展迅速，现在已经建立起了符合国际先进标准的法律体系。知识产权法的渊源是指知识产权法律规范的表现形式，

---

❶ 中石油天然气集团公司. 知识产权保护与管理[M]. 北京：石油工业出版社，2005：167-171.
❷ 安雪梅. 知识产权管理[M]. 北京：法律出版社，2015：25.

可分为国内立法渊源和国际公约两部分。知识产权国内立法渊源可以分为知识产权的基本法律和知识产权的专门法律。

（一）知识产权基本法律

《中华人民共和国宪法》（以下简称《宪法》），《中华人民共和国民法总则》（以下简称《民法总则》）以及《中华人民共和国科学技术进步法》（以下简称《科学技术进步法》）等法律是目前我国关于知识产权的基本法律规范。

1. 《宪法》

应该说，我国的《宪法》中"并没有明确规定知识产权条款"❶，这点与美国宪法有很大的差异。美国宪法中包含有明确的知识产权条款，比如"专利条款"（美国宪法第1条第8款第八项）、"版权条款"（美国宪法第1条第8款第八项）。但是，我国《宪法》中还是包含有关于知识产权的内容，比如：为"著作权法和专利法"提供了基础❷的第20条至22条中关于私有财产的保护与限制的规定❸；对知识产权法的制定具有统领性的指导作用的第47条❹等。

2. 《民法总则》

我国的《民法总则》中也包含有知识产权的内容，具体体现在第94～97条，比如第94条就规定："公民、法人享有著作权（版权），依法有署名、发表、出版、获得报酬等权利。"第95条还规定："公民、法人依法取得的专利权受法律保护。"

3. 《科学技术进步法》

《科学技术进步法》是一部指导和推动我国科技事业发展的基本法律，是

---

❶ 朱雪忠. 知识产权管理[M]. 北京：高等教育出版社，2010：37.
❷ 郑成思. 知识产权与物权的权利限制[EB/OL]. （2010-12-25）[2017-07-18]. http://www.cssn.cn/13/1300/130005/13000511/201012/t20101225_162546.shtml.
❸ 《宪法》第20条规定："国家发展自然科学和社会科学事业，普及科学和技术知识，奖励科学研究成果和技术发明创造。"第21条规定："国家发展医疗卫生事业，发展现代医药和我国传统医药，鼓励和支持农村集体经济组织、国家企业事业组织和街道组织举办各种医疗卫生设施，开展群众性的卫生活动，保护人民健康。国家发展体育事业，开展群众性的体育活动，增强人民体质。"第22条规定："国家发展为人民服务、为社会主义服务的文学艺术事业、新闻广播电视事业、出版发行事业、图书馆博物馆文化馆和其他文化事业，开展群众性的文化活动。国家保护名胜古迹、珍贵文物和其他重要历史文化遗产。"
❹ 《宪法》第47条规定："中华人民共和国公民有进行科学研究、文学艺术创作和其他文化活动的自由。国家对于从事教育、科学、技术、文学、艺术和其他文化事业的公民的有益于人民的创造性工作，给以鼓励和帮助。"

推进科技进步的基本准则，也是制订科学技术发展方针、政策和法律法规的基本依据。

《科学技术进步法》中与知识产权有关的条文主要有第 3 条、第 7 条、第 18 条、第 20 条以及第 21 条，比如该法第 3 条第 1 款规定："国家保障科学技术研究开发的自由，鼓励科学探索和技术创新，保护科学技术人员的合法权益。"

（二）知识产权专门法律法规

知识产权方面的专门法律文件主要包括知识产权法；知识产权行政法规；知识产权地方性法规、自治条例和单行条例，如深圳经济特区企业技术秘密保护条例；知识产权行政规章，如国家工商行政管理局关于禁止侵犯商业秘密行为的规定；以及知识产权司法解释，如《最高人民法院关于审理专利纠纷案件适用法律问题的若干规定》《最高人民法院关于诉前停止侵犯注册商标专用权行为和保全证据适用法律问题的解释》。

（三）知识产权国际条约

中国在制订国内知识产权法律法规的同时，加强了与世界各国在知识产权领域的交往与合作，加入了十多项知识产权保护的国际公约，主要有：《与贸易有关的知识产权协定》（又称 TRIPS 协定）、《保护工业产权巴黎公约》（简称《巴黎公约》）、《保护文学和艺术作品伯尔尼公约》（简称《伯尔尼公约》）、《世界版权公约》、《商标国际注册马德里协定》、《专利合作条约》等。其中，《与贸易有关的知识产权协定》被认为是当前世界范围内知识产权保护领域中涉及面广、保护水平高、保护力度大、制约力强的国际公约，对中国有关知识产权法律的修改起了重要作用。

1. 《与贸易有关的知识产权协定》

《与贸易有关的知识产权协定》是关贸总协定乌拉圭回合谈判中达成的涉及世界贸易的 28 项单独协议中有关知识产权保护的重要协议之一。

该协议的产生起源于当时已有国际公约存在的三大未解决问题：一是原有的保护知识产权的国际公约和协定，相对迅速发展的知识产权来说，还不够完善和充分；二是这些条约和协定只针对知识产权国际保护的一般情况缔结的，对国际贸易中知识产权的保护问题所涉不多；三是有效解决国际贸易中知识产权争端和监督管理知识产权的国际保护机制也不够健全。以美国为代表的发达国家极力主张在国际上建立一套高标准、严要求的知识产权保护体系，并提出各国应通过乌拉圭回合谈判在确立更有效的、统一的原则方面达成一致。经过几年发达国家和发展中国家的代表在协商中的激烈辩论和艰巨谈判，1992年12月达成了《与贸易（包括假冒商品贸易在内）有关的知识产权协议》草案，并于1994年4月在摩洛哥召开的乌拉圭回合谈判成员部长级会议上草签，成为乌拉圭回合谈判最后文件的一部分。该协议1995年初生效。它是迄今为止，国际上所有有关知识产权的国际公约和条约中，参加方最多、内容最全面、保护水平最高、保护程度最严密的一项国际协定。

世界贸易组织的TRIPS协定是1994年与世界贸易组织所有其他协议一并缔结的，它是迄今为止对各国知识产权法律和制度影响最大的国际条约。与过去的知识产权国际条约相比，该协议具有三个突出特点：

首先，它是第一个涵盖了绝大多数知识产权类型的多边条约，既包括实体性规定，也包括程序性规定。这些规定构成了世界贸易组织成员必须达到的最低标准，除了在个别问题上允许最不发达国家延缓施行之外，所有成员均不得有任何保留。这样，该协议就全方位地提高了全世界知识产权保护的水准。

其次，它是第一个对知识产权执法标准及执法程序作出规范的条约，对侵犯知识产权行为的民事责任、刑事责任以及保护知识产权的边境措施、临时措施等都作了明确规定。

最后，它引入了世界贸易组织的争端解决机制，用于解决各成员之间产生的知识产权纠纷。过去的知识产权国际条约对参加国在立法或执法上违反条约并无相应的制裁条款，TRIPS协定则将违反协议规定直接与单边及多边经济制裁挂钩。

2. 《伯尔尼公约》

《伯尔尼公约》是关于著作权保护的国际条约，1886年9月9日制定于瑞士伯尔尼。截至2017年8月3日，随着库克群岛的加入，成为该公约新缔约国，该公约缔约方总数达到174个，1992年10月15日中国成为该公约成员国。

该公约的基本原则有：

（1）国民待遇原则。即就享受本公约保护的作品而论，作者在作品起源国以外的本同盟成员国中享受该国法律现在给予和今后可能给予其国民的权利，以及本公约特别授予的权利。国民待遇是指公约各成员国给予外国作者同本国作者相同的权利，凡是具有公约成员国国民身份的作者，其作品无论是否出版，均受到保护；非公约成员国国民，但定居于某一成员国内的作者，被视为等同该成员国国民而受到保护；作者为非成员国国民，只要其作品首次在某一成员国出版，或者在某成员国和非成员国同时出版，同样可以取得发表所在成员国的保护。

（2）自动保护原则。自动保护原则即享受和行使相关权利不需要履行任何手续。根据这一原则，享受国民待遇的作者，作品一旦产生出来，不需要注册登记、交存样本，也不需要在作品上刊载任何形式的标记，或履行其他任何手续，自动产生著作权，获得公约成员的保护。

（3）独立保护原则。独立保护原则是指公约成员国按照本国的著作权法保护其他成员国的作品，而不受其他国家保护的影响，特别是不受作品起源国的著作权法的影响，独立行使自己的权力。

（4）最低保护原则。最低保护原则是指各成员对于本国以外的成员国的作者的保护标准，不能低于《伯尔尼公约》要求的最低标准，也就是说，若某一成员国的某项标准低于公约的标准，可以适用于本国国民，而不能适用于外国作者。

3.《巴黎公约》

《巴黎公约》于1883年3月20日在巴黎签订，1884年7月7日生效。《巴黎公约》的调整对象即保护范围是工业产权，包括发明专利权、实用新型、工业品外观设计、商标权、服务标记、厂商名称、产地标记或原产地名称以及制止不正当竞争等。《巴黎公约》的基本目的是保证一个成员国的工业产权在所有其他成员国都得到保护。

《巴黎公约》的基本原则和重要条款是：

（1）国民待遇原则。在工业产权保护方面，公约各成员国必须在法律上给予公约其他成员国相同于其本国国民的待遇；即使是非成员国国民，只要他在公约某一成员国内有住所，或有真实有效的工商营业所，亦应给予相同于本国国民的待遇。

（2）优先权原则。《巴黎公约》规定凡在一个缔约国申请注册的商标，可以享受自初次申请之日起为期6个月的优先权，即在这6个月的优先权期限内，如申请人再向其他成员国提出同样的申请，其后来申请的日期可视同首次申请的日期。优先权的作用在于保护首次申请人，使他在向其他成员国提出同样的注册申请时，不致由于两次申请日期的差异而被第三者钻空子抢先申请注册。发明、实用新型和工业品外观设计的专利申请人自首次向成员国之一提出申请之日起，可以在一定期限内（发明和实用新型为12个月，工业品外观设计为6个月）以同一发明向其他成员国提出申请，而以第一次申请的日期为以后提出申请的日期。其条件是，申请人必须在成员国之一完成了第一次合格的申请，而且第一次申请的内容与日后向其他成员国所提出的专利申请的内容必须完全相同。

（3）独立性原则。申请和注册商标的条件，由每个成员国的本国法律决定，各自独立。对成员国国民所提出的商标注册申请，不能以申请人未在其本国申请、注册或续展为由而加以拒绝或使其注册失效。在一个成员国正式注册的商标与在其他成员（包括申请人所在国）注册的商标无关。这就是说，商标在一成员国取得注册之后，就独立于原商标，即使原注册国已将该商标予以撤销，或因其未办理续展手续而无效，但都不影响它在其他成员国所受到的保护。同一发明在不同国家所获得的专利权彼此无关，即各成员国独立地按本国的法律规定给予或拒绝或撤销或终止某项发明专利权，不受其他成员国对该专利权处理的影响。这就是说，已经在一成员国取得专利权的发明，在另一成员国不一定能获得；反之，在一成员国遭到拒绝的专利申请，在另一成员国则不一定遭到拒绝。

（4）强制许可专利原则。《巴黎公约》规定，各成员国可以采取立法措施，规定在一定条件下可以核准强制许可，以防止专利权人可能对专利权的滥用。某一项专利自申请日起的四年期间，或者自批准专利日起三年期内（两者以期限较长者为准），专利权人未予实施或未充分实施，有关成员国有权采取立法措施，核准强制许可证，允许第三者实施此项专利。如在第一次核准强制许可特许满二年后，仍不能防止赋予专利权而产生的流弊，可以提出撤销专利的程序。《巴黎公约》还规定强制许可，不得专有，不得转让；但如果连同使用这种许可的那部分企业或牌号一起转让，则是允许的。

（5）商标的使用。《巴黎公约》规定，某一成员国已经注册的商标必须加以使用，只有经过一定的合理期限，而且当事人不能提出其不使用的正当理由时，才可撤销其注册。凡是已在某成员国注册的商标，在一成员国注册时，对于商标的附属部分图样加以变更，而未变更原商标重要部分，不影响商标显著特征时，不得拒绝注册。如果某一商标为几个工商业公司共有，不影响它在其他成员国申请注册和取得法律保护，但是这一共同使用的商标以不欺骗公众和不造成违反公共利益为前提。

（6）驰名商标的保护。无论驰名商标本身是否取得商标注册，公约各成员国都应禁止他人使用相同或类似于驰名商标的商标，拒绝注册与驰名商标相同或类似的商标。对于以欺骗手段取得注册的人，驰名商标的所有人的请求期限不受限制。

（7）商标权的转让。如果其成员国的法律规定，商标权的转让应与其营业一并转让方为有效，则只需转让该国的营业就足以认可其有效，不必将所有国内外营业全部转让。但这种转让应以不会引起公众对贴有该商标的商品来源、性质或重要品质发生误解为条件。

（8）展览产品的临时保护。公约成员国应按其本国法律对在公约各成员国领域内举办的官方或经官方认可的国际展览会上展出的产品所包含的专利和展出产品的商标提供临时法律保护。

二、企业知识产权管理的具体制度

企业知识产权管理不论是具有"法律性、综合性、长期性、市场性"❶等特征，还是包含有"系统性、开放性、目标单一性、复合型、自组织性、战略性、实用性"❷等特征，知识产权管理的本质都是实现科技成果产业化，将丰富的技术创新潜力转化成为知识产权资源优势和市场竞争优势。这可以从以下三个方面来进行理解：技术创新产生知识产权；知识产权管理贯穿于企业技术创新全过程以及知识产权管理与技术创新的螺旋进步互动机理。

企业知识产权管理制度是指"企业依据相关法律法规或规则制定的其在从事知识产权事务过程中应当遵循的行为规范。"❸ 关于企业知识产权管理的具体制度有哪些，不同的学者给出了不同的见解，朱雪忠认为，"企业知识产权管理制度主要包括知识产权权属管理制度、知识产权创造管理制度、知识产权运用管理制度、知识产权保护管理制度、知识产权信息管理制度等"❹。马忠法认为，"企业知识产权管理制度主要包括企业知识产权生产管理制度、企业知识产权保护管理制度和企业知识产权经营管理制度等"❺。但是，在事实上，这两个学者的观点其实是统一的，比如马忠法的"企业知识产权生产管理制度"的实质就是朱雪忠的"知识产权创造管理制度"等。

关于企业知识产权管理制度的内容，本书认为，知识产权管理制度应该

---

❶ 安雪梅. 知识产权管理[M]. 北京：法律出版社，2015：39-40.
❷ 刘希宋，于雪霞. 企业知识产权管理的特征和本质[J]. 科学管理研究，2008（1）：110-111. 钱莹，杨晨，朱艳红. 企业知识产权管理的三维结构模型分析[J]. 科学学研究，2005（S1）：172-176.
❸ 朱雪忠. 知识产权管理[M]. 北京：高等教育出版社，2010：40.
❹ 朱雪忠. 知识产权管理[M]. 北京：高等教育出版社，2010：40-41.
❺ 马忠法. 知识经济与企业知识产权管理[M]. 上海：上海人民出版社，2011：328-361.

与知识产权管理的内容相匹配。虽然目前关于"知识产权管理的内容是什么"还没有形成统一的意见,有的学者认为,从企业的角度来看,知识产权管理的内容主要包括:"增强企业的知识产权意识;促进自主知识产权的发展;防止企业无形资产的流失;提高企业知识产权的收益;加强企业知识产权的保护。"❶ 另有一些学者认为,企业知识产权管理工作主要包括以下几个方面的内容:"知识产权战略的制定;知识产权制度的建立和执行;识产权管理人员的配置;生产经营中的知识产权策略指导;知识产权的获得与维护;知识产权的交易;知识产权信息的利用;知识产权纠纷的预防;知识产权纠纷的管理。"❷ 还有一些学者认为,国外企业知识产权管理主要是围绕有关专利技术开发、专利申请、对员工的发明奖励、知识产权的归属、知识产权的运用、知识产权纠纷处理等内容。具体而言,国外企业知识产权管理的具体内容主要是:"宣传普及知识产权知识,对员工进行知识产权教育和培训;建立奖励发明创造制度;明确知识产权的归属,防止知识产权流失;预防与处理知识产权纠纷;知识产权信息管理。"❸ 还有的学者认为:"必须要承认的是,企业知识产权管理的内容并不是整齐划一的,不同类型企业的知识产权管理有不同的侧重点。比如高科技企业知识产权管理的内容与零售企业的知识产权管理肯定就会有很大的不同,前者可能侧重于专利,后者可能对商标、版权更情有独钟。总的说来,企业知识产权管理的内容可以分为三个类别:一是与创新有关的管理,主要就是激励创新、支持创新和保护创新。二是与侵权有关的管理,主要内容就是避免侵犯他人知识产权和制止他人侵犯本企业的知识产权。三是与贸易有关的管理。"❹ 此外,也有一些学者认为,企业知识产权管理的基本内容可以概括为四个方面:"企业知识产权战略管理;企业知识产权人力资源管理;企业知识产权信息管理;企业知识产权资产评估管理。"❺ 但是,这些观点大同小异。由此,本书认为,企业知识产权管理的具体制度大致可以包含如下范围❻:

---

❶ 曾德国. 知识产权管理[M]. 北京:知识产权出版社,2012:12.
❷ 张帆. 企业知识产权管理一站式解决方案[J]. 电子知识产权,2003(10):46-47.
❸ 冯晓青. 企业知识产权战略[M]. 北京:知识产权出版社,2005:585-590.
❹ 洪源鹏. 中小企业知识产权管理[M]. 北京:知识产权出版社,2010:25-30.
❺ 宋伟. 中美中小企业知识产权管理比较[M]. 安徽:中国科学技术大学出版社,2012:11-13.
❻ 智库文档. 知识产权管理制度[EB/OL]. [2017-07-15]. http://doc.mbalib.com/view/db0cc8b07a507c0ed6949e2222ff93ee.html.

(一) 企业知识产权管理制度的内容

1. 知识产权评估制度

知识产权属企业的无形资产，企业根据实际需要对之加以评估，并在企业财务会计上反映。

在国内外科技开发、市场交易等产权变更时，必须进行知识产权评估，重大的事项须经主管领导和管理部门批准，报知识产权管理办公室备案。评估报告应当备案保存。

2. 知识产权查新、检索制度

企业进行科技创新、作品创作等涉及知识产权活动前，相应部门必须进行查新以确定创新是否符合企业可持续发展战略以及能否产生真正的知识产权。

企业的新技术、新工艺、新产品等研究开发和技术改造，要充分利用专利文献制定正确研究方向和技术路线，提高研究开发的起点，避免重复开发或者发生知识产权纠纷。重大科研课题在立项、结题时应当进行查新和检索。申请专利、确定纳入商业秘密保护的技术诀窍、信息等，必须进行查新和检索。申请商标注册、使用新商号前，必须进行相关检索。开发新产品使用新型号、品牌前，必须进行相关的检索。企业对涉及知识产权的新技术、新产品进出口时，必须查新和检索，全面了解有关技术或产品的知识产权状况，避免重复引进等问题，向国外出口新技术新产品时必须做知识产权查询工作，并报知识产权管理办公室备案。

3. 知识产权工作备案制度

企业对涉及知识产权的有关工作进行备案，主要包括：高新技术的科研独立开发、合作开发、知识产权合同；知识产权转让合同；知识产权评估；涉及知识产权的企业批准文件；知识产权成果处理方案；知识产权纠纷处理方案；具体的知识产权奖励措施；知识产权会议的决议；知识产权领导小组组成成员、知识产权管理办公室成员名单；知识产权中涉密范围人员名单；商业秘密保护范围划定；商业秘密保护措施；知识产权保护承诺书及相关的劳动合同；有关的知识产权规定；知识产权的财务处理等相关资料报知识产权管理办公室备案。

4. 企业建立成果归属判定制度

企业鼓励员工在工作之余开展个人创新和知识产权创作活动。对于个人的非职务智力成果，企业应予以尊重。员工的职务创作活动的智力成果，归属本企业，其作品、技术成果、设计、发明等申请权及权利归属本企业，企业根据不同的情况给予精神和物质奖励,并保护其创作者的署名权。

5. 知识产权档案集中管理制度

企业的知识产权依照不同的标准进行分类,由企业知识产权管理办公室集中统一管理。

(1) 项目档案管理。在所有的研究课题(包括本企业自行研究、委托或者合作研究、招投标项目的研究课题),从立项起到结题止,知识产权办公室应对项目全程跟踪,掌握科研、开发等工作的每一阶段进程。在每一阶段进程和科研工作完成后,研究人员须将全部试验报告、数据手稿、图纸、声像等相关原始技术资料收集整理,交项目负责人归档。在项目结题前,项目负责人必须在研究项目完成后的10个工作日内向知识产权管理办公室提交全部各种载体的完整资料,按照要求完成归档手续后方可结题。如文件资料没有归档,或归档不完备,管理部门有权不予验收,项目承担者不因项目未验收而解除相应的责任。

前款所述文件资料,包括但不限于计划任务书、技术合同书、实验记录、实验报告、图纸、声像制品、论文、手稿原始资料等。

(2) 知识产权分类管理。对于商标、专利、著作权、商号、商业秘密以及其他知识产权,实行分类动态日常跟踪管理。

(3) 严格借阅制度。涉及知识产权的相关档案材料,集中统一管理、保管,并严格执行科技档案借阅制度。原件严格控制,需要相应复印件或物品的,经主管副总审批,由知识产权管理办公室审核登记备案后方可借出。

6. 知识产权保密、知识产权保护承诺制度

企业划定科技开发区域、商业秘密保护区域,未经许可,非科研人员和因工作需要必须接触到相应资料、物品的人员,不得擅自进入划定的、与本职工作无关的场所,不得带领无关人员进入该场所或为无关人员进入该涉密场所提供便利。

产品开发和职务智力成果活动期间,应当严格保守企业商业秘密。不得在公共场所或者利用非保密通信工具传递商业秘密信息和与职务智力劳动相关的信息。

企业确定的商业秘密,在其文件资料或者物品上,以明确的警示标志标示出企业商业秘密的符号及密级、保密期限。相关的文件资料限于涉密人员接触;参加涉密的会议,采取到会办理签到手续、会后资料交还等保密措施。

在劳动合同中需加上保密条款和竞业限制条款,任何人不得利用职务、

工作之便或采用其他不正当手段,将单位的知识产权擅自发表、泄露、使用、许可或转让;也不得利用在本单位工作所掌握的信息资料为同行业的其他竞争者服务或提供便利。

员工在进入本企业工作时,须签订"遵守《企业知识产权管理办法》承诺书"。无论任何原因离开该本企业前,须将从事科技工作的全部技术资料、试验设备、产品、计算机软件、科技成果、作品、设计成果,所掌握的商业秘密及客户资料(包括但不限于客户名单、通讯方式等)全部交回,并有责任保护本企业的知识产权,不得擅自复制、发表、泄露、使用、许可或转让。

建立参观访问控制、陪同制度。参观访问者一律佩戴有专门标志的胸章,并按照指定路线和范围在专人陪同下,有组织地进行参观访问。

提交的新产品在国内外参加展览会,涉及知识产权保护问题时,须事先做好充分的可行性研究和准备。

7. 知识产权合同制度

与国内外单位或个人进行合作研究或合作开发时,依据《合同法》等法律法规签订书面合同。合同中必须订有保护知识产权的条款。

订立技术合同(技术转让、技术服务、技术开发、技术咨询)、专利实施许可合同,必须经过知识产权管理办公室审查,由法定代表人或其委托的代理人签署,其他部门或个人无权签署。

同国内外单位或个人进行专利权、商标权和著作权、商业秘密等知识产权方面的许可证贸易时,需签订实施许可合同,并根据许可的权限范围、时间、地域等因素综合确定许可使用费。

8. 知识产权保护制度

企业各部门、各级领导应充分认识知识产权的重要性,要依照《中华人民共和国反不正当竞争法》(以下简称《反不正当竞争法》),坚决制止、杜绝由不正当行为造成的知识产权流失;充分利用法律规定和结合本企业实际,发挥知识产权在企业竞争中的作用。

(1) 企业积极进行知识产权登记、备案、申请确权工作。对于不宜采取上述措施但有商业价值的智力劳动成果,应先作为商业秘密予以保护,在确定知识产权保护方式前,不发表成果论文,也不得以委托鉴定、展览、广告、试销、赠送产品等任何方式向社会公开。

(2) 严防商标、专利、域名、商号被他人抢注。各部门积极配合知识产权管理办公室日常跟踪商标、专利、商号及其他知识产权的登记注册、授权情况，发现可能与本企业知识产权有冲突的情形，应通过知识产权管理办公室采取积极措施，运用法律规定和制度性安排提出异议或启动相应的程序解决。

任何机构和个人，发现侵权或者侵权的可能，应采取积极措施配合知识产权管理办公室在行政执法机关和司法机关的指导下解决问题。

企业聘请知识产权法律专业的常年法律顾问，对企业的知识产权保护提供帮助。

9. 企业建立知识产权宣传制度

企业应设立知识产权宣传、保护基金，用于每年的知识产权培训和宣传工作。对员工制定培训、宣传计划，加强知识产权保护宣传工作。

(二) 企业知识产权管理制度的意义

1. 经济上的意义

随着知识经济时代的到来和市场经济的迅速发展，知识产权将愈来愈上升为企业最强大的财富源泉，建立知识产权管理和保护制度，制定知识产权培育和经营战略，将成为企业创造竞争优势，占领国内外市场的最有力手段。

2. 法律政策上的要求

1994年7月5日年，国务院作出《关于进一步加强知识产权保护工作的决定》，明确要求："企事业单位要把保护知识产权作为建立现代企业制度和现代科研院所制度的一项重要内容，增强知识产权意识，遵守知识产权法律法规，把加强知识产权保护纳入本单位的研究开发、生产经营和内部管理工作并形成相应的制度。"

可见，企业建立知识产权管理制度不仅是加强其本身竞争力的需要，也是国家法律和政策的要求，已经成为申请科技计划项目和申报高新技术企业的必要条件。

(三) 制定企业知识产权管理制度的原则

为使各项知识产权管理落到实处，企业要用一系列的知识产权管理制度指导企业的具体知识产权管理活动，制定制度必须遵循以下原则。

第一，要符合我国有关知识产权的法律制度的基本原则。

企业知识产权管理制度在本质上是我国有关知识产权的法律制度在企业的具体贯彻执行，因此不能与知识产权制度相违背，应严格遵循这些基本原则、行为准则和要求。

例如，我国对商业秘密保护的立法可以划分为民法保护、劳动法保护、行政法保护、刑法保护。所以企业建立内部的商业秘密保护制度必须是在这些法律框架下制定的。企业建立内部的商业秘密保护制度是一种作为的行为，主要适用民法和劳动法保护的规定。对行政法和刑法保护则，是指企业负有不得侵害他人的商业秘密的法定义务。从事侵害他人商业秘密的行为，一般不能成为企业建立商业秘密保护制度适用的依据。

若企业自己创新的"土制度"不符合相关的法律法规，就达不到知识产权管理的目的，会失去存在的意义。

第二，要符合知识产权管理的科学规律。

作为无形资产的智力成果的知识产权有其自身的特点，其管理制度也必然要体现这种特征。如其专有性是指排他性，不能简单以一种道德的标准来衡量这个知识产权是不是像其他的有形财产一样必须得到保护，而必须是经过授权的智力成果即成为知识产权后才能够受到法律的保护，但这种权力可以让渡给其他人。所以企业的管理制度必须是能够促进智力成果快速知识产权化，然后很好地防止别人侵权，为企业提供竞争优势并通过有效运用获取利润。因此，企业的知识产权管理制度必须充分尊重知识产权的无形性、可复制性和创造性，以及专有性、地域性、时间性的特殊规律性，才能使企业知识产权工作变无序为有序。

第三，要符合国际技术、经济交流、合作的惯例和共同准则。

经济全球化的今天，国际技术、经济的交流与合作过程更加依赖于知识产权制度，但知识产权法由各国制定，其中有许多共性的内容，如时间性、地域性、独占性等，但也有许多不同的地方。为了与国际惯例接轨，许多国家加入了世界性的知识产权组织或条约，遵守共同的原则，如国民待遇原则、优先权等。所以企业的知识产权管理制度必须符合这些国际惯例和共同准则，才能有效地进行国际知识成果的引进、合作和交流。

第四，要立足于企业自身特点和知识产权管理存在的问题。

不同的企业因经济实力、行业特点、产品性质、经济性质等不同而在企业知识产权管理上具有不同的特点，所以其制度表现各有千秋是企业管理艺术性的体现。

（四）制定企业知识产权管理制度的路径

1. 提高企业知识产权意识

企业要依据自身发展的总体战略目标，认真开展知识产权管理方面的研究，从而形成核心技术或产品，并对研究、创新、生产、销售等全过程的知识产权实施保护，并在管理的各个环节之中，积极发挥知识产权所具有的导向性作用。

一是要提高企业对知识产权重要性的准确认识，将知识产权的保护提升到一个战略新高度，并与生产经营战略紧密联系起来，切切实实地将专利运用到生产实践之中，踏踏实实地促成成果的转化，从而产生实实在在的经济效益与社会效益，真正让现实说话。

二是要将知识产权管理贯穿在企业技术创新的全过程之中，让企业真正能够成为技术创新的主体。要着力加大投资的力度，不断提高企业技术创新的软件和硬件水平，全面致力于自主研发与技术创新，并全力加大企业自主知识产权库的建设力度，从而形成自有的智力支持系统。

三是要将专利制度作为现代企业制度的一个重要组成部分来抓。在建设现代企业制度的过程中，应当有计划和有步骤地实施培训学习，使企业科技工作者真正树立起知识产权意识，能够很好地掌握专利保护知识。要通过健全完善齐全的规章制度，不断提高企业利用专利制度的水平及专利保护的能力。

2. 建立企业知识产权管理专门部门

企业应当结合实际，设立负责知识产权管理事务的专门部门，或者在法务部门中明确由专门人员来管理知识产权事务。由于知识产权管理是一项专业性十分强的业务，应当要具有相应专业素质的人员才能胜任。一些国际知名公司，比如日立、丰田等企业，都在企业内部配备了拥有数百人之多的知识产权机构。知识产权专门部门的事务主要包括申请、登记、缴费、专利检索、知识产权许可、转让、处理纠纷、实施教育培训、确定规章制度等。对于本企业知识产权的管理，不能简单地大一统，而是要在详尽了解各类知识产权制度利弊的基础之上，有针对性地选择对企业最有利的形式，从而确立起多角度管理机制。比如，专利保护的力度比较强，但是保护的期限却很有限，或者商业秘密在期限上虽没有什么限制，但不足是保护力度较弱。鉴于这种情况，企业完全可以根据实际情况，将一部分技术作为商业秘密进行管理。与此同时，还应配合公开的专利管理，从而实现技术垄断及市场独占。又如，在对一些企业形象进行设计时，不仅可以注册商标，而且也可以开展著作权登记，同时还可申请外观设计专利。假如是知名商品，还可根据《反不正当竞争法》，对知名商品的包装、装潢权等实施保护。所以，知识产权管理并不是简简单单的，只要是技术类的，就都申请专利；只要是标识类的，就都申请商标，而是应当采取分层交叉管理方式，充分利用知识产权管理的优势，实现企业利益的最大化。同时，值得注意的是，知识产权的保护期限绝不是越长就越好，对已失去技术优势的专利，或是显然已被淡化的商标，都应当及时停止缴纳年费，从而规避不必要的支出。

3. 健全企业知识产权工作机制

一是要形成健全的知识产权工作机制。企业应当建立一整套与此相关的工作制度，不断强化知识产权的基础建设，从而把知识产权工作纳入到统一的考核制度之中，建立起工作激励制度、科技创新制度等一系列管理制度。

二是要切实增强企业的技术创新能力。企业要不断完善技术创新机制，继续坚持将企业技术中心作为企业技术创新体系的核心，紧紧围绕产业技术升级与产业结构调整，不断开发能够可持续发展的关键性与前瞻性技术，从而切实形成一批具有自主知识产权的重要技术，提高企业的核心竞争力。要通过建立完善知识产权保护体制，加快出台《企业知识产权工作行动计划》的步伐，逐步构建起适合企业特点的知识产权综合保护体系。

三是要积极推进专利技术的产业化。各级知识产权部门应当会同相关部门，认真研究并实施企业拥有自主知识产权的技术优惠政策，要积极扶持具有自主知识产权的技术型企业实现产业化，尤其是要加大对拥有自主知识产权核心技术及相应配套技术的中小企业的扶持力度。

四是在自主知识产权相关权益受到侵害时，要善于运用法律武器加以维护，积极应对跨境知识产权纠纷。政府有关部门和各行业协会、商会有义务在这些方面给企业积极的支持和帮助。

4. 完善企业知识产权评估制度

融资难与对接难是制约中国企业知识产权成果产业化的两大瓶颈，而知识产权资产评估是促进知识产权成果产业化的关键一环。如果不能确定知识产权的合理价值，就难以在知识产权买卖双方之间形成合理预期，知识产权交易就难以达成，知识产权成果产业化也就无法顺利实现。

企业应当对其所拥有的无形资产定期开展评估，这是由于无形资产可以说是企业总资产中的一个相当重要的组成部分。对无形资产作出合理的评估，不仅有利于及时了解企业资产情况的变化，及时调整企业的发展战略，而且根据我国《担保法》和其他一些法律法规之规定，专利权、商标权与著作权等知识产权是能够进行权利质押的，可以在其上面设定权利质权，从而对企业所拥有的知识产权作出评估，这就有利于企业进行融资等商业活动。此外，准确而及时地进行知识产权评估，对于知识产权的转让、许可及使用等，都具有不可替代的重要作用。知识产权评估主要由专门机构作出。企业在开展知识产权评估时,应考虑各种因素,比如,专利评估必须考虑到这一专利是属于发明、实用新型与外观设计中的哪一类,该专利离保护期满的时间,近期市场中是否出现了更为先进的同类产品或技术等。

 案例分析

华为案折射国内知识产权管理缺失[1]

随着华为技术有限公司(以下简称"华为")正式向美国得克萨斯州马歇尔地区法院提交答辩,否认思科提出的侵犯并指控思科诋毁华为的公司形象等一系列举动。该案再次引起了巨大的关注。此案之所以会被作为典型的案例,是因为其折射出我国诸多企业在产业布局上的疏漏,而知识产权的防御体系的建立更是一个需要政府、企业、学界和媒体共同营建的系统工程,举国上下都应该狠狠地补上这一课。

概而言之,该案出现的原因主要有以下几点:

一、国内企业管理层缺少法律方面的专门人才

面对知识产权的陷阱,首先受到伤害的必然是企业。国内律师普遍感觉到,"打官司"在国人头脑中根深蒂固的概念还是"花钱消灾"——完全是事后处理的心态,没有预防的概念。这往往给企业带来了隐患。钟青律师更是一针见血地指出,国内很多企业的管理者不是没有能力预见风险,而是心存侥幸,公司治理结构和管理流程远远没有达到国际化的水平。

聘请法律专家出任公司高层,负责公司经济行为中的法律事务,在国外企业中是非常普遍的事。而在中国企业的核心领导层唯独没有法律专家。所以他们无法在日常运营中早早地预见到投资、技术研发和产品推销方面的法律风险。本次华为被诉的案件中,思科方面的发言人就是负责法律事务的副总裁。

在调查中发现,国内企业已组建法律部门的为数寥寥。而近几年外资企业在国内的招聘中,除了销售、技术和财务人才外,还出现了合同管理员这样的职位。他们的职责就是从法律角度审订、维护和管理合同,如果发现问题,会及时对相关操作人员发出预警。而且,国内企业还普遍缺乏长远发展的意识,注重短期利益。宁肯花上百万元去打广告,也不愿意拿出一分钱请法律专家坐下来帮助

---

[1] 本案资料来源:闫雪静. 华为折射国内知识产权管理缺失[N]. 北京现代商报,2003-03-24.

企业搞清楚知识产权的细节问题。

二、国家对"标准"的隐患宣传不及时

移动通信、摄像、录像、DVD、互联网以及银行信用卡等新经济领域中，基本上没有传统的技术。我国在这些产业领域一般都没有自己的技术标准，大都是引进国际的标准。"我在 1999 年开始关注标准和知识产权的问题，但是当时国内很少有人对此做专门的研究，所以很少有人注意到问题的严重性。我们研究以后觉得非常'可怕'。"以理性语言见长的北大副教授张平感性地说。

张平教授在研究中发现，我国在研究 ISO、国际电工、欧盟的数字电视联盟、美国的 MTV 以及 DVD 标准时，都发现有知识产权的内容。但是在翻译这些标准的条款时，却把有关专利等知识产权的问题给略过去了。这表明当时作为知识产权的小国，我们没有明了标准和知识产权之间的奥秘，以为标准公开了，就可以无偿使用了，完全没有注意到标准里的专利也是要付费的。我国的企业就在 DVD 事件遭遇了这样的难题。国际上的几大企业在 DVD 上形成了强大的联合垄断，我国却没有反垄断法以应对。美国早在 1995 年就制定了《反垄断法》，这些企业早早地就绕过了这些法律，他们在全世界发布的联合声明也是有效的，因此，我国企业只有"乖乖地交钱"。20 世纪的 90 年代，与国际上大企业密切相关的国际组织在修订自己的标准的时候，我国没有意识到问题的严重，也没有及时在国内的企业界宣传，所以导致了很多隐患。

张平教授还提醒说，我国政府也应该大力宣传可以使国内企业应对国际知识产权的那些法律工具和协议。"政府有义务把知识产权问题的严重性告诉公众，但这一点我们的政府做得有点欠缺。"

三、产业布局中充满各种"地雷"

中国工程师竟然不能在自己所创造的新技术上签名，更不能申请专利！这样的咄咄怪事正在我国的很多领域上演。与美国波音公司合作的两个大企业的总工程师向张平反映，他们与波音公司完成的所有产品中，中方人员提出了很多先进的建议和方案，却只有美方工程师有权签字认可，而这里面的许多方案中是可以产生中国人的专利的，但是现在他们不但没有权利申请，甚至没有提建议的权利，"因为当初的合同就是那么签的！"

在以市场换技术，或者以市场换取其他国家利益时，同样存在如此触目惊心的事实。高通与我国签订的合同就把国内的许多制造商排除在外了，我国政府希望的振兴制造业的想法可能落空。张平告诉记者："高通当时给我们的中国联通的合同是极不公平的，但由于我们是一揽子签下来的，像中兴通讯、华为、大唐这样的制造商根本没有谈判的余地，因为上面的协议已经覆盖下来了，下面的问

题只能是小修小改。但是在知识产权方面，高通给出了非常苛刻的条款。"

这些事实表明国内某些管理部门的产业布局能力欠佳。任何新兴产业的发展都应该是技术、法律建设等诸多问题的系统设计工程，至少要有这样的意识。老话说得好，应该是"吃一堑，长一智。"

四、媒体、学界负有重要的责任

北京大学知识产权专家张平教授总结说，在知识产权的问题上，国内的媒体和法律学界都责无旁贷。媒体对待知识产权的案件，不能夹杂着民族情绪炒作一阵就停止，而应该要引导社会去想对策，引导企业界长期重视知识产权问题。另外，她认为法律学界应该弯下腰来做点实事。"我认为目前国内的法学界和知识产权界没有足够的研究报告出来。在国外的法律界，任何一个政策和法律后面都有数据支撑，有实战的分析。但在我国的法学界不注重实践分析，只是注重理论分析。因为如果做实战分析，教授们就出不了成果，评不了职称！但如果没有这样的分析，就会影响我们政府官员的决策和政策的制定，他们外出发言也没底气。"

五、仅仅露出冰山一角

华为是个先锋，这个1988年以电信设备制造商起步的小公司，近年来又在网络设备领域获得长足发展，2002年销售额已经达到了220亿元人民币，被认为是中国目前最富有的民营高科技企业。

因其出色的表现，华为从2003年年初开始也成为诉讼案中的"先锋"——它成为引起国外企业"恐慌"并试图以法律手段遏制其成长的首批国内企业之一，同时，也引发了国内企业关于建设拥有自主知识产权体系的深层思考。

并非危言耸听，华为案只是露出冰山的一角。有关"重视研发自有知识产权的技术和产品"的呼吁应该被放大，国内企业在快速发展的同时，也应多花些时间和金钱在打基础的工作上。

【基本概念】

知识产权管理；知识产权管理的特征；知识产权管理的本质；人才培养。

【思考与分析】

1. 简述企业知识产权管理的概念。
2. 试述企业知识产权管理的内容。
3. 试述企业知识产权管理的分类。
4. 简述企业知识产权人才的培养路径。

第三章 企业知识产权战略管理

> **本章提要**
>
> 从企业经营管理视角来看,知识产权是企业的一种重要资源,是可以带来竞争优势的资源。现代企业已经普遍认可知识产权对企业发展的重要意义,开始对企业知识产权进行从战略层面到经营层面系统的管理。其战略层面就是要将知识产权管理上升到企业总体层面,在企业战略指引下,协调所有部门为达成知识产权竞争优势的构建和维持而共同努力,对企业的知识产权资源采取长期的、全局性的谋划,也就是进行企业知识产权战略管理。

第一节 企业知识产权战略管理概述

我国企业的知识产权管理尚处于成长初期,甚至很多企业缺乏知识产权管理意识,未开设知识产权管理部门。走在前列的企业在知识产权管理机构的设置上主要隶属于职能部门(比如技术服务部、研发部门)或行政体系(法务部或知识产权部),较少直属于决策管理层,虽然这样的机构设置人员对技术、法律等资讯较为熟悉,业务开展简便,但也使得企业知识产权管理难以与企业总体发展战略契合,对高层决策执行易出现偏差,知识产权相关制度推行也较为困难。知识产权本身的跨学科、跨部门性更要求企业从与整体战略目标一致的角度来进行知识产权管理。我们首先要对企业战略进行一定的了解。

一、企业战略及层次

战略在国内外均来源于军事用语。在中国,战略是指对战争、战役的总体筹划与部署,认为善战者不争一城一地之得失,更加注重针对战争形势做出全局谋划，谋求整体的胜利。在西方，战略来源于希腊词"Strategos"，意为"将军"，是指挥军队的艺术和科学，也意指基于对战争全局的分析而作出的谋划，后来演变为"strategy"，含义为战略、战略学、兵法等。20世纪中叶，企业管理转变为以战略管理为中心。商学院将"经营政策"（business policy）课程向"战略管理"（strategic management）课程转化，界定了企业整体的发展方向和经营活动的主要领域，战略一词才为商界熟知，并被应用到其他领域。

(一) 企业战略内涵

对于企业战略的概念，国内外很多学者从不同角度进行了定义。

美国著名管理学家钱德勒（A. Chandler）在1962年首次对企业战略进行了定义：战略可以被定义为企业长期目标的决定，以及为实现这些目标所必须采取的一系列行动和资源分配。❶ 他认为企业战略应当适应环境变化以满足市场需求，企业组织结构也是随着经营战略的变化而变化的。

安索夫（H. Ansoff）被管理学界尊称为战略管理的鼻祖，他首次提出战略管理概念。他认为，企业战略是贯穿于企业经营、产品和市场的一条"共同经营主线"。战略管理是面向未来，动态地、连续地完成从决策到实现的过程，而且当前的战略与未来的战略具有较紧密的联系。❷

哈佛大学商学院教授波特（M. Porter）则认为"企业战略是创造一种涉及不同运营活动的独特的、有利的定位。"❸

我国学者也对战略概念提出了更多不同的见解，但总体而言均涉及：企业环境分析和预测、远景目标、竞争优势、定位等。综合国内外观点，我们看出企业战略也是企业总体经营战略，是要回答企业干什么以及将去向何方的问题，以及为企业的经营范围确立长远竞争优势的问题。

借鉴国内外学者对企业战略的定义，本书认为，企业战略是企业面对内外经营环境，为了尽可能有效地比竞争对手占有持久的优势，求得企业生存和长期发展而进行的全局性、总体性谋划。它是企业为实现其宗旨和目标而确定的组织行动方向和资源配置纲要，是制定各种计划的基础。企业知识产

---

❶ Alfred D. Chandler. Strategy and Structure: Chapters in the History of the American Industrial Enterprise[M]. M. I. T. Press, 1962: 373-375.

❷ Ansoff H I. Corporate Strategy: An Analytic Approach to Business Policy For Growth and Expansion[M]. Penguin Books, 1965.

❸ Porter M E. What is Strategy? [J]. Harvard Business Review, 1996, 86 (5): 926-929.

权战略是在企业战略指导下制定的职能层次的战略，是为利用知识产权资源执行企业战略、达成企业战略目标而制定的较低层次的战略。

（二）企业战略层次

企业战略是一个自上而下的整体性规划过程，一般分为公司层战略、业务层战略及职能层战略三个层次的内容。在竞争领域的三个层面上，公司层战略指导和影响业务层战略，业务层战略则统领和整合各个职能部门的职能战略。

1. 公司战略

公司战略即是我们常说的企业战略，主要强调两个方面的问题，一是"我们应该做什么业务"，即确定企业的使命与任务，产品与市场领域；二是"我们怎样去管理这些业务"，即如何分配资源以及采取何种成长方式等。根据企业业务的多少及关联性，企业战略主要分为多元化战略（从事两种或两种以上的业务类型）与专业化战略（只在一个业务领域内经营）。

2. 业务战略

业务又称经营单位，是指公司内其产品和服务有别于其他部分的一个单位，一个经营单位一般有着自己独立的产品和细分市场。业务战略主要研究的是具体业务领域中自身产品和服务在市场上的竞争问题，因此又称竞争战略或事业战略。业务层战略是指一整套相互协调的使命和行动，旨在为客户提供价值，并通过对某一特定产品市场的核心竞争力的利用获得某种竞争优势。竞争优势归根结底产生于企业为客户所创造的价值：或者在提供相同效益时采取相对的低价格，或者其不同寻常的效益用于补偿溢价而有余。知识产权资源可以在提升产品质量、性能、美誉度以及品牌化等方面帮助企业获取竞争优势。

"竞争战略之父"波特在《竞争战略》一书中明确提出了三种通用的即三种基本的竞争战略：总成本领先战略；差异化战略；集中战略（也称专业化战略）。现实中，企业实施的竞争战略可能是其中任一种，或整合起来的集中成本领先战略、集中差异化战略以及寻求成本领先和差异化的整合战略等。

3. 职能战略

职能战略又称职能部门战略，是为了贯彻、实施和支持总体战略与业务战略而在企业特定的职能管理领域制定的战略，企业职能部门根据其特有的职能运行特点制定战略。根据现代企业组织结构，企业的职能战略包括财务战略、人力资源战略、研究与开发战略、生产战略、营销战略等，根据我国目前知识产权管理部门的设置状况，一般将知识产权战略视为职能层战略的一种。

企业总体战略和业务竞争战略规定了企业的方向和核心基本业务，但是具体实施需要通过有效的职能活动来运用资源，使企业的人力、物力和财力与生产经营活动的各个环节密切结合。三个层次的战略是自上而下的制定过程，但是具体的实施需要从基层层层落实，具体实施，三个环节不能背离。

(三) 企业战略管理

战略管理是一个动态过程，范围大于具体的职能管理，而且涉及的往往是组织范围内那些模糊的非常规状况下的复杂问题。战略管理者必须具有系统思维的能力，要考虑组织的整体，而不是仅仅考虑组织的一部分情况。战略管理的一般过程是企业从愿景或使命出发，通过内部和外部分析，建立长期战略目标，在该目标的指导下，制定、评价和选择战略，实施战略，并使用具体的指标对战略实施业绩和动态环境的变化进行评价，调整和控制战略的执行。

二、企业知识产权战略内涵

(一) 知识产权战略

知识产权战略是指战略主体为了实现其长远发展，利用相应的知识产权制度，分析竞争环境，实施知识产权研发、开发、应用和市场控制，从而在技术上和市场竞争中最大化经济利益，追求并保持其技术和市场优势的整体谋略。根据知识产权战略主体的差异，知识产权战略从层次上可以划分为国家知识产权战略、产业/行业知识产权战略和企业知识产权战略。

国家知识产权战略是站在国家整体的角度，为提高本国知识产权国际竞争力而制定的长期性、全局性谋划。产业/行业知识产权战略是由主管部门或行业组织为提高本行业资源配置效率、发挥整体竞争优势、增强整体竞争能力，对本行业共性技术相关企业的知识产权创造、管理、保护和应用而做出的整体性谋划。企业知识产权战略则是指企业为利用知识产权资源获取和保持竞争优势，谋求市场经济利益和长远发展，而对知识产权工作采取的长期性、全局性谋划。

(二) 企业知识产权战略类型

1. 按企业知识产权运营管理过程划分

企业的知识产权战略管理要贯穿于企业知识产权的创造、运用、保护管理的全过程。根据企业知识产权的运营管理过程，企业知识产权战略可以划分为：知识产权创造战略、知识产权运用战略、知识产权保护战略以及知识产权扩散战略。知识产权创造战略主要是对各种技术创新要素进行规划协调，实现知识产权创造的成本最小化、利益最大化等目标。知识产权运用战略则是对知识产权资源进行商业化运作或者资本化运作，以获取更大的经济利益和竞争地位。知识产权保护战略是基于知识产权制度，对知识资源进行产权化保护，防止被侵权，并通过知识产权来享受各种相关的优惠条件，创造更大的效益。恰当的知识产权扩散可以促进自身知识产权资源的推广应用，提升市场占有率和接受度，甚至形成默认技术标准，提升自身在本领域中的技术影响力和经济影响力。

2. 按企业知识产权类型划分

不同类型的知识产权技术特征、保护实现、经济效益等存在较大差异，企业对于不同类型的知识产权管理方式和目标也不相同。企业知识产权战略按知识产权类型可分为：企业专利战略、企业商标战略、企业商业秘密战略、企业版权战略、企业域名战略等。不同类型的知识产权对企业的发展作用不同，专利主要体现在技术方面，商标权主要体现在营销及品牌建设方面，商业秘密一方面体现在技术上，另一方面也体现在营销和管理环节，版权对于文化创意产业的发展则尤为重要。

三、企业知识产权战略要素

前面我们指出，安索夫（I. Ansoff）认为企业战略是贯穿于企业经营与产品和市场的一条"共同经营主线"，这条主线决定着企业目前所从事的或者计划要从事的经营业务的基本性质。一般而言企业正从事或者即将从事的经营领域与过去有所关联时（即存在共同经营主线），更容易取得成功，企业知识产权资源也具有历史依赖性，其形成和不断发展历程往往与既有的知识产权优势相关联。安索夫提出共同经营主线是由四个要素所构成的：产品与市场范围、增长向量、竞争优势和协同效果。企业知识产权战略要与企业发展战略保持一致，在知识产权方面也要根据企业现在和未来的业务主线，以及自身的知识产权资源状况，形成自己的知识产权经营主线。

基于此，我们认为企业知识产权战略管理要素包括以下几个方面：

1. 知识产权领域

企业的知识产权领域与企业经营范围密切相关，主要是分析企业当前的知识产权范围、领域等，分析与企业未来的生产经营范围的联系，在相应业务领域中积累和发展所需的知识产权。对于大多数企业而言，往往根据当前所处的行业和产品市场定位来确定未来的经营范围，因此知识产权领域也要在此基础上关注未来的技术走向、品牌化趋势等来确定自身的知识产权发展方向，在专利技术、商业管理模式、商标品牌化等方面确立研究、发展和保护范围。

2. 知识产权资源配置

资源配置是对资源和技能进行配置、整合的能力与方式。知识产权资源配置是对企业自身知识产权资源的认识、运用和分配，是指企业过去和目前知识产权相关资源配置的水平和模式。资源配置影响着企业的知识产权资源的成长方向，企业知识产权资源配置应与企业战略所指定的未来业务类型、定位等所需要的知识产权水平保持方向一致。

3. 知识产权竞争优势

竞争优势是指在特定的产品与市场领域中，企业具有比竞争企业更有优势的特征和条件。知识产权竞争优势常常表现为企业所拥有的知识产权资源与竞争企业相比，在数量上或质量上形成的有利差别，甚至可能是在市场应用中在产品或服务上所呈现的优势。基于有竞争优势的知识产权资源，企业要重点关注，并进行长期的维持、保护和运营管理，以保护和充分发挥其作用。

4. 知识产权协同效应

协同作用是指企业从资源配置和经营范围的决策中所能寻求到的各种共同努力的效果，就是指若干因素的有效组合可以比各个因素单独作用产生更大的效果，也就是可以取得1+1>2的效果。协同效应的值可以是正值，也可能为负值。协同的负效应主要是在协调各业务单元之间的关系时，由于处理不当而引起的协调成本增加、市场应变速度迟缓、运作效率降低以及各业务单元的积极性、自主性、灵活性受到影响。知识产权管理本身是一个涉及多层次多部门的综合性职能管理，要避免这些负效应，关键是要处理好企业管理层与各业务单元之间集权与分权的关系，在保证管理层的权威与执行力的前提下，通过相应的激励机制与协调方式，调动各下属业务单元积极性与主动性。而且，同一项技术或创新成果也存在着多种知识产权形式的协同，则需要综合考量其收益与经济性，选择恰当的知识产权保护形式；另一方面要对同一项知识产权在多项产品中协调应用，以充分发挥其价值。

四、企业知识产权战略管理过程

战略管理是一个动态过程,企业知识产权战略管理是在企业总体战略和业务战略指导下,知识产权管理部门根据企业竞争环境以发现威胁和机会,分析自身知识产权资源和能力以明确优势和弱点,然后将这种分析结果相互匹配,扬长避短、趋利避害,选择并实施知识产权战略的过程。其基本过程包括:企业内外部环境分析,对环境进行评价,通过内外环境的匹配分析,制定备选的知识产权战略;通过一定的评判标准,从中选择适合企业的知识产权战略;根据制定的知识产权战略,设计相应的落实制度和措施,保证知识产权战略的实施;最后对使用具体的指标对战略实施业绩和动态环境的变化进行评价,与既定的知识产权战略目标相对比,进行偏差调整和控制,确保知识产权战略的有效执行。

第二节 企业知识产权战略环境分析

战略的制定需要决策人根据自己的主观认识去分析、看待决策需要涉及的环境要素,在组织内外条件中寻求平衡,要以客观的环境条件为基础,因此企业知识产权战略的制定需要对企业所面临的内外部环境进行综合分析和评判。

战略分析最为核心的问题是如何将企业的能力与所处的环境相匹配。企业环境分析包括企业外部环境分析与内部环境分析两部分。企业的外部环境是指存在于企业之外的、企业不能控制但是能对企业决策和绩效产生影响的外部因素的总和。企业外部环境可以分为三个层次:宏观环境(一般环境)、行业环境以及竞争对手。企业内部环境是指企业能够加以控制的因素,对企业内部环境进行分析,其目的在于掌握企业目前的资源、能力状况,明确企业的优势和劣势,进而使选定的战略能最大限度地发挥企业的优势,避开或克服企业的劣势,最终使企业战略目标得以实现。企业内部环境包括企业的资源、能力、价值链构成、组织及组织文化等。企业知识产权战略的制定也要从这些方面进行战略环境分析。

一、宏观环境分析

企业的宏观环境主要包括政治法律、经济、技术以及社会文化等宏观因素，这些因素可以揭示外部环境中的重要机会和威胁，为企业战略的制定提供基础，对宏观环境分析主要的方法是 PEST 分析方法。

1. 政治法律因素

政治与法律环境是指一个国家或地区的政治制度、体制、方针政策、法律法规等方面。企业制定知识产权战略时，不仅要关注国家和地区的重点产业政策、税收减免政策、技术创新支持政策之外，尤其要关注企业知识产权创造和保护方面的法律和政策制度。如 2016 年 12 月 30 日，国务院下发《国务院关于印发"十三五"国家知识产权保护和运用规划的通知》（国发〔2016〕86 号），正式发布《"十三五"国家知识产权保护和运用规划》，将知识产权规划首次列入国家重点专项规划。其中提出进一步加大知识产权损害赔偿力度，规定对于恶意侵权、反复侵权的案件要加大赔偿力度，并提出通过修改完善知识产权的法律法规，加大对侵犯知识产权的打击力度，而且在损害赔偿方面要充分实现以知识产权市场价值为指引。这对一贯注重知识产权保护的企业而言是个机遇，而对于知识产权保护力度不够或者意识不强的企业而言则是较大的威胁，通过与企业发展密切相关的类似政策法律环境的分析可以为企业制定知识产权战略指明方向。

企业制定知识产权战略时，需要着重关注以下政治法律环境：国家和地区的知识产权战略和发展规划、国家和地区对知识产权的资助支持政策、技术创新政策、《专利法》等法律的变化和执行等，它们对企业知识产权战略的制定和实施产生较为直接的影响。

2. 经济因素

经济环境是指构成企业生存和发展的社会经济状况及国家的经济政策，主要涉及国家的地区的社会经济结构、经济发展水平、经济体制和宏观经济政策等要素。经济发展水平不同，会带来各种商品的生产能力、创新开发能力和综合利用能力的差异，进而影响产品的供给结构和供给总量，然后直接影响到消费品生产企业的经营策略与经济利益。不同的经济发展的水平影响到企业及消费者的现实需求和未来预期，在经济发展态势较好的地区消费者更偏好知名度高、品质更好的商品。因此有经验、有眼光的企业，善于跟踪把握消费者对品牌不同的需求变化，确定产品的价值定位，不断改变营销策略，树立良好的企业形象，提高社会地位和声誉，使自己产品的品牌在市场竞争中常变常新，保持不竭的生命活力。经济发展趋势的变化也会影响企业对知识产权的投资，由此带来知识产权绩效的差异。

3. 社会文化因素

社会文化是人们的价值观、思想、态度、社会行为等的综合体现。主要由人们的价值观、生活方式、收入差距、受教育情况、对环境和健康问题的关注等因素构成。社会文化价值观直接影响企业的知识产权创新和保护意识，决定了企业知识产权战略方向；而生活方式、收入、教育水平等则会影响消费者的消费需求中对知识产权的关注，直接影响到对企业专利、商标、版权等知识产权数量和质量的需求。

4. 科学技术因素

科技环境指目前社会技术总水平及变化趋势，技术变迁、技术突破对企业的影响以及对政治、经济、社会环境之间的相互作用的表现等。当前对社会影响较大的新科技主要有：基因工程、互联网技术、新材料、大数据技术等，这开拓了新的市场和经营范围，并且利用新工艺、新方法和新材料等可以降低生产成本，提升企业竞争优势。同时新技术的出现也对企业的技术创新提出了挑战，尤其是具有专利权的技术会对自身的产品生产、加工等产生进入壁垒，企业更需要对既有技术及技术发展趋势进行细致分析，才能在夹缝中寻求生存，并努力获取技术产权优势。

二、行业竞争环境分析

行业是指一组提供的产品或服务非常相近，可以相互替代的企业的集合。行业分析是企业竞争对手分析的起点，通常一个行业的竞争态势决定了企业在其中的定位和知识产权战略选择。在企业竞争环境分析中，很重要的是要对该企业所处的行业竞争状况进行分析，分析企业所在的竞争地位以及面临的各方面的压力。根据波特的行业结构模型，一个行业内部的竞争状态取决于五种基本竞争作用力，这些作用力汇集起来决定着该行业的最终利润水平，这五种力量分别为：现有企业间的竞争、潜在进入者、替代品威胁、供方的讨价还价能力、买方的讨价还价能力。

一个行业竞争态势最直接的影响因素是行业中现有企业间的竞争，当行业集中程度低没有绝对的领先企业时、产品差异性较低、产业增长缓慢、生产能力过剩时，通常该行业竞争较为激烈，企业在其中竞争压力较大。企业需要迫切改变行业的竞争格局，通过创新形成自身产品与服务的独特性或降低成本，在激烈的竞争中占据一席之地。

行业的潜在进入者也会对行业竞争格局产生影响，潜在进入者是那些虽然现在不从事本行业经营，但有可能进入该行业的企业。潜在进入者的进入会加剧行业的竞争态势，他们会瓜分原有的市场份额，减少了行业的集中程度，减少价格——成本差，导致行业利润下降。阻止潜在进入者加入的方式主要有两条，增加进入壁垒和增强现有厂商对新进入者的预期反应。前者可以通过规模效应、差异化优势、低成本优势等实现，后者则由行业现有企业所体现的对新加入者的态度以及措施所决定。

影响行业竞争的因素还有替代产品，替代产品是指那些与本行业的产品有同样功能的其他产品。替代品通常是在一些主要功能上实现对原有产品的替代，如手机拍照功能对数码相机的替代。企业需要分析替代品的竞争压力，这主要取决于：是否可以获得价格上有吸引力的替代品（相对价值价格比）；在质量、性能和其他一些重要属性方面的满意程度如何（顾客的替代欲望）；购买者转向替代品的难度（转换成本）。

供方和买方相对于本行业而言是一个相对应的概念，俗语说"店大欺客、客大欺店"，供方或买方讨价还价能力强的时候会对本产业的产品质量、销售价格、成本等产生较大压力。对供方和买方的除了分析其讨价还价能力带来的压力外，还应该对产业价值链进行分析，分析供方和买方关键优势对本行业技术、成本等方面的要求，以调整自身的知识资源与其相适应。

三、竞争对手分析

并不是行业中所有的现有企业都是自身的竞争对手，在本行业中，现有企业由于实力和战略定位的差异往往会分为若干个战略群体，战略群体就是同一行业中执行相似战略的一群企业。它们在竞争策略和地位上具有相似性，往往以同一群体为目标顾客，所以战略群体内部企业之间竞争较激烈，而企业真正的竞争对手就存在于同一个战略群体中。竞争对手分析的是自己的主要竞争对手，即对自身战略能产生重大影响的竞争对手。它们与自己在追求的市场份额目标（增长、维持、放弃现有市场份额）、总体市场地位（绝对领导者、行业领导者之一、跟随者、竞争参与者等）、采取的一般竞争战略（成本领先、差异化）等方面高度相似。

制定知识产权战略时的竞争对手分析，主要在确立了主要的竞争对手之后，对其知识产权状况和发展趋势进行追踪调查分析和预测，了解彼此的技术优势、品牌优势、技术实力、市场策略和专利等信息，确立知识产权相互间落入保护范围，以期为企业间知识产权竞争及合作提供帮助。

四、企业内部环境分析

（一）企业资源和能力分析

企业资源就是企业所拥有的、能够为企业所利用，并能带来价值的一切因素，包括全部的财产、能力、竞争力、组织程序、企业特性、信息和知识等。从战略角度而言，企业资源既包括组织自己的资源，也包括组织能够获得的，可用于支持自身战略的资源，如企业关系网络、客户网络、研发网络等。企业能力是企业协作和利用其他资源的内在特性。

企业的资源和能力分析着重于分析现有资源和能力的数量和质量，以及它们对企业知识产权战略的支撑作用，那些能够为企业带来竞争优势的资源和能力即企业的核心竞争力。[1] 而资源和能力只有在有价值的、稀缺的、难以模仿的和无法替代的情况下才有可能成为竞争优势。

根据其定义我们可以看到，知识产权资源是符合其特征的重要资源，是最有可能带来竞争优势的资源。有研究表明，评估知识产权的能力、整合核心专利组合的能力以及预测专利申请获得授权的能力是企业知识产权管理者的核心能力。我们在分析时，可以重点分析哪些知识产权资源和能力可能构成企业的核心竞争力，主要从以下方面入手：①支持企业主营业务和核心产品的核心技术和专长是什么，企业管理人员是否对此达成共识；②这些核心技术和专长的价值性、独特性、难于模仿性和不可替代性如何；③这些核心技术和专长是否得到了充分发挥，为企业带来何种竞争优势，强度如何；④保护、保持和发展这些核心技术和专长的现时做法、方案和未来计划是什么等。

资源和能力尤其是核心竞争力的分析可以快速帮企业寻求好竞争定位和发展方向，在核心竞争力培养和发展过程中，吸收能力、创新与整合能力、延伸能力，这三项能力保证了核心能力的不断提升。当企业需要核心竞争力但却缺乏时，也可以从其他企业或组织购入与核心能力有关、并有利于其发展的技能和资源；或者实现企业间资源共享、降低研发成本、相互获得彼此的特定技术、资源和技能，以实现核心能力的快速发展。

（二）价值链分析

价值是站在购买者视角上进行分析的，价值即购买者愿意为企业提供给

---

[1] 希特. 战略管理：竞争与全球化[M]. 北京：机械工业出版社，2002.

他们的产品所支付的价格。价值虽然受生产者成本的影响,但更直接地体现在购买者的主观感受当中,因此企业应通过价值链分析发现购买者最看重的价值环节,对这些环节进行优化调整以增加其价值,对于其他环节则通过调整降低成本。而企业利润即为消费者购买所支付的价格与生产成本的差额,即利润是总价值与从事各种价值活动的总成本之差。所以通过价值链优化可以提升企业的竞争优势获取超额利润。

1. 价值链

波特认为将企业作为一个整体来看无法识别竞争优势,竞争优势来源于企业在设计、生产、营销、交货等过程及辅助过程中所进行的许多相互分离的活动。所有这些活动都可以用价值链表现出来。价值链就是指企业为创造价值而开展的各项生产经营活动,这些活动按一定的顺序联结在一起,彼此相互支持,以确保企业经营目标的达成。波特认为价值链包括价值活动和辅助活动,价值活动是企业所从事的物质和技术上界限分明的各项活动,是涉及产品的物质创造及其销售、转移给买方和售后服务的各种活动。价值活动主要包括:①内部(进货)后勤:地理位置、与供应商联系、原材料搬运、仓储、库存控制等输入环节;②生产作业:加工、包装、组装、检测、设备维护等;③外部(发货)后勤:产品库存管理、产品搬运、订单处理;④市场和销售(营销):广告、促销、销售队伍、报价、渠道关系等;⑤服务:安装、维护、培训、零部件供应、产品调整等。

辅助活动是辅助基本活动并通过提供外购投入、技术、人力资源以及各种公司范围的职能以相互支持的价值活动。主要包括:①采购;②技术开发;③人力资源管理;④企业基础设施。

2. 企业价值链与竞争优势

价值活动是构筑竞争优势的基石,而价值链是相互依存的价值活动构成的系统。企业竞争优势既可以来自单项活动本身,如顾客最为看重的那些活动;也可以来自各项活动之间的联系,这些联系可以通过最优化和协调一致两种方式带来竞争优势。通过价值链分析,一方面可以对每项价值进行逐项分析,以发现企业存在的优势和劣势;另一方面,也可以分析这个价值链中各项活动的内部联系。企业的优势是可以通过企业间协调或合用价值链带来最优化效益。

对于价值链的分析可以帮助企业确定关键价值环节,这些环节需要哪些知识产权资源的支持,企业知识产权资源在这些环节优势与差距如何,由此确定知识产权资源地位及获取方式。

另一方面,根据企业价值链分析的"微笑曲线"理论❶,制造业价值最丰厚的区域集中在价值链的两端——研发和市场(见图2-1)。没有研发能力的企业只能做代理或代工,虽然工厂投资较大,耗费大量人力物力,但只能获取少量的加工收入;而没有市场能力,再好的产品获利也有限,产品附加价值有限。与企业的知识产权资源相联系,我们可以发现制造业价值丰厚的环节正好是与两种类型的知识产权密切相关,研发环节取决于企业的技术水平,这与企业的专利权、技术秘密等密切相关,品牌与服务环节则与企业的商标价值密切相关,通过这些知识产权资源的分析可以帮助企业确立在价值链的有利位置。

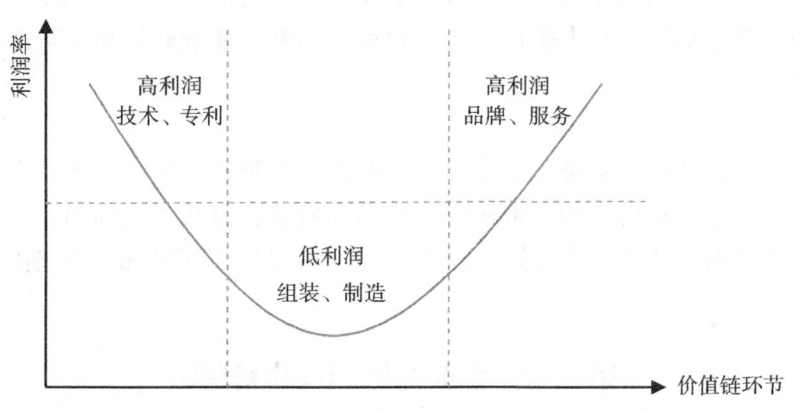

图2-1 制造业"微笑曲线"

五、企业战略环境分析的步骤

1. 扫描

环境扫描❷的概念是由美国哈佛商学院教授Aguilar提出的,他认为环境扫描是指获取和利用外部环境中有关事件信息、趋势信息和关系信息的行为,以协助企业的高级管理层制定其未来行动的计划。企业知识产权战略环境分析的扫描,即确定相关的分析范围,对所研究问题的有关领域进行扫描式观察,试图发现可能影响未来的变化征兆或事件。扫描要尽可能把所有影响企

---

❶ 施振荣. 微笑曲线[M]. 上海:复旦大学出版社,2014.
❷ Aguilar F J. Scanning the business environment[J]. Simulation & Gaming, 1967, 42 (1): 27-42.

业知识产权战略的主要因素包含在内。

2. 监测

即观察分析过去和现在所发生的变化及其规律与趋势。企业所处的内外环境是一个互相影响的复杂系统，系统内的各个子系统互相关联又互相制约，监测的目的就是要研究竞争态势，把握竞争对手动向，及时发现环境中蕴藏着的机会和威胁，分析其影响力和变化趋势，以利于决策层调整企业战略。企业环境监测需要应用一定的方法和工具，连续不断地对构成环境的内部和外部因素进行监视和分析，以期发现其现状以及发展变化趋势。

3. 预测

预测是对事物在未来可能的变化作出推断。企业知识产权战略是一个相对长期的规划，因此在制定战略时不仅要分析当前的内外环境现状，也要根据其过去变化的趋势对未来环境的变化做出判断，使战略规划尽可能地适应环境的未来发展。

4. 评估

本阶段是评估事物未来的变化对企业会产生哪些影响，主要是企业的外部环境对企业未来的发展会带来哪些机会和威胁，以及当前的知识产权资源和能力等具有哪些方面的优势和劣势，为内外环境的匹配分析打好基础。

第三节　企业知识产权战略制定

企业之所以要进行战略规划，主要是因为企业的相对资源和能力有限，能力不足，不能所有的都选择，而只能根据企业实力选择最有可能实现其目标的战略方案，因此一定程度上说，战略即是选择。企业知识产权战略非常注重与外部环境的适应性，这也是它与日常的企业知识产权管理相区别的一个重要特征。战略是由管理、组织和环境三者之间相互作用而形成的。在企业知识产权战略制定过程中，需要充分考虑企业与外部环境特别是知识产权环境的适应性，主动、积极地应对外部环境。

根据战略分析形成战略方案的途径是通过战略匹配提出战略方案，主要方法是 SWOT 分析。

一、SWOT 分析

企业战略环境分析的一个最基本的方法是 SWOT 分析，该方法最早是由安德鲁斯提出的，后来波特建立了外部分析的框架，后来又由资源基础学派深入探讨了企业的内部因素，奠定了优势与劣势分析的基础。

SWOT 分析代表：S(strength) 优势、W(weakness) 劣势、O(opportunity) 机会、T(threat) 威胁，优势与劣势分析是针对内部能力的分析，而机会和威胁分析是对外部环境的分析。SWOT 分析主要是在分析了外部的机会和威胁、内部的优势和劣势之后，将外部的机会和威胁分别与内部的优势和劣势相匹配，可以得到四种类型的战略，即 SO，WO，ST 和 WT。详见表 2-1。

表 2-1　SWOT 分析框架

	优势——S	弱点——W
机会——O	SO 战略： 发挥优势 利用机会	WO 战略： 利用机会 克服弱点
威胁——T	ST 战略： 利用优势 回避威胁	WT 战略： 减少弱点 回避威胁

考察关键外部与内部因素是建立 SWOT 矩阵中最困难部分，它要求有良好的判断，具备一定的专业技能和概念能力，能对这些要素的性质及对企业的影响进行判断和概括。并且内外部环境的各种匹配组合不存在一种最佳的匹配。

建立 SWOT 矩阵的八个步骤：

(1) 列出公司的关键外部机会。即组织结构外对企业发展有利、可以给企业带来成长机遇的那些主要因素。

(2) 列出公司的关键外部威胁。即组织结构外对企业发展不利的阻碍因素。

(3) 列出公司的关键内部优势。是企业自身比竞争对手更有利的因素。

(4) 列出公司的关键内部弱点。是企业自身自身不如竞争对手、处于劣势的因素。

(5) 将 S 与 O 相匹配并记录 SO 战略：若企业处于 SO 环境中，外部有众多机会，又具有强大内部优势，宜采用发展型战略，即充分利用优势去获取外部机会的知识产权战略。

(6) 将 W 与 O 相匹配并记录 WO 战略：若企业处于 WO 环境中，外部有机会,但内部条件不佳,宜采取措施扭转内部劣势,可采用先稳定后发展的知识产权战略。

(7) 将 S 与 T 相匹配并记录 ST 战略:若企业处于 ST 环境中,拥有内部优势,而外部存在威胁,宜采用向其他行业领域扩展以分散风险,寻求新的成长机会。

(8) 将 W 与 T 相匹配并记录 WT 战略:若企业处于 WT 环境中,外部有威胁,内部状况又不佳,应设法避开威胁,消除劣势,可采取紧缩战略,缩减开支。

在进行 SWOT 分析时要能够区分现状和前景,尽可能客观评价这些内外部因素,而且要全面,然后对这些要素进行组合匹配,制定不同的初步战略。一般而言,在不同环境下形成不同的战略组合,可能存在重合之处,需要对它们进行调整和整合,优化成可供选择的多个备选战略,最终从这些备选战略中根据一定的标准选择一个继续进行优化,作为企业的知识产权战略进行施行。

二、企业知识产权战略构成体系

企业知识产权战略是由多个相互联系、相互影响的因素构成的系统结构,企业需要多个方面综合考虑,保持各方面的协调一致。企业知识产权战略体系涉及企业知识产权战略的思想、目标、战略定位、实施环境与支撑条件、战略实施策略等❶。一般而言企业知识产权战略体系包括:

1. 企业知识产权战略思想

企业知识产权战略思想是企业制定和实施企业知识产权战略的理念基础,是企业规划和实施知识产权战略的指导性观念和意识。明确的战略思想体现在企业全体员工对于企业知识产权战略文化价值观的认同上,这样在企业实施知识产权战略时,更能达成上下一致的共识,实施起来也更容易。

2. 企业知识产权战略目标

企业知识产权战略目标是对企业愿景和使命的具体表述。愿景和使命是企业定位的一种表述,目的在于通过精炼的语句表述企业的战略目标和经营理念,对外树立差异化的企业形象,对内便于统一企业员工的思想,以提升企业的竞争实力。而企业战略目标是指企业在其战略管理过程中所要达到的市场竞争地位和管理绩效目标,包括在行业中的领先地位、总体规模、竞争能力、技术能力、市场份额、收入和盈利增长率、投资回报率以及企业形象

---

❶ 何敏. 企业知识产权保护与管理实务[M]. 北京:法律出版社,2002:197.

等。企业知识产权战略目标是企业战略目标在知识产权领域的分解，其最终落脚点在于提升企业知识产权竞争优势，往往会量化分解为阶段性目标。企业知识产权战略目标往往包含多个方面的目标，但在一定的时期有主有次，目标体系的设定应当遵循一定的原则，如符合法律原则、获取竞争优势、经济利益原则等。

3. 企业知识产权战略定位

是企业知识产权战略选取的某种特定模式，企业依靠这种模式来获取持续的竞争力。如专利战略定位中是通过追随先行者获取专利优势，还是通过率先创新的创新型战略获取专利技术优势等。企业知识产权战略定位是一个动态、系统的过程，企业管理层通过认知、规划与制定，要求全员参与，在环境分析的基础上围绕自身拥有的资源和实力开展企业知识产权战略定位[1]。企业知识产权战略定位是制定和实施企业知识产权战略的基础，定位准确与否关系到后续竞争优势的获取与保持。

4. 企业知识产权战略实施的环境与支撑条件

任何战略的实施都需要一定环境和条件的支持。因此企业需要关注影响企业知识产权战略实施的外部立法状况和趋势、行业知识产权状况、竞争对手知识产权状况、行业专利分布和关键技术领域等外部环境，也需要从内部技术力量、知识产权储备、人才、知识产权平台、制度等方面分析自身实施知识产权战略的优势和难点。这样才能切合实际地进行知识产权战略的落实，制定可行的策略和各阶段计划。

5. 企业知识产权战略实施策略

"策略"是为了实现某个目标，预测各种可能情况而制定的相对应的方案集合，这些方案可以根据环境变化和执行情况来制定新的方案。企业知识产权战略实施策略是对企业知识产权战略的具体落实，是为了实现既定的知识产权战略目标而采取的技巧、方法、步骤等[2]，也就是一系列的行动方案。

当然，企业知识产权战略的制定和实施还需要关注一些关键要素，如影响战略目标实现的重大的关键技术、工艺、关键环节等，对这些要素做好防范措施和采取重要手段。

---

[1] 郑中臣. 企业知识产权战略定位与实施策略探讨[J]. 法制与社会, 2015 (7): 190-191.
[2] 冯晓青. 企业知识产权战略[M]. 4版. 北京: 知识产权出版社, 2015.

三、企业基本的知识产权战略

企业知识产权战略的制定基本上都是在基本的知识产权备选战略中进行选择的，这些备选战略来自各类知识产权基本战略的组合。下面对不同类型知识产权的基本战略类型进行简要介绍。

(一) 企业专利战略

企业专利战略，是企业为了获得与保持市场竞争优势，运用专利手段，谋求长期生存和发展的总体性谋划。根据企业应对市场竞争的方式，企业基本的专利战略可以分为：企业进攻型专利战略、防御型专利战略和混合专利战略。

1. 企业进攻型专利战略

企业进攻型专利战略是一种发展型战略，是指企业积极主动地将开发出来的技术及时申请专利并取得专利权，利用专利权保护手段抢占和垄断市场的战略。根据企业利用的主要专利类型和途径，进攻型专利战略主要有：

(1) 基本专利战略。是指企业基于未来发展方向的预测，为保持自己新技术、新产品竞争优势，将其核心技术或基础研究成果作为基本专利来保护，并控制该技术领域发展的战略。基本专利通常是本行业或产品领域的核心技术，技术优势突出，但基本专利技术内容公开后，其他企业有可能在此基础上开发外围专利，基本专利的权利人反而会受他人控制。因此，企业在实施基本专利战略时，往往尽快开发外围专利，给核心技术筑起牢固的专利保护网；同时采取多种手段和措施，阻止他人在核心技术周围领域获得专利；而且对产生基本专利的技术作一定的技术贮备，以便在基本专利期满时，通过取得改进专利仍能起到保护作用。如朗科分别于 2002 年 7 月在中国获得闪存盘发明专利，2004 年 12 月在美国获得权利范围相同的发明专利，此项基础专利为朗科的生存及此后的辉煌奠定了坚实的基础。此后，2006 年朗科再次在美国获得 1 项移动存储方面的基础专利，朗科所有专利侵权诉讼均获胜，并成为中国第一个靠收取专利费获利的公司。2008 年 10 月 22 日，朗科宣布在美国又获得 1 项发明专利授权，它解决了闪存盘如何被系统主机自动识别和启动主机等关键技术问题，该专利技术是闪存盘替代软盘软驱的"最后一击"，它的正式授权进一步巩固了朗科在全球闪存应用领域"开山鼻祖"的地位。

(2) 专利网战略（外围专利战略）。是指企业围绕基本专利技术，开发与之配套的外围技术，并及时申请专利，获得专利权的一种战略。专利网战略的实施主要有两种：一种是自身拥有基本专利，在自身专利周围设置原理相同的小专利形成专利网，抵御其他企业对基本专利的进攻，形成一定程度的垄断；另一种是对其他企业的基本专利设置专利网，遏制其基本专利或者以外围专利换取基本专利。

（3）专利转让或许可。专利转让是指专利权人作为转让方，将其发明创造专利的所有权或持有权移转受让方，通过专利权转让合同取得专利权的当事人，即成为新的合法专利权人。专利许可是指专利技术所有人或其授权人许可他人在一定期限、一定地区、以一定方式实施其所拥有的专利，并向他人收取使用费用。专利转让或许可，在企业本身难以开拓市场商业化技术时可以快速获取资金赚取利润；即使企业自身已开展专利技术的商业化，但许可其他企业使用自身专利，不仅可以获取资金，也可以增强自身技术的应用范围，提升市场影响力，甚至可以形成产业技术标准。

（4）专利收购战略。是指企业不是通过自己申请专利而获得专利权，而是付出一定的金钱从发明人或企业那里购买专利权达到独占市场的战略。这是一定程度的专利储存，实施专利收购战略的目的旨在垄断或对抗对手。

除此之外，企业还可以将专利与产品、商标相结合获取更大利益；也可以通过专利开放式许可战略，让众多厂家使用获得消费者的认同，自愿允许其他厂家无偿使用其专利技术的战略，由此打造事实标准、打击同业竞争者、免于垄断限制；通过积极主动的专利诉讼也可以震慑侵权者，打击竞争对手，确保自己的市场竞争优势。

2. 企业防御型专利战略

企业防御型专利战略是指企业在市场竞争中受到其他企业的专利进攻或危险时，采取的改善市场竞争地位、打破竞争对手的专利垄断地位，改善竞争状况而采取的专利战略形式，其主要目的是保护自身利益或降低损失。

具体途径如下：

（1）取消对方专利权战略。针对对方专利的漏洞、缺陷，运用撤销以及无效等程序，使对方取得的专利不能成立或者无效的战略。其关键是收集竞争对手专利权无效的相关证据，从其专利技术内容公开的充分性、专利"三性"等方面提出无效申请。

（2）文献公开战略。专利申请必须符合"三性"要求，如果是行业已经公开的技术则不会被授予专利。因此，对于本企业没有必要取得专利权但若被其他企业抢先取得专利又不利于本企业时，可以采取抢先公开技术内容，从而阻止其他企业取得相关专利,自己也节省了一笔专利申请相关费用。

(3) 利用失效专利战略。专利权有一定的保护期限,保护期一旦届满,该专利技术即进入公开领域,任何人都可以自由利用。对失效专利的利用,一方面可以以到期或快到期的基本专利作为继续研究开发、创新的起点,重新组织专利申请的战略;另一方面,也可以直接对失效专利技术进行使用。

(4) 绕过障碍专利战略。对于难以对抗的专利,可以在其专利基础上绕过其权利要求项,开发不抵触的专利,或者在其专利地域保护范围外利用其专利,或者使用替代技术,由此不与其核心专利产生直接冲突。

(5) 积极应诉战略。现实中,一项专利技术的产品化应用中,往往与专利本身的权利范围有所差异,其他人的模仿改造有可能会扩大这种差异,由此与专利本身关联甚微。因此通过检索专利文献,对比剖析技术特征,可以合理使用先用权抗辩、自由公知技术抗辩等应诉,即使确实侵权,也可以积极地通过收购、参股原告公司或获得对方授权等行动化解诉讼,最低化其不利影响。

3. 混合型专利战略

混合型专利战略是企业根据竞争对手以及市场、技术动态变化情况而采取的"强则攻、衡则守、弱则跟"的战略形式。既积极主动的开发储备各种专利,又根据专利状况和产业生命周期等环境的变化出让、许可其专利,以获取经济利益的最大化,提升竞争优势。

结合 SWOT 分析,可以在以上专利战略中进行匹配和选择,见图 2-2。

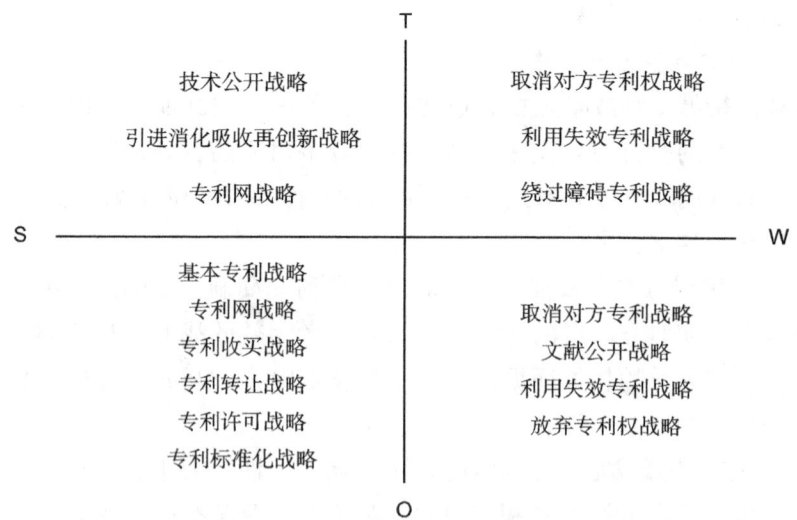

图 2-2 基于 SWOT 分析的企业专利战略模式

（二）企业商标权战略

商标既是经营者生产产品或提供服务的质量象征，又是经营者独特个性、文化品位、商业信誉等因素的综合载体，是为经营者创造财富的无形资产。实施商标战略有利于树立产品和服务的良好声誉和信誉，提高产品和服务的附加值；有利于将产品的品质和性能优势、服务的质量优势转化为市场优势，增强产品和服务开拓、占领、巩固市场的能力；有利于促进各类生产要素向名牌产品、名牌企业聚集。

企业商标权战略，是企业为获取与保持市场竞争优势，运用商标制度提供的保护手段，达到树立企业形象、促进产品或服务占领市场的总体性谋划。企业商标权战略的运用包括商标的选择、使用和保护。

1. 商标选择战略

企业商标选择战略首先确立是否使用商标，以及是否注册商标的问题。商标注册是我国商标确权的基础，也是企业实行商标战略的一个前提。未注册商标虽然也可得到法律保护，在企业未定型的试销产品（风险大）或季节性商品或临时性一次性使用的商品等方面可以节约成本。但总体上为了企业的长远发展，企业应尽量采取商标注册策略。

2. 企业商标使用战略

在现实中企业可以根据其经营领域和产品范围，选择适合企业发展目标的商标使用策略。一般而言，企业注册商标使用战略有以下几种。

（1）个别商标战略。又称"多品牌策略"，是企业在其生产的各种商品上各自使用不同的商标。这样可以使各种产品有不同的特点和定位，实现产品在竞争市场上的布局。但也会增加商标维护成本，在营销推广上成本也较高。

（2）统一商标战略。是指企业所有的商品采用同一种品牌商标。这类企业既可以是生产单一产品的生产企业，也可以是生产跨行业的多类产品的生产企业。一个企业只使用一个商标，可以集中精力进行商标的宣传和形象维护，节约费用，但当产品之间定位存在较大差异时，可能造成消费者的混淆，造成定位不准的局面。

（3）主副商标战略。是指在同一产品上注册多个商标，一个是在各类产品上体现企业形象的主商标，其他的则是在某种特定产品上使用的副商标（也称从商标）。用主商标来建立和提高各种产品的名气，用副商标来暗示特定产品的用途、功能、成分、品质等，副商标建立在一个成功的主商标基础上，它本质上是一种商标延伸策略，它需要利用消费者对现有成功主商标的信赖和忠诚度，推动副商标产品的销售，取得市场优势。

（4）子商标战略。是在单一商标旗下发展一些成熟的子商标，子商标逐渐形成自己独立的商标体系。母品牌可以延伸出子品牌。一般来说母品牌其实就是企业形象式品牌，它的主要对外功能就是为子品牌或副品牌提供信赖的背景形象。例如"P&G宝洁"这个企业品牌就为"飘柔""潘婷""海飞丝""玉兰油"等子品牌提供优质的品质形象，而子品牌则重点塑造产品特点和品牌文化形象。母子式的品牌结构模式一般适用于较为传统和成熟、而产品质量又不太容易分辨的行业，以及较为大型和已经具有较高知名度的企业。

3. 商标保护战略

经国家核准注册的商标为"注册商标"，受法律保护，商标注册人享有商标专用权。商标保护战略一方面要为企业使用的商标及其类似的商标寻求注册保护，对于侵犯其商标权的行为积极诉讼进行保护；另一方面企业应积极为自身商标寻求"驰名商标"的保护，增强品牌竞争力。

"驰名商标"（Well-known Trademark）又称为周知商标，最早出现在1883年签订的《巴黎公约》。我国于1984年加入该公约，是其第95个成员。中国驰名商标（China Famous Trade mark）是指经过有权机关（国家工商总局商标局、商标评审委员会或人民法院）依照法律程序认定为"驰名商标"的商标。目前，中国实行行政主管部门与人民法院均可认定的双轨制，但须以当事人提出申请或请求为前提，并且该申请或请求必须建立在相关权益受损的基础上。驰名商标的保护也不同于普通商标仅限于相同或相似的商品，驰名商标采取跨类保护，只要认定为驰名商标，其他企业在其任何商品中均不得采用该驰名商标。

（三）企业著作权战略

企业著作权战略是企业以著作权法律制度为依托，以著作权充分保护为基本手段，谋求通过激励智力创作、著作权保护、运营、管理以获取市场竞争优势的总体性谋划。

在企业著作权创造战略方面，企业的重点是培养企业著作权的创造意识，提高企业著作权资产的存量和质量。企业应将著作权看成是和有形资产一样具有重要价值的财产，形成强烈的著作权创造意识。

企业著作权运营战略包括自行独占性利用、著作权转让、许可、质押融资、证券化等形式。企业著作权运营战略实施的重点在于针对不同作品的特点选择合适的利用形式，以使其发挥著作权资产的效能。

在企业著作权保护战略实施中，首先要培育企业著作权保护意识，对作品及时进行著作权登记，积极进行调查，对发现的著作权侵权行为及时采取维权行动，在企业内部落实专人负责企业著作权的保护和管理等。在我国，著作权自作品创作完成之日起产生，虽然版权登记不是取得版权的前提条件，但是版权登记证明文件可以作为主张权利或提出权利纠纷行政处理或诉讼的证明文件，是一种较为正式权威的权属证明，可以提高法律证据的有效性。

（四）商业秘密战略

对企业而言，虽然知识产权是获取市场竞争优势的重要资源，但企业有很多创新成果无法获取知识产权确权，需要企业以商业秘密的手段进行保护。商业秘密，是指不为公众所知悉、能为权利人带来经济利益、具有实用性并经权利人采取保密措施的技术信息和经营信息。对于其中的经营信息，重点是养成良好的保密意识，采取严格的保密制度和措施。而对于技术秘密，则首先要确定是否以商业秘密的形式进行保护，需要在专利权和商业秘密权之间进行综合衡量，在确定以商业秘密形式进行保护时，也要实行严格的保密措施。

商业秘密作为一种无形资产，也是可以创造较高价值的，对于商业秘密权，也需要充分利用，通过运营实施获取经济利益。商业秘密的运用，可以选择自我实施、转让、许可等方式进行。企业需要综合考量自身管理水平、资源状况、发展战略一致性、竞争状况等，选择适合的商业秘密运用方式。

商业秘密的保护不能单纯地依靠法律，其核心是自身的保密管理，确保对商业秘密的相对独占权，避免商业秘密流失。其保护战略的核心在于全体涉密人员的保密意识，配以严格的技术性保密措施、严格的保密制度（包括与相关联企业的交易、合同管理等），这样才能主动避免他人侵犯商业秘密。

四、企业知识产权战略选择

经过企业内外部环境因素的收集和整理，进行 SWOT 匹配分析，可以产生多个知识产权战略备选方案。然后由决策者根据一定的评价标准从备选战略中选择一个实施。

评价战略备选方案通常使用两个标准：一是考虑选择的战略是否发挥了企业的知识产权优势，克服了劣势，是否能够帮助企业抓住机会，将威胁削弱到最低程度；二是考虑该战略能否被利益相关者所接受。对战略的评估最终还要落实到战略收益、风险和可行性分析的财务指标上。通常对备选战略的评价要符合以下几个标准：

1. 适用性

适用性是用来评估所提出的战略对在战略分析中确定的组织情况的适应程度，以及它如何保持或改进组织的竞争地位。适合的才是最好的，对于当前的竞争环境而言，很多因素难以预测，变化较大，企业战略需要更有活力、灵活的、环境适应性较强的知识产权战略。建立在运营活动系统适应性上的战略，其优势才具有可持续性。

2. 可行性

对战略可行性的评估就是分析是否能成功地实施该战略，战略的实施需要企业组织能力、资源条件等方面的支持，需要相匹配的资源和能力。这就需要对备选战略所需的要素进行比对评价，确保战略能够落实。知识产权战略的可行性分析，主要从其技术、组织、资本、人员等方面分析是否能够保障战略目标的实现，在可行性分析中要对可能的风险进行预判，并有相应的控制措施。

3. 可接受性

评估可接受性是一个很难的领域，因为可接受性与人们的期望密切相关。知识战略目标是指企业在其知识产权战略实施中所要达到的市场竞争地位和管理绩效目标，包括在行业中的领先地位、竞争能力、技术能力、市场份额、收入和盈利增长率、投资回报率以及企业形象等。知识产权战略的制定者往往是职能部门管理者，虽然很多企业也会让高层管理人员参与，但他们可能对企业的知识产权专业领域不够了解，由此产生战略目标的理解差异。因此最终的知识产权战略的确定需要企业所有者、高层管理人员和知识产权职能部门管理人员的共同认可，接受度高的战略在实施起来才能降低阻力。

企业知识产权战略制定的过程本身是一个由相互联系的一些环节和步骤构成的过程。企业知识产权战略的制定者首先需要对企业发展方向和目标、发展战略以及外部环境有通盘的了解和掌握，在此基础上制定出备选方案，然后加以可行性论证，最终确定具有可操作性的行动方案（即实施方案），并加以落实。

当然在知识产权战略的制定尤其是确定最终战略方案时，不仅是确定主要的战略方向、战略目标、主要实施方案等，还应注意战略定位的合理性和稳定性，避免随意做出重大修改。

第四节 企业知识产权战略实施

一、企业知识产权战略实施与控制

战略实施与控制过程就是把战略方案付诸行动,保持经营活动朝着既定战略目标与方向不断前进的过程。企业知识产权战略实施是执行企业知识产权战略规划、实现知识产权战略目标而进行的行动和战略决策,是企业知识产权战略制定的逻辑延续,在整个企业知识产权战略体系中占据着举足轻重的地位。

(一)企业知识产权战略实施主要活动

为实施企业知识产权战略,需要确定实施战略的主体、战略实施的内容以及每个战略实施主体的职责和任务。

1. 企业内部资源配置

企业内部资源配置是实施企业知识产权战略的物质保障。资源的相对有限性必然要求企业对人、财、物以及信息等资源进行科学合理的分配,避免浪费和争抢资源所产生的内部矛盾等问题。在人员配备上,要明确知识产权战略实施人员和管理人员的角色,尤其是明确与知识产权战略管理过程直接相关的人员的权利与义务。

2. 企业内部的分工合作

企业知识产权战略的实施不仅仅是知识产权管理部门的事情,仅仅从知识产权资源涉及的部门看,企业知识产权战略涉及研究与开发部门、产品生产与加工、法务部门、营销推广部门、宣传部门等多个部门的配合。在多个部门间做好分工与协调可以有效地避免扯皮等浪费时间、精力的事情发生,提升知识产权战略实施的效率。

3. 发挥企业高层领导的中枢作用

岳贤平[1]通过实证研究发现,高层领导在企业知识产权战略实施过程中具有很重要的作用,高层领导的特质与企业知识产权战略实施满意度之间具有很好的线性相关性;他们的资源整合能力、沟通能力和知识产权保护意识等

---

[1] 岳贤平. 企业知识产权战略制定中高层领导特征及其影响——基于科技人员满意度的调查研究[J]. 科技进步与对策,2012,29(17):116-122.

心理和行为变量对企业知识产权战略的有效实施具有较高的影响力；在企业知识产权战略实施过程中，高层领导的对内综合管理能力是企业知识产权战略实施的核心变量。因此，在企业知识产权战略实施过程中，要充分发挥高层领导的中枢作用，提升他们自身的知识产权保护意识、专业管理技能，由他们牵头制定相应的规章制度、整合优化知识产权资源，可以高效地促进知识产权战略的实施。

4. 建立支持企业知识产权战略实施的组织结构

需要在企业内部设立权责明确的知识产权工作机构，为其配备结构合理的知识产权工作专职人员。企业知识产权管理机构的设置，就是根据企业知识产权管理的总目标，把企业知识产权管理所需的各种资源配置在一定的位置上，确定其职能分配，通过各种资源对具体职责的执行，不断地向组织机构反馈信息，从而形成相对稳定的、科学的知识产权管理体系。

5. 企业知识产权政策、制度保障以及信息支持

企业知识产权基本制度建设对于企业知识产权战略的实施具有重要意义，企业知识产权基本制度是否确立且有效运转，直接影响到员工的知识产权态度和意识，是知识产权战略能否落到实处的关键。企业需要对企业知识产权创造、管理、保护和运用各个环节，制定科学合理的可操作性强的规章制度，促使知识产权工作有效运转。

6. 营造匹配的企业知识产权文化

知识产权文化是一种具有包容性、开放性和多元性的新型文化。知识产权文化是指以知识产权意识形态为核心，由有关知识产权的价值观念、学术思想、行为准则以及法律制度、组织机构等构成的有机整体[1]。企业知识产权文化是企业文化的一部分，主要是企业文化中关于技术创新、品牌观念、知识产权理念的部分，企业知识产权战略的实施需要从战略层面加强企业知识产权文化建设，加强知识产权创造、保护意识的宣传和推广，使全体员工在实施知识产权战略中具有统一的思想理念。

（二）企业知识产权战略协同

企业知识产权战略实施是一个系统工程，涉及企业内部资源和能力建设以及与外部环境的协调，离不开有效的战略协同。

企业知识产权管理的系统性对知识产权管理提出了协同的要求。所谓企

---

[1] 张爱华，郭晖. 金融危机中地方企业知识产权战略实施的新思考[J]. 改革与战略，2010, 26(8): 52-54.

业知识产权协同管理，是提高知识产权管理能力和水平的重要内容，是以知识产权管理组织为依托，调动各方面管理要素和资源，协调内部各组织之间以及内外部环境变化之间的关系，对知识产权进行有序的计划、组织、指挥、安排、控制等活动。

（1）企业需要从知识产权战略规划高度对知识产权创造、运用、保护和管理的各个环节进行整体部署，取得知识产权战略协同效应。

（2）在企业知识产权管理系统内，则需要技术开发人员、市场营销人员、知识产权管理人员及其他相关人员在知识产权战略实施的各个环节保持密切的联系，建立知识产权管理各职能部门和主管人员的双向交流机制，使研究开发管理、营销管理、知识产权管理各系统之间保持信息畅通和联络。

（3）实施知识产权动态管理，将知识产权管理置于开放的技术环境、市场环境和法律环境中，从技术、市场和法律维度构建知识产权管理系统。

（4）还应建立和完善企业内部知识管理系统，促进组织内部知识和信息的流动，建立知识产权组织协同效应、知识产权信息协同效应和知识产权保护协同效应机制。

总之，企业知识产权战略协同大致可以分为内部协同和外部协同两方面，前者是指企业内部各个职能部门和事业部之间就实现知识产权战略目标所实施的相互配合、相互支持的行为；后者是指企业与政府、其他企业或事业单位、中介机构、金融机构等外部主体就知识产权的创造、运用、保护、管理等方面事务进行的协同行为。

（三）企业知识产权战略协同的内容

首先，企业知识产权创造战略与企业知识产权保护战略的协同。企业知识产权的创造与保护是一种相互作用、相互影响的互动关系，基于保护的知识产权制度对企业知识产权赋予独占权，由此激励企业知识产权的创造和开发；企业知识产权的创造成果需要通过多种方式进行保护，而知识产权资源越丰富越有利于进行知识产权布局，增强保护效果。

其次，企业知识产权创造战略与市场运营战略的协同。知识产权的创造是企业知识产权管理的开端，获得知识产权只是实现了其制度价值，而其经济价值和文化价值需要通过知识产权的运营来实现，知识产权通过运营取得的经济利益和竞争地位反过来给知识产权的创造提供了资金、信息乃至信心方面的支持。但不是所有的知识产权都能实现经济价值，具备一定质量标准的知识产权才有运营的价值，因此知识产权创造战略不仅求得量的发展，也要在知识产权的法律质量、技术质量和经济质量方面进行提升，为后续的知识产权运营提供资源。

再次，企业知识产权保护战略与知识产权市场运营战略的协同。获得知识产权是进行知识产权运营的基础，知识产权运营的前提是具有知识产权所有权或获得使用权许可，否则即为侵权行为。而知识产权的市场运营所取得的市场竞争地位及经济效果，可以帮助企业确立相应的保护途径和程度。

最后，根据前述现有研究，基于运作过程的知识产权战略协同的内容有意识协同、部门协同、资源协同和政策协同等内容。知识产权资源本身是一种跨部门产生、跨部门流动的，在知识产权战略的实施过程中需要企业制度统一、上下一致、部门配合才行，因此需要多个环节多个部门进行协同。

企业知识产权战略协同要求在企业知识产权战略体系中建立有序的运行机制，充分发挥各要素在企业知识产权价值链中的作用，以有限的人财物资源提高企业的整体竞争力。

二、企业知识产权战略实施效果评价

企业知识产权战略实施评估则是对企业知识产权战略实施的情况评判和考核。由于企业面临的环境的多变性和复杂性，企业知识产权战略的实施与预期目标可能会存在或大或小的差异，通过对企业知识产权战略实施进行考评，可以了解企业知识产权战略所取得的成效和存在的问题，为下一步推进提供参考，更好地达成其战略目标。企业知识产权战略考核评估实际上是以企业知识产权战略的制定、实施和实现预期目标的情况为考察对象，通过一系列指标反映和揭示企业知识产权战略实施绩效。通过对比考评，以了解企业知识产权战略实施现状和存在的问题，通过偏差分析，可以及时进行知识产权战略调整或者对其实施方式、方法等进行调整。

日本特许厅2004年发布的《制定知识产权战略指标的中期成果报告》从企业微观层面制定了知识产权战略指标评价体系，主要涉及研究开发投入、专利产出率、研究开发支出、研究开发效率、专利效率等指标，涵盖了技术负责人和知识产权管理人员运用指标。美国知识产权咨询公司专门推出了其开发的专利评价指标体系，包括专利数量、当前影响数、专利平均被引用数、技术实力、技术生命周期、科学关联性与科学强度等7项指标。

也有较多学者对于企业知识产权战略实施效果的评价指标进行了研究。易玉等人认为企业专利战略实施效果的评价指标体系可以包括专利创造、专利管理、专利保护、专利运用和人才中介等指标。❶ 唐杰和周勇涛在分析欧美、日本等国家和地区的知识产权战略评价指标的基础上,从知识产权的创造、运用、保护和管理等 4 个角度构建了中国知识产权战略绩效评价指标体系。❷ 朱肖颖和吴红将企业专利战略实施绩效评价指标分为专利成果类、非专利成果类、市场效益类、能力类和企业文化类等指标。❸ 综合而言,从评价指标的全面性和专业性而言,企业知识产权战略绩效一级指标分为企业竞争优势、自主创新能力和经济效益指标,分别对应的二级指标为:对企业竞争力的作用、对行业技术结构的影响、产品的领先程度、市场占有率;研究开发强度、研究开发经费占 GDP 比重、专利生产率、科技人员比重、设备水平结构;科技成果增长数、科技成果转化率、新产品贡献率、科技进步贡献率等。冯晓青认为,这些指标大体上能够反映企业知识产权战略绩效,但如果从全面反映企业知识产权战略绩效的角度看,还应增加一些评价指标,如企业知识产权拥有的数量和质量、企业核心技术改善程度,以及企业实施技术创新和知识产权战略内部环境和条件的改善等。❹

三、企业知识产权战略评估与控制

企业知识产权战略评估是指以企业知识产权战略的制定、实施过程及其结果为对象,通过对影响、反映企业知识产权战略各要素的总结和分析,判断企业知识产权战略是否实现预期目标的管理活动。

企业知识产权战略评估与控制通常是将企业知识产权战略实施的情况与预期的目标进行对比,并根据信息反馈系统提供的信息对企业知识产权战略实施情况进行调整或采取补救措施。

首先,确定需要评价的内容,如技术创新方面、竞争状况改善方面、企业知识产权流失控制方面、企业知识产权文化建设方面等;

然后,针对企业整体和下属各部门和事业部确定相应的业绩评价指标,如企业研发中专利保护的指标、企业海外发展部控制知识产权流失指标、知

---

❶ 易玉,胡忠君,王艳. 关于构建专利战略绩效评价指标体系的思考[J]. 研究与发展管理,2008,20(6):122-124.

❷ 唐杰,周勇涛. 企业知识产权战略实施绩效评价研究[J]. 情报杂志,2009,28(7):55-60.

❸ 朱肖颖,吴红. 企业专利战略实施绩效的因子分析评价研究[J]. 科技管理研究,2010,30(11):67-69.

❹ 冯晓青. 基于我国企业技术创新和知识产权战略实施的知识产权考核评价机制研究[J]. 当代经济管理,2013,35(5):28-34.

识产权融资收益、企业营销部门经营业绩等;

最后,将实际取得的业绩与预期标准进行对照,进行评估与分析,找出问题及其原因,通过必要的信息反馈,综合诊断,从企业知识产权战略本身或战略实施环境、战略规划执行等方面进行改进。

针对企业层面的知识产权战略实施绩效评价体系的研究,应体现知识产权从投入到产出、运用、保护、管理的过程以及知识产权的效益。尤其在国家层面大规模开展企业知识产权战略实施绩效评价工作时,应综合考虑信度和效度的合理平衡,使评价成本和评价结果更趋合理。

 案例分析

华为技术有限公司知识产权战略❶

一、华为技术有限公司简介

华为成立于1987年,是一家生产销售通信设备的民营通信科技公司,现已成为全球领先的信息与通信技术(ICT)解决方案供应商。目前华为已成为一个业务遍及全球的国际化公司,2013年华为首次成为全球第一大电信设备商。

二、华为公司战略及知识产权战略

20世纪90年代初期,我国向全世界承诺开放通信产品市场,吸引了国际通信巨头的涌进,国内市场竞争激烈,华为在其中生存并脱颖而出,这与其独特的公司战略密不可分。

华为一贯坚持的战略是专业化发展战略,也就是集中力量做最擅长最想做的事情:将公司的全部资源集中,重点突破,系统领先,改变在低层次市场上角逐的被动局面,在核心技术领先的基础上发展相关产品。企业只选择能够实现资源共享,具有协同效应的产品或业务进行拓展,实现本行业范围内的专业化经营,集中资源做大做强,而不是在获得一定的业绩后进行盲目的多元化发展。因此,华为在业务经营上,也形成了与企业战略保持一致的经营模式:依靠高研发投入获取技术领先优势,依此获取产品的高附加值,提升利润率;然后利用大规模营销促进销售,提升产品知名度和品牌效应,脱离低层次的市场竞争,推动公司高

---

❶ 本案资料来源:夫子亦语的博客.超级案例"华为成功背后的秘密:乌龟精神". http://blog.sina.com.cn/s/blog_ 66310d0b0102xynz.html. 搜狐财经网站. 华为连续14年战略为何零失误 秘籍是这套管理体系. http://mt.sohu.com/business/d20170605/146181662_ 397289.shtml. 华为官网:http:// www.huawei.com/cn等。

效益快速成长。

在公司战略指导下，企业的知识产权管理也与之相呼应。从1992年开始，华为在政策上明确规定研究开发费用占销售额的10%，这与中国多数企业增加固定投资比重完全相反，为企业规模成长储备了发展后劲。在资源配置上，华为员工配置是典型的两头大中间小的"哑铃式结构"：研究开发人员占员工人数的40%，市场营销人员占35%，生产人员仅占15%，其余是行政管理人员。这种资源配置结构，牢牢把握了产业价值链附加值最高的两端——研发与营销环节，既体现了公司战略的要求，又使公司具有很高的灵活性和应变能力。

基础技术领域中，华为总裁任正非明确认知中国人擅长数理逻辑，缺乏形而上学的思辨传统，因此，华为在材料学研究、物理领域尽量少地投入，但在数学研究方面的投入是巨大的，在海外，华为也建立了主要从事数学研究的俄罗斯研究所和法国研究所，在2G、3G研究方面取得重大贡献。这种任正非所坚持的不被所谓的"互联网潮动"所左右的"乌龟精神"，指导企业坚定信心走自己的路，这就是华为坚定的创新战略。

华为并没有所谓的独立的知识产权战略，但他们一切战略目标都围绕经营，以这样基本目标来设计所有的结构。具体而言，华为在知识产权领域的目标设定为：在积累并形成自主知识产权的基础上，以国际化公司的知识产权为基线，充分保障公司知识产权的安全和取得参与国际市场竞争的资格；在积累知识产权竞争力的基础之上，主导或者加入跨国公司知识产权集合体（专利池）；形成与公司经营战略相配套的从公司层面到公司业务层面的关于知识产权的创立、运用、保护和防御的战略。

三、华为的知识产权战略管理思想

华为知识产权管理中，坚持了几个核心的战略思想：

1. 客户需求是创新之本

华为创新的基础理念是抓住市场需求、客户需求。华为虽然是技术型公司，但已改变了技术导向基本理念。在创立之初技术精英为华为贡献了极其重要的产品，但技术导向背景下很多创新纯粹为了实现个人技术价值，很多技术的市场实用性有限，造成了大量浪费。华为多年经验总结后打造了一个以客户需求为导向，前端是客户，末端也是客户的端到端的流程，形成了顾客需求导向的价值观和研发战略。

2. 开放式合作创新

华为一度以来进攻性较强的狼性文化在已经获得行业领先地位的情况下，容易遭到对手的警惕和打压，尤其是国际通信巨头的知识产权反击，在并购、技术转让等方面进行抵制。因此华为现已淡化该文化,转向开放包容的新创新文化。华为已经普遍接受国际竞争中的专利转让和被转让规则,积极主动寻求合作。华为与很多西方竞争对手建立合作研发的组织,与德州仪器、摩托罗拉、IBM、英特尔、朗讯等成立联合实验室,与西门子、3COM、赛门铁克等西方公司成立合资企业,与全球诸多大客户包括沃达丰等运营商建立了28个联合创新中心。

3. 尊重知识产权

华为的创新一贯信奉美国规则,坚持最严格的知识产权管理原则。华为每年要向西方公司支付2亿美金左右的专利费,每年拿出1亿多美金参与一些研发基金,并且参与和主导了多个全球行业的标准组织。华为认为,未来可能会产生"专利世界大战",华为必须对此有清醒的战略研判和战略设计。

标准与产业对华为是一项战略性工作,最终目标则是成为ICT标准与产业的重要贡献者,以构筑共赢的产业链与生态圈,与业界同行共享市场利益。为实现此目标,华为在集团层面设标准与产业部,每个BU设相应的标准专利部和产业发展工作组,专职标准与产业队伍人数超过450人,形成了技术水平高、能稳定从事标准制订和产业发展的专家群体。在行业标准制定上,华为在多个组织中担任主席、副主席等重要职位,推动华为标准成为世界标准。

4. 容错精神

任正非对技术人员的任用坚持"灰度理论",反对非黑即白的用人观,他强调华为要容得下各种异类人,用人之所长,包容其瑕疵。而对于研发活动,华为也允许失败的存在。他曾说华为研发20年浪费一千亿,但这些学费也构筑了华为的软实力。华为芯片研发部门曾经确定目标:一次投片成功!每投片一次的成本大约在几百万美金。但任正非说,一次投片成功的说法是不科学的,这个世界上没有神仙。

5. 坚持品牌建设

华为基本上继承国内的做法,依然坚持:品牌就是承诺,品牌是打出来的,而不是宣传出来的,而在进行国际化的过程中增加了"先国家品牌,而后公司品牌"的理念。具体的品牌建设上,华为聚焦世界顶级水平的全球营销,相继邀请著名足球运动员梅西担任华为品牌形象代言人,好莱坞娱乐明星亨利·卡维尔和斯嘉丽·约翰逊作为P9代言人,并持续与全球高端时尚平台VOGUE及各大时装周展开合作,一系列的营销活动为品牌注入更多设计、时尚、人文、艺术的元素,助力华为向全球消费者传递品牌理念,华为品牌影响力和认知度大大提升。

四、华为知识产权地位

经过多年规划和努力,华为在知识产权领域取得了显著成绩,2015年华为向美国苹果公司许可专利 769 件，苹果公司向华为公司许可专利 98 件，华为知识产权创造水平和运用能力都得到了增强，在国际竞争中也改变了被动地位。而全球最大的传播集团 WPP 旗下研究机构 Millward Brown 编制的 BrandZ™ 全球最具价值品牌百强榜单，华为从 2015 年的排名第 70 位上升到 2016 年的第 50 位，2017 年华为品牌价值增长至 203.88 亿美元，位居榜单第 49 位。

【基本概念】

企业战略；企业战略层次；知识产权战略；企业知识产权战略要素；宏观环境；价值链；企业进攻型专利战略；企业防御型专利战略；企业知识产权协同管理；企业知识产权战略评估。

【思考与分析】

企业知识产权战略属于企业战略的哪个层次，与企业战略的关系如何？

第四章 企业知识产权创造管理

> **本章提要**
>
> 知识产权创造管理主要是指对知识产权的研发创造活动过程,以知识产权的获取为目标的管理活动。知识产权创造管理即知识产权产出管理,是整个知识产权管理的起点,知识产权创造管理的成败将直接影响知识产权战略实施。本章将对企业知识产权创造管理的概念、企业知识产权创造的方式、企业知识产权创造中应注意的问题进行探讨。

第一节 企业知识产权创造管理概述

一、知识产权创造

知识产权创造是指基于知识产权法律体系,以获取知识产权、规避他人知识产权为首要目的,并借以谋求市场利益和竞争地位的创新活动及过程。其包括创新成果的形式、保护客体的确定(如专利挖掘、专利申请策略制定)和确权(包括申请文件准备、申请、审查、授权)的全过程。上述定义为广义的知识产权创造,狭义的知识产权创造是以获取知识产权、规避他人知识产权为首要目的,完成创新成果的活动及过程。[1] 本书所讨论的知识产权创造为广义的知识产权创造。

二、知识产权创造管理

知识产权创造管理,也称知识产权的获取管理,主要是指针对知识产权

---

[1] 杨斌. 知识产权创造方法刍议[J]. 科技信息,2012(7):59.

的研发创造活动过程，以知识产权的获取为目标的管理活动。[1] 知识产权创造管理包括两个部分，一是对知识创造的牵引，即对创造的事前管理，是对创造过程的管理。二是对已创造出来的知识进行辨别、分析、依法升格为知识产权获取法律保护，即对创造的事后管理，是对创造结果的管理。企业知识产权创造管理包括对专利、商标、著作权、商业秘密等知识产权的权利化过程和结果管理等。[2] 其管理活动主要包括以下四个方面。[3]

（一）确定企业将要获取的知识产权

在创新成果知识产权创造方面，选择适当的知识产权形式尤为重要，直接影响到创新成果的商品化、产业化定位，关系到企业能否形成市场的核心竞争力，实现企业的知识产权战略目标。企业将要获取哪种知识产权？这个问题是企业知识产权战略的重要部分，应从企业发展战略出发进行考虑。企业知识产权管理团队在选择将要获取的知识产权时，首先应根据公司的业务类型，确定哪种知识产权（如商标、专利、版权等）最适合企业的商业类型，将知识产权的各种形式按重要性进行排序，然后利用成本/收益分析法选择种类和获取时机（如时机的选择在新产品开发阶段尤其重要），进行个案分析，制订一个符合其预算和市场机会的知识产权获取策略。

为此，必须对特定产品的市场进行系统调查从而全面掌握市场情况。确定其产品的现有和潜在市场、潜在竞争对手，以及可与之合作的潜在企业；判断其竞争对手拥有何种知识产权资产，以及市场上是否很快会出现替代产品。在对市场调查、分析和研究基础上，进一步分析：哪些知识产权权利能够提高公司的短期或长期竞争力或市场份额？公司的经营策略对知识产权有何需求？将哪些知识产权组合使用最有效以及最接近企业的承受能力，并有可能以最低或可承受的风险换取最大回报？为达到业务目标最关键获取的知识产权是哪种？

（二）选择知识产权获取的途径和方式

目前获得知识产权的主要途径如下：

（1）自主研发后申请、授权或注册获得，例如专利、商标、集成电路布图等。

---

[1] 陈媛媛.企业知识产权管理[M].北京：中国铁道出版社，2014：11.
[2] 曾德国，乔永忠.知识产权管理[M].北京：知识产权出版社，2014：11.
[3] 田文锦.知识产权管理基础[M].北京：中国财政经济出版社，2009：8-11.

（2）以并购的手段收购知识产权，例如亚马逊收购DoubleHelix，主要目的是获得人才和相关专利技术。

（3）购买他人知识获得，如购买专利、商标、软件、植物新品种等专有权利。

（4）通过技术合作获得，例如通过与跨国公司组建合资企业。

（5）委托独立研发机构设计方案获得，例如"王致和"图文结合商标标识就是北京王致和食品集团有限公司请中央工艺美术学院的黄伟教授设计的，该公司通过合同的方式获得了此标识在中国的著作权。又如通用、福特等国际厂商委托独立汽车设计公司设计车型。

（6）抢注、抢先登记获得，例如抢注别人未注册的技术、商标归为己有。

（三）选择知识产权获取方式的原则

一个企业要全面获取知识产权是一项巨大的投资，企业在选择知识产权获取途径时必须遵循以下三个原则。

1. 选择适合有效的获取途径

首先，要了解获取知识产权各种途径的利弊：①走企业自主研发之路，使企业拥有了自主知识产权，并掌握核心技术，增强了企业核心竞争力，但研发周期很长，机会成本较高，具有市场风险和技术风险等。②走企业收购之路，收购方迅速改变其知识产权地位，从而取得竞争优势，使知识产权的价值直接变现，接受了目标企业研发团队。但在收购中知识资产评估较为困难，可能带来知识产权界限不清晰等法律风险，目标企业选择不当或谈判失误等决策风险，知识产权"陷阱"等道德风险。③走购买之路，能最快获得知识产权，但很难掌握产业链中最核心的知识产权。④走合作之路，能较快获得知识产权，可以迅速实现市场的准入，风险性较小，获益稳定。但核心知识产权很难掌握在自己手中。⑤走委托独立研发机构设计方案之路，虽然能获得最终的方案成果，但购买方较难在设计方案上进行调整。

其次，企业要考虑自身的现状、优势、业务模式、经济状况和获取知识产权的目标等因素来选择适合的获取途径。

总之，企业要在自身研发投入和进行交换知识产权方面找到一个平衡点。例如宝洁公司以"衔接与发展"的方法来平衡内部研发和收购。

2. 获取目的与获取途径相对应

（1）以知识产权作为取得某个领域领导权的企业。例如微软公司、英特尔公司在精心思考和分析之后，选定项目，雇用本领域最杰出的人才，投入大笔科研经费，最终以技术的成功取得优势，以专利保护获得巨大的回报，占据了市场的领导权。

（2）以知识产权作为对抗和打击竞争对手的有效手段的企业。例如威盛电子股份有限公司（以下简称威盛）是美国计算机芯片制造商。该公司看准了开发速度快、成本低廉并且与英特尔公司兼容的芯片设施领域。为摆脱英特尔公司设置的技术封锁，盛威公司果断地收购了国家半导体公司克莱克斯芯片制造部，因该部获得了英特尔公司发放的许可证。在成功收购后，威盛公司进入了快速发展的轨道。

（3）以知识产权作为占领市场并实现规模效益的企业。由于制药企业新药品开发周期漫长、开发成本巨大和专利保护期限的有限性，一些制药企业之间在药品的专利保护期限届满前进行合并或收购。如英国葛兰素—宝威集团和史可—比彻姆公司合并后，形成了一个能够控制全球药品市场8%的份额、年营业额近200亿美元的大型制药集团。

（4）通过知识产权以成本优势谋求市场优势。例如日本佳能公司看准了复印机巨大市场的商机，引进施乐公司第一代复印机专利技术，以简单实用的成本优势，在不到一年的时间占领了美国市场。引进技术和品牌以较高的速度完成资本的原始积累，也较快地为企业自主创新奠定了基础。

（5）通过知识产权实行多品牌战略。如雀巢公司在10年中，先后投入180亿美元进行企业收购，通过兼并卡内森、派斯瑞、斯托福、黑尔、比唐尼等公司，扩大了生产规模，并运用在当地熟悉的被兼并的品牌继续开展经营，获得了极大成功。雀巢公司共有8000多个不同的商标，但在其实施多品牌战略时，一是重视主导品牌的维护和使用，二是重视品牌的本土化战略。

3. 权衡成本与收益

知识产权是有巨额运行成本的财产。例如知识产权的获取需要投入创新的费用、申请和维持的费用等大量的资源。企业必须要清楚地了解和计算获取知识产权各种途径的风险、成本和收益，权衡成本与收益。例如企业应以较低的成本获得知识产权获取的服务，可以考虑从事代办各项知识产权注册的服务中介机构。如何在节约费用的同时又能保护自己、打击竞争对手是知识产权科学管理的重要课题。企业应仔细地估算获取和维持专利的成本和收益，进行个案分析。

对于决定不申请专利的技术成果采取一定的处理方式，例如丰田汽车公司、IBM公司等都定期出版技术公报，定期公开未申请专利的技术成果。这样做的主要目的是在申请专利没有良好效益的前提下,破坏竞争对手申请专利的可能性,既保护了自己使用该技术的权利,又避免为人所限,同时也节约了申请专利的费用。

(四)构建适当的知识产权组合

一个企业可以取得多种形式的知识产权,但知识产权的全面获取可能是一项巨大的投资。一般来说,企业创新成果可通过专利(发明、实用新型、外观设计)、商标、著作权、商业秘密、集成电路布图设计、计算机软件、植物新品种、地理标志等多种形式获取知识产权,企业可根据自身的经济能力、保护目的、风险收益分析等选择适当的知识产权组合。应注重申请知识产权所带来的市场利益,避免以巨额专利申请费和维护费用等换取一些虚名,而不能实现企业在市场的自由运作,这样,企业更难与竞争者抗衡。

构建和决定知识产权组合,重要的是企业要具备判断力。即在本行业中,哪些技术会成为未来的主导技术,技术趋势的走向如何?

三、知识产权创造管理的意义

知识产权战略的指导思想是"激励创造、有效运用、依法保护、科学管理"的十六字方针。其中创造是基础,运用是目的,保护是关键,管理是保障。企业知识产权是企业及其员工在生产经营活动中的创造性智力成果、经营性标记和信誉。企业知识会持续不断地形成和更新,但能否形成产权、如何形成产权取决于知识产权创造管理。知识产权创造管理即知识产权产出管理,是整个知识产权管理的起点,与之相承接的是知识产权保护管理、知识产权转化(实施)管理,知识产权创造管理的成败将直接影响知识产权战略实施。

第二节 企业知识产权创造方式

一、科技成果的知识产权创造方式

(一)专利权获取

1. 专利权的含义和内容

专利权是指一个国家(或地区)专利主管机关依法授予专利申请人或其权利继受人在法定期限内,在该国(或地区)法域内享有的对相应发明创造的独占性权利。《中华人民共和国专利法》（以下简称《专利法》）第 2 条第 1 款规定："本法所称的发明创造是指发明、实用新型和外观设计。"因此，专利权的客体应该是发明、实用新型和外观设计 3 种专利。

专利权的内容因专利种类的不同而有所区别。我国《专利法》明确规定，就发明专利和实用新型专利而言，未经专利权人许可，除《专利法》另有规定外，任何单位或者个人都不得实施其专利，即不得为生产经营目的制造、使用、销售、许诺销售、进口其专利产品，或者使用其专利方法以及使用、许诺销售、销售、进口依照该专利方法直接获得的产品。当发明创造为外观设计专利时，专利权的内容包括制造、销售、许诺销售和进口四个权限。

2. 授予专利权的实质条件

《专利法》第 22 条第 1 款规定："授予专利权的发明和实用新型，应当具备新颖性、创造性和实用性。"这是各国《专利法》普遍采用的准则，也是世界贸易组织《与贸易有关的知识产权协定》（TRIPS 协定）所确认的准则。

（1）发明或实用新型专利的授权条件。我国《专利法》所称的发明可以分为产品发明和方法发明。产品发明是指以有形形式出现的一切发明，如机器、仪器、设备、装置、用具和各种物质等。方法发明是指与某种活动有关的发明，具体可分为：制造产品方法的发明，如机械方法、物理方法、化学方法；其他方法，如通信方法、测试与计量方法、操作方法等。实用新型是指对产品的形状、构造或者其结合所提出的适于实用的新的技术方案。实用新型只适用产品而不包括方法。

首先，新颖性。《专利法》第 22 条第 2 款规定："新颖性，是指该发明或者实用新型不属于现有技术；也没有任何单位或者个人就同样的发明或者实用新型在申请日以前向国务院专利行政部门提出过申请，并记载在申请日以后公布的专利申请文件或者公告的专利文件中。"这里讲的"现有技术"是指申请日以前在国内外为公众所知的技术。处于保密状态的技术内容由于公众不能得知，因此不属于现有技术。这里讲的"同样的发明或实用新型"是指技术领域和目的相同，技术解决手段实质上相同，预期效果相同。这里讲的"公开"包括出版物公开、使用公开以及其他为公众所知的方式。按照《专利法》有关规定，国务院专利行政部门收到专利申请文件之日为申请日。如果申请文件是邮寄的，以寄出的邮戳日为申请日。《专利法》第 24 条规定："申请专利的发明创造在申请日以前六个月内，有下列情形之一的，不丧失新颖性：（一）在中国政府主办或承认的国际展览会上首次展出的；（二）在规定的学术会议或者技术会议上首次发表的;(三)他人未经申请人同意而泄露其内容的"。

其次,创造性。《专利法》第 22 条第 3 款规定:"创造性,是指与现有技术相比,该发明具有突出的实质性特点和显著的进步,该实用新型具有实质性特点和进步。"判断申请发明专利的创造性,以其具有"突出的实质性特点"和"显著的进步"为基准,这里讲的"突出的实质性特点",是指发明与现有技术相比具有明显的本质区别。这里讲的"显著的进步",是指从发明的技术效果上看,与现有技术相比具有长足的进步。判断申请实用新型专利的创造性,以其具有"实质性特点"和"进步"为基准。判断一项申请专利的实用新型是否符合创造性的标准,相对于发明专利来讲,要求要低一些。

最后,实用性。《专利法》第 22 条第 4 款规定:"实用性,是指该发明或者实用新型能够制造或者使用,并且能够产生积极效果。"这里讲的"能够产生积极的效果"是指发明或者实用新型同现有技术相比,其所产生的经济、技术和社会的效果应当是积极的和有效的。那些明显无益、脱离社会需要、严重污染环境、严重浪费能源或资源、损害人身健康的发明或者实用新型不具备实用性。

(2)外观设计专利的授权条件。《专利法》第 23 条第 1 款规定:"授予专利权的外观设计,应当不属于现有设计;也没有任何单位或者个人就同样的外观设计在申请日以前向国务院专利行政部门提出过申请,并记载在申请日以后公告的专利文件中。"

首先,外观设计的新颖性。它与发明和实用新型的标准类似。所称现有设计是指申请日以前在国内外为公众所知的设计。

其次,外观设计的创造性。《专利法》第 23 条第 2 款规定:"授予专利权的外观设计与现有设计或者特征的组合相比,应当具有明显区别。"

最后,抵触申请。《专利法》第 23 条第 3 款规定:"授予专利权的外观设计不得与他人在申请日以前已经取得的合法权利相冲突。"

3. 不授予专利的总原则和范围

(1)总原则。《专利法》第 5 条规定:"对违反法律、社会公德或者妨害公共利益的发明创造,不授予专利权。对违反法律、行政法规的规定获取或者利用遗传资源,并依赖该遗传资源完成的发明创造,不授予专利权。"

(2)不授予发明和实用新型专利权的范围。《专利法》第 25 条规定对下列各项不授予专利权。

① 科学发现。它是指对自然界中已经客观存在的未知物质、现象、变化过程及其特性和规律的发现和认识。由于科学发现不是《专利法》意义上所说的发明创造，因而不授予专利权。

② 智力活动的规则和方法。例如对人和动物进行教育、训练的方法；进行组织生产、经商和游戏的方案、规则。由于智力活动的规则和方法是人的思维运动，不具备技术特征，因而不授予专利权。

③ 疾病的诊断和治疗方法。包括对有生命的人体或者动物的疾病的诊断和治疗方法。例如，超声诊断法、针灸、麻醉、按摩等治疗方法，外科手术方法，等等。由于疾病的诊断和治疗方法涉及生命的健康，不能为少数人独占，因而不授予专利权。但对于实施疾病诊断和治疗方法的仪器或装置，以及在疾病诊断和治疗方法中使用的物质或材料属于可被授予专利权的客体。

④ 动物和植物品种。动物和植物品种是指以生物学方法培养出来的动植物新品种。动物和植物是有生命的物体，是自然生成的，是大自然的产物，不是人们创造出来的，不能以工业方法生产出来，因而不具备《专利法》意义上的创造性和使用性，故不能授予专利权。但对于动物和植物品种，可以通过《专利法》以外的其他法律保护。对于植物新品种的保护，世界上许多国家也都制定了相应的法规。我国已于1997年由国务院颁布了《植物新品种保护条例》。

⑤ 用原子核变换方法获得的物质。它主要是指利用加速器、反应堆以及其他核反应装置，通过核裂变、核聚变等方法获得的元素或化合物。由于用原子核变换方法获得的物质关系到国家的经济、国防、科研和公共生活的重大利益，关系国家安全，不宜公开，各国大多对此类物质不授予专利权。

⑥ 对平面印刷品的图案、色彩或者二者的结合做出的主要起标识作用的设计。这里讲的"平面印刷品"涉及图案、色彩或者结合的设计，是指平面印刷品上的，未指形状上的，而且起标识作用的。例如标贴或者瓶贴等等。由于这些设计本身只是对企业产品起一个指示，或者标志性的说明作用，没有专利功能的创新作用，故不授予专利权。

4. 授予专利权的程序

不同类型的专利申请，审批程序也不同。

(1) 发明专利的审批程序。对发明专利的审批程序除受理程序外，还包括初步审查、早期公开、实质审查、授权并公告等。

① 初步审查阶段（简称"初审"）。申请人按照规定缴纳申请费后，专

利申请自动进入初审阶段。初审阶段是对申请的专利是否符合《专利法》及其实施细则规定的形式要求以及明显的实质性缺陷进行审查。审查内容包括是否明显违反国家法律、社会公德或者妨碍公共利益；是否明显属于不授予专利权的范围；是否明显缺乏技术内容而不能构成技术方案；是否明显缺乏单一性；申请文件及其格式是否符合我国《专利法》及其实施细则的规定；对外国申请人的资格及申请手续也要进行审查。

初审合格的，审查员发出"初步审查合格通知书"。初审不合格的，专利局将审查意见通知申请人，要求其在指定期限内陈述意见或者补正，申请人期满未答复的，其申请视为撤回。申请人陈述意见或者补正后，专利局仍然认为不符合各项规定的，该申请将被驳回。

② 早期公布阶段（简称"公布"）。发明专利申请从发出初审合格通知书始则进入等待公布阶段。《专利法》第34条规定："国务院专利行政部门收到发明专利申请后，经初步审查认为符合本法要求的，自申请日起满十八个月，即行公布。国务院专利行政部门可以根据申请人的请求早日公布其申请。"

申请公布后，申请人就获得了临时保护的权利。也就是说自申请公布之日起，申请人就可要求实施其发明的单位或者个人支付费用。申请公布以后，申请记载的内容就成为现有技术的一部分。

③ 实质审查阶段（简称"实审"）。发明专利申请公布后，如果申请人已经办妥了实审请求手续，申请将进入实审阶段，国务院专利行政部门发给申请人"进入实质审查阶段通知书"。如果申请人没有办妥实审请求手续，国务院专利行政部门则等待申请人办理实审请求手续。《专利法》第35条规定："发明专利申请自申请日起三年内，国务院专利行政部门可以根据申请人随时提出的请求，对其申请进行实质审查；申请人无正当理由逾期不请求实质审查的，该申请即被视为撤回。国务院专利行政部门认为必要的时候，可以自行对发明专利申请进行实质审查。"

实质审查主要是对专利申请是否符合授予专利权的实质性条件所进行的审查。即在现有技术检索的基础上，对专利申请是否具备新颖性、创造性、实用性以及《专利法》规定的其他实质性条件进行全面审查。经审查，认为不符合授权条件的或者存在各种缺陷的，应当通知申请人在规定的时间内陈述意见或进行修改。申请人在指定期限内未答复的，申请被视为撤回。经至少一次答复或修改后，申请仍不符合要求的，予以驳回。由于实审的复杂性，审查周期一般要一年或更长时间。发明专利申请在实质审查中未发现驳回理由的，或者经申请人修改和陈述意见后消除了缺陷的，审查员将制作"授权通知书"，申请按规定进入授权准备阶段。

④ 授权并公告阶段（简称"授权"）。专利申请经过审查程序，会出现以下四种不同的结果：申请被主动撤回、申请被视为撤回、申请被驳回和申请被授予专利权。a. 申请被主动撤回。即申请人提出申请之后，由于情况的变化，申请人可以主动提出撤回专利申请。撤回专利申请的声明，应当在办理专利权授权登记手续以前提出。b. 申请被视为撤回。在审查程序中，申请人无正当理由未在法律规定的期限内或专利机关指定的期限内，办理某项审批手续的，其申请将被视为撤回。申请人有正当理由的，应当在收到通知书后的规定时间内，向专利局请求恢复权利。c. 申请被驳回。在审查程序中，申请人应审查员要求陈述意见或进行修改或补正以后，专利局认为申请仍不符合《专利法》及其实施细则规定的，应当做出驳回申请的决定，书面通知申请人。d. 申请被授予专利权。《专利法》第39条规定："发明专利申请经实质审查没有发现驳回理由的，由国务院专利行政部门做出授予发明专利权的决定，发给发明专利证书，同时予以登记和公告。发明专利权自公告之日起生效。"在规定的期限内办理了登记手续并缴纳了规定费用的，专利机关将授予专利权，颁发"专利证书"，在专利登记簿上记录，并在专利公报上公告。专利权自专利公告之日起生效。未按规定办理登记手续的，或者逾期办理的，视为放弃取得的专利权。

(2) 实用新型和外观设计专利申请的审批。实用新型和外观设计专利申请的审批包括初步审查和授权并公告两个阶段。《专利法》第40条规定："实用新型和外观设计专利申请经初步审查没有发现驳回理由的，由国务院专利行政部门做出授予实用新型专利权或者外观设计专利权的决定，发给相应的专利证书，同时予以登记和公告。实用新型专利权和外观设计专利权自公告之日起生效。"

(二) 商业秘密权获取

1. 商业秘密的含义与构成

根据《反不正当竞争法》第10条的规定，商业秘密，是指不为公众所知悉、能为权利人带来经济利益，具有实用性并经权利人采取保密措施的技术信息和经营信息。其中技术信息是凭技能、经验而产生的在实践中特别是在工业中适用的基础情报、经验和知识，如生产配方、工艺流程、技术诀窍、设计图纸等。经营信息是未公开的经营管理方法或者与经营管理方法相关的信息与情报,如管理方法、产销策略、客户名单、货源情报等。

可以看出,无论是技术信息还是经营信息,都属于"信息"范畴。也就是说,我国是将商业秘密界定为一种信息。但是,并不是任何信息都可以构成商业秘密,构成商业秘密的信息需满足一定的条件。构成商业秘密的具体条件如下。

(1)秘密性。秘密性即商业秘密是"不为公众所知悉"、非公开的,是指在某一特定范围内,商业秘密除权利人及与其建立信赖关系的人以外,其他人不能以正当方法轻易探知该已采取保密措施的秘密。这是认定商业秘密的最基本条件,也是维系商业秘密经济价值和垄断地位的前提条件。商业秘密的秘密性贯穿于商业秘密的整个有效期,使得它与专利权、商标权等传统的知识产权相区别。

关于秘密性,还要弄清楚"不为公众所知悉"中"公众"的含义。同样的信息,对于"外行"可能视而不见,但对于"内行"可能是难得的"宝物"。所以,这里的"公众"并非指所有的人,而应指某一行业内的、有可能从该商业秘密的利用中获取利益的人。另外,还应注意,某一商业秘密在一定范围内被知晓并不使其当然地丧失秘密性。例如,一种商业秘密已被本企业内部职工、用户或者合作伙伴所知悉,但由于相关的法律制度和企业的规章制度、合同关系,知悉该商业秘密的人负有明示或者默示的保密义务,那么该商业秘密不构成丧失秘密性。

另外,《最高人民法院关于审理不正当竞争民事案件应用法律若干问题的解释》第9条规定:"有关信息不为其所属领域的相关人员普遍知悉和容易获得,应当认定为《反不正当竞争法》第10条第3款规定的'不为公众所知悉'。具有下列情形之一的,可以认定有关信息不构成不为公众所知悉:(一)该信息为其所属技术或者经济领域的人的一般常识或者行业惯例;(二)该信息仅涉及产品的尺寸、结构、材料、部件的简单组合等内容,进入市场后相关公众通过观察产品即可直接获得;(三)该信息已经在公开出版物或者其他媒体上公开披露;(四)该信息已通过公开的报告会、展览等方式公开;(五)该信息从其他公开渠道可以获得;(六)该信息无需付出一定的代价而容易获得。"

(2)实用性。商业秘密的实用性是指商业秘密具有现实的使用价值,能够在生产经营中被实际利用。实用性还意味着商业秘密是具体的、确实的、可以应用的方案，而不能仅停留在原理阶段。抽象的原理或概念，不能形成一个完整的可应用的方案，不能构成商业秘密。实用性的成立并不排除商业秘密在利用中存在某些缺陷。实用性经常与时间存在密切联系，此时具有实用性可能彼时丧失实用性。商业秘密特别是技术秘密的实用性，有时可能比专利技术的实用性还要强，因为专利技术很多是并未实施的技术方案，而在贸易实践中，作为技术秘密转让的技术大多是经过实践证明能取得良好经济效益的成熟技术。

根据《最高人民法院关于审理不正当竞争民事案件应用法律若干问题的解释》第10条规定，有关信息具有现实的或者潜在的商业价值，能为权利人带来竞争优势的，应当认定为《反不正当竞争法》第10条第3款规定的"能为权利人带来经济利益、具有实用性"。

(3) 价值性。价值性即商业秘密具有经济价值，能为权利人带来现实的和潜在的经济利益，以及竞争优势。这种利益或竞争优势可以是现实的，也可以是潜在的。潜在的经济利益或竞争优势是经过一定时间后才显示出来的利益或竞争优势。

(4) 保密性。保密性是指权利人对信息采取了适当的保密措施。保密性要件表明了信息所有人将信息作为财产进行管理、保护的愿望和行动。如果说"秘密性"可以称为"客观秘密性"的话，那么"保密性"则可以称为"主观秘密性"。商业秘密是持有者保持的秘密，如果没有采取任何保密措施，"商业秘密"是无从认定的。

需要明确的是，根据《反不正当竞争法》对商业秘密的定义，权利人采取保密措施应作为商业秘密的构成条件。对本应保密的商业秘密，如果权利人采取放任态度，将其置于公众在没有任何限制的情况下可以随意获得的状态，所有人掌握的这类技术信息和经营信息不可能成为商业秘密。

为增加司法实践中审理商业秘密案件的可操作性，《最高人民法院关于审理不正当竞争民事案件应用法律若干问题的解释》对如何理解"保密措施"进行了明确界定。依其第11条规定，权利人为防止信息泄露所采取的与其商业价值等具体情况相适应的合理保护措施，应当认定为《反不正当竞争法》第10条第3款规定的"保密措施"。人民法院应当根据所涉信息载体的特性、权利人保密的意愿、保密措施的可识别程度、他人通过正当方式获得的难易程度等因素，认定权利人是否采取了保密措施。具有下列情形之一，在正常情况下足以防止涉密信息泄露的，应当认定权利人采取了保密措施：限定涉密信息的知悉范围；对于涉密信息载体采取加锁等防范措施；在涉密信息的载体上标有保密标志；对于涉密信息采用密码或者代码等；签订保密协议；对于涉密的机器、厂房、车间等场所限制来访者或者提出保密要求；确保信息秘密的其他合理措施。

（5）新颖性。新颖性是指非显而易见性或独特性。法律保护的商业秘密不是一般常识或专业技术人员都知晓的技术和经营知识、信息与资料，它在一定时间内不易被他人轻易发现、总结。新颖性也表明了商业秘密中包含了权利人的智力创造性劳动，它不是本行业的普通信息，而应具有一定创造水平。不过，商业秘密所要求的新颖性比起专利所要求的新颖性程度低得多。

2. 商业秘密的合法获取途径

商业秘密是受法律保护的，法律不允许使用不正当竞争乃至犯罪的手段去获取他人的商业秘密，但这并不意味着商业秘密不能运用合法的手段获取并拥有。企业可以通过以下方法去合法地获取商业秘密。❶

（1）独立开发。所谓独立开发，是指企业通过自行独立研发而获得某项技术或信息，即使该技术或信息与他人的商业秘密之信息构成实质相似，也不构成侵害。这是由于商业秘密与专利权不同，商业秘密权不具有专有性和垄断性，一个企业或个人拥有一项商业秘密并不能排除其他企业或个人通过合法方式获取相同或相似的商业秘密，独立开发就是一种典型的合法获取他人商业秘密的方法。

为了避免纠纷和更好地保护自身的利益，企业在商业秘密的研发过程中，应该注意通过研发日志或研发记录的形式，记录下研发的过程，并保存研发的相关证据。这样，在其他企业或个人指控自己侵权时，可以出具独立研发的有力证据进行反驳，从而证明自己的行为合法。

（2）反向工程。反向工程，又称还原工程、逆向工程，是指通过对合法渠道取得的产品或实物进行剖析、拆卸、分解、重组或者进行测试以及分析研究等，以破解和掌握他人商业秘密，再予以复制或修改以制成产品或实物的方法。从本质上来看，反向工程实际上也是一种独立研究开发获取商业秘密的方法，与一般的独立研发的区别在于反向工程使用了公开的产品而已。合法的反向工程是获取商业秘密的正当方法，不会构成侵权，这是国际上通行的做法。日本的摩托车制造业的发迹史就是利用反向工程的典型例子。20世纪60年代，日本为了振兴自己落后的摩托车制造工业，

---

❶ 朱雪忠，乔永忠. 知识产权管理[M]. 北京：高等教育出版社，2010：376-379.

他们以设计并建设摩托车生产线为名，向美国、法国、英国、德国等各国有名的摩托车厂发出征询，希望寻求帮助和合作。然后，派出大量的工程技术人员并分成若干小组分赴各厂家进行为期 1 年的考察。考察结束后，他们带回了大量的资料，并空运回大量样机。通过对这些样机进行反向工程，掌握了各种摩托车的制造技术，并且综合各家技术之所长，研制出性能更好、更美观的摩托车，投放市场就取得了巨大的成功，但却没有购买那些厂家一项专利和生产线。

企业要通过反向工程获取商业秘密，需要注意以下几点：①实施反向工程的产品必须具有合法的来源，比如，通过在合法的市场上购买而获得的或者他人赠与的等。为了日后举证方便，企业应当保留购买的发票、供货合同或其他凭证；如果是赠与或其他方式获得的，也要保存相关的证据。②与独立研发获取商业秘密一样，企业也应该保存研究过程的证据，比如研发日志、研发材料和成果等。

(3) 情报分析。情报综合分析的方法是获取商业秘密的重要方法。企业与社会各方面都有着千丝万缕的联系，其内在的、非公开的一些信息必然会在经营运作中投射出来，而通过收集这些信息，然后进行综合分析，就完全有可能获取企业的商业秘密。

进行情报分析，首先要收集足够的情报资料。一般而言，企业可以从以下渠道去收集情报：通过收集对方在报刊上公开发表的文献和资料获得有关信息；收集对方的招聘广告和合同，了解竞争对手人才资源状况；通过与对方有关的商品展销会、鉴定会、新闻发布会、交易会等获取信息；通过市场调查收集和分析对方的信息；通过收集对方废弃的"办公垃圾"获取有用的信息；通过对方的墙报、内部发行物、厂房、运载企业货物与原材料的车辆、员工培训资料等了解其商业秘密；通过网络了解对方的信息；通过专利检索来了解对方的信息，判断出竞争对手的研究与开发方向、经营战略以及产品和技术优势等；其他合法的方式。

在情报收集完成以后，就应该进行分析和提炼，将那些真实的、有用的情报挑选出来，然后对这些情报进行科学的综合分析，以获取对方的商业秘密。运用这种方法，一般要求企业要进行长期的、持续的跟踪、收集和积累，并要借助科学的分析方法。

(4) 合法交易。企业也可以通过合法交易的形式获取他人的商业秘密。一般来说，主要有两种交易形式：一是受让他人的商业秘密，企业可以通过这种方式获得商业秘密的相关权利,而商业秘密的原权利人则因此而失去此种权利。企业选择这种方式时,必须充分考虑到因商业秘密本身的特殊性而可能带来的风险。因此,对商业秘密进行评估实为必要。评估的内容包括商业秘密的价值、破解难度以及保密程度等。此外,在交易中应与商业秘密的原权利人签订保密协议,以防止其在交易完成后泄密。二是以支付许可使用费获得商业秘密的使用权,但商业秘密的相关权利仍属于原权利人,企业只是在合同约定的时间和地域范围内获得商业秘密的使用权。相对而言,这种方式风险较小,企业可以对交易风险较大的商业秘密采用这种形式。

(5) 由权利人的疏忽泄露而获取商业秘密。在实践中,经常发生因商业秘密持有人自己的疏忽而导致商业秘密泄露的现象。比如,权利人自己发表文章,或者通过技术展览会、学术交流会透露了商业秘密,或者因为载有商业秘密的文件因自己的原因丢失等。在这种情况下,任何人因此而获得权利人的商业秘密,可以自由使用甚至披露,这也是一种合法获取商业秘密的方式,其行为不构成侵权。

(三) 植物新品种权获取

1. 植物新品种及植物新品种权的概念

植物新品种,是指经过人工培育的或者对发现的野生植物加以开发,具备新颖性、特异性、一致性和稳定性并有适当命名的植物品种。

植物新品种权,是指完成育种的单位或个人对其授权的品种依法享有的排他使用权。任何单位或者个人未经品种权所有人许可,不得为商业目的生成或者销售该授权品种的繁殖材料,不得为商业目的将该授权品种的繁殖材料重复使用于生产另一品种的繁殖材料。

2. 植物新品种权的行政审批

国务院农业、林业行政部门(以下统称"审批机关")按照职责分工共同负责植物新品种权申请的受理和审查并对符合本条例规定的植物新品种授予植物新品种权(以下简称"品种权")。

(1) 授权条件。一个植物新品种只能授予一项品种权。两个以上的申请人分别就同一个植物新品种申请品种权的,品种权授予最先申请的人;同时申请的,品种权授予最先完成该植物新品种育种的人。

① 申请品种权的植物新品种应当属于国家植物品种保护名录中列举的植物的属或者种。

② 品种的新颖性。指申请品种权的植物新品种在申请日前该品种繁殖材

料未被销售，或者经育种者许可在中国境内销售该品种繁殖材料未超过一年，在中国境外销售藤本植物、林木、果树和观赏树木品种繁殖材料未超过六年，销售其他植物品种繁殖材料未超过四年。

③ 特征的一致性。即申请品种权的植物新品种经过繁殖，除可以预见的变异外，其相关的特征或特性一致。

④ 特性的稳定性。即申请品种权的植物新品种经过反复繁殖后或者在特定繁殖周期结束时，其相关的特性保持不变。

⑤ 名称的区别性。授权植物新品种应当具备适当的名称，并与相同或者相近的植物属或者种中已知品种的名称相区别。经注册登记后，此名称即为该植物新品种的通用名称。下列名称不得用于品种命名：仅以数字组成的；违反社会公德的；对植物新品种的特征、特性或者育种者的身份等容易引起误解的。

⑥ 不危害公共利益、生态环境。对危害公共利益、生态环境的植物新品种不予授权。

(2) 申请和审批。中国单位或个人申请品种权的，可以直接或者委托代理机构向审批机关提出申请。申请人应当向审批机关提交符合规定格式要求的申请书、说明书和该品种的照片。审批机关的审批程序包括初步审查、实质审查两个部分：

① 初步审查。审批机关的审查内容包括：申请人的主体资格；植物品种是否属于植物品种保护名录中列举的植物属或者种的范围；是否符合新颖性的规定；命名是否适当等等。初审应当在受理申请之日起六个月内完成初步审查。对审查合格的品种权予以公告。对不合格的申请，审批机关应当通知申请人在三个月内陈述意见或者予以修正；逾期未答复或者修整后仍不合格的，驳回申请。

② 实质审查。申请人按照规定缴纳审查费后，审批机关主要依据申请文件等书面材料，审查品种权申请的特异性、一致性和稳定性。在认为必要时，可以委托指定的测试机构进行测试或者考察业已完成的种植或者其他试验的结果。因审查需要，申请人应当根据审批机关的要求提供必要的资料和该植物新品种的繁殖材料。对经实质审查符合本条例规定的品种权申请，审批机关应当作出授予品种权的决定，颁发品种权证书，并予以登记和公告。申请人未按照规定缴纳审查费的，视为撤回品种权申请。对经实质审查不符合条例规定的品种权申请，审批机关予以驳回。

(3) 复审。申请人对于审批机关驳回品种权申请的决定不服的，可以自收到通知之日起三个月内，向植物新品种复审委员会请求复审。植物新品种复审委员会应当自收到复审请求书之日起六个月内做出决定，并通知申请人。申请人对复审决定不服的，可以自接到通知之日起十五日内向人民法院提起诉讼。

（四）集成电路布图设计权获取

1. 集成电路布图设计及布图设计权的概念

集成电路布图设计，是指集成电路中至少有一个是有源元件的两个以上元件和部分或者全部互连线路的三维配置，或者为制造集成电路而准备的上述三维配置。

集成电路布图设计权，是指通过申请注册后，依法获得的利用集成电路设计布图实现布图设计价值得到商业利益的权利。相应地，布图设计权利人，是指依照相关法律规定，对布图设计享有专有权的自然人、法人或者其他组织。

2. 集成电路布图设计的登记

（1）限期登记。

集成电路布图设计专有权经国家知识产权局登记产生，未经登记的布图设计不受本条例保护。布图设计自其在世界任何地方首次商业利用之日起2年内未向知识产权局提出登记申请的不再予以登记。

（2）申请与公告。

中国单位或者个人在国内申请布图设计登记和办理其他与布图设计有关的事务，可以自行办理或者委托专利代理机构办理。

申请布图设计登记，应当提交的材料包括：布图设计登记申请表；布图设计的复制件或者图样；布图设计已投入商业利用的，提交含有该布图设计的集成电路样品；国务院知识产权行政部门规定的其他材料。

布图设计登记申请经初步审查，未发现驳回理由的，由国家知识产权局予以登记，发给登记证明文件，并予以公告。

（3）登记的驳回与撤销。

布图设计登记申请人对国家知识产权局驳回其登记申请的决定不服的，可以自收到通知之日起3个月内向其请求复审，若对复审决定仍不服的，可以自收到通知之日起3个月内向人民法院起诉。

布图设计获准登记后，国家知识产权局有权依法撤销不符合条例规定的登记。布图设计权利人对撤销登记的决定不服的，可以自收到通知之日起 3 个月内向人民法院起诉。

二、商业标识的知识产权创造方式

商业标识，又称商业标记，是生产经营者在商业活动中使用的，用以表明商品或服务一定特征的标识的统称。例如，除了常见的商标外，还有商品特有的名称、包装、装潢、厂商名称、地理标志、认证标志、名优标志、特殊标志等。现实生活中，商业标识的种类繁多，并且随着市场经济和科学技术的发展，商业标识的内容、范围也在动态扩展。目前我国专门具体立法的商业标识有商标、厂商名称、地理标志和特殊标志。

（一）商标权获取

1. 商标和商标权的含义

商标，是一种使用在商品或者服务上的商业标志，俗称"牌子"，在生产、经营活动中又称为"品牌"。商标是商品经济的产物，在促进商品生产、交换等方面发挥着重要的社会职能。商标不仅可以区分商品和服务的来源，有利于市场宣传，而且象征着商品的质量和信誉，能够增强商品的市场竞争力，是企业的无形财产。

商标权是指商标所有人依法对其商标所享有的占有、使用、收益和处分的权利，主要内容包括专用权、禁止权、许可权和转让权。国际上通行两种取得商标权的方式：使用取得和注册取得。《中华人民共和国商标法》（以下简称《商标法》）中的商标权的取得是经过核准注册产生的，即经营者应当将商标依法向国家商标局申请注册，注册商标专用权自核准注册之日起取得。所以在我国商标权也称作注册商标权。商标法以保护注册商标专用权为重点，同时有条件地适度保护未注册商标，例如对未注册的驰名商标和使用在先的知名商标提供某些实体或程序性的保护。

2. 商标选择与设计

（1）商标的构成要素。

《商标法》第 8 条规定，任何能够将自然人、法人或者其他组织的商品与他人的商品区别开的可视性标志，包括文字、图形、字母、数字、三维标志和颜色组合，以及上述各种要素的组合，均可以作为商标申请注册。这一条规定了我国商标标志的构成要素，即包括文字、图形、字母、数字、三维标志和颜色组合，以及上述各种要素的组合。由于我国《商标法》强调商标标志的可视性,即为人眼识别的可能性,因此在某些国家被认可的音响商标❶和气味商标❷中的音像、气味不能作为我国商标的构成要素。

① 文字。作为商标的文字可以是汉字、汉语拼音、少数民族文字、英文或者其他国家的文字,从广义上说,字母和数字同样也包含在文字的范围之内。文字作为商标的构成要素,具有一定的优势。文字商标便于称呼,广告宣传、商品交易中交流也比较方便,而且易于判断区别,易于保护。但文字商标也易受语言文字的限制,特别是人们的风俗习惯、社会心理对商标文字的选择影响很大。如非常著名的"golden lion"商标,其中文含义为"金狮",但在中国香港地区,"狮"与"输"谐音,显然"金狮"商标在香港地区就不能被人所认可,后来其创始人将其改名为"金利来",取得了意想不到的效果。

② 图形。图形商标的特点是比较直观,艺术性强,富有感染力,并且不受语言文字的限制,无论是在使用什么语言文字的国家和地区,人们只要认识图形就很容易识别。由于图形商标往往给人以直观的视觉效果,因而往往能够引起人们的兴趣与关注。例如,海尔集团的"海尔兄弟"图像商标,可爱的小男孩形象很容易让人记住海尔集团公司的产品。但是,单纯的图形商标具有一定的局限性,人们很难通过口头方式表达出来,导致该商标难以进一步宣传和传播。例如,香奈儿公司如果只使用香奈儿经典的美女形象,而没有香奈儿这一名称的话,在进行广告宣传时,将陷入难以准确称呼的境地。

③ 颜色组合。《商标法》规定,在进行商标注册时,商标注册申请人应当提交商标的图片,需要保护特定颜色的则需要提交商标的彩色图样。显然,商标颜色对于商标具有不可忽视的意义。但是单一的颜色不能独立作为商标的构成要素。我国长期以来禁止将颜色作为商标进行注册,《商标法》在2001年修订之后,允许注册人将颜色组合进行商标注册。独特新颖的颜色组合,不仅可以给人以美感,而且能够使人产生强烈的视觉对比效果。例如,壳牌公司的贝壳形状的商标,其实质就是一个颜色组合商标。颜色组合商标也不能多用,必须与文字商标结合起来,否则将陷于与图形商标相同的情形。

④ 三维构型。上面提到的三种商标构成要素,都是在平面上表现出来的。

---

❶ 以音符编成的一组音乐或以某种特殊声音作为商品或服务的商标即是音响商标,只在美国等少数国家得到承认。

❷ 气味商标是以某种特殊气味作为区别不同商品和不同服务项目的商标,只在个别国家被承认是商标。

而三维构型商标则是以具有长、宽、高三种度量的立体物质形态出现,既可以出现在商品的外形上,也可以表现在商品的容器或者其他地方。三维构型进一步使商标的构成要素得以扩充,企业在选择商标时,选择余地更大。目前比较有影响的三维构型商标有可口可乐公司的"可乐瓶"造型三维商标。

⑤ 要素组合。上述几种要素既可以单独作为商标注册,也可以将上述各种要素选择两个或者更多要素组合起来,注册组合商标。组合商标中包含了多种要素,提供信息较多,比较容易满足商标使用人希望尽可能向社会提供较多信息的心理,同时由于多种要素所涵盖的标记含义范围较大,因而能够尽可能地排斥其他人使用类似标记的可能性。但是反过来,由于组合商标中的要素过多,有可能会使得人们难以记忆该商标,增加了社会公众、消费者识别的难度。因此,一般情况下,组合商标主要是以文字和图形结合在一起而出现的。组合商标在注册后应当作为一个整体对待,不可以更换其中组合或者排列,也不可以擅自改动其中某一部分。

(2) 商标法禁用构成要素。

《商标法》在第10条、第11条中对哪些标志可以作为商标使用、哪些标志可以作为商标注册作了明确的规定,企业在选择使用商标以及在注册商标时,应当予以重视,否则将导致其标志不得作为商标使用或者无法获得商标注册。

首先,绝对禁止使用标志。《商标法》第10条规定,下列标志不得作为商标使用:①同中华人民共和国的国家名称、国旗、国徽、军旗、勋章相同或者近似的,以及同中央国家机关所在地特定地点的名称或者标志性建筑物的名称、图形相同的;②同外国的国家名称、国旗、国徽、军旗相同或者近似的,但该国政府同意的除外;③同政府间国际组织的名称、旗帜、徽记相同或者近似的,但经该组织同意或者不易误导公众的除外;④与表明实施控制、予以保证的官方标志、检验印记相同或者近似的,但经授权的除外;⑤同"红十字""红新月"的名称、标志相同或者近似的;⑥带有民族歧视性的;⑦夸大宣传并带有欺骗性的;⑧有害于社会主义道德风尚或者有其他不良影响的。

其次,地理名称。《商标法》规定,对于县级以上行政区划的地名不得作为商标使用。但是,地名具有其他含义或者作为集体商标、证明商标组成部分的除外;在《商标法》实施之前已经注册的使用地名的商标除外,如上海牌手表。

最后，相对禁止注册标志。除了以上绝对不得作为商标使用的标志之外，《商标法》也规定了某些情形的标志不得作为商标进行注册，这在一定程度上反映了《商标法》对商标注册的引导。《商标法》第11条规定，如下标志不得进行商标注册：①仅有本商品的通用名称、图形、型号的；②仅仅直接表示商品的质量、主要原料、功能、用途、重量、数量及其他特点的；③缺乏显著特征的。这些标志不得注册为商标，主要原因在于不能起到区分商品来源的作用，无法满足商标所要求的显著性条件。如"大米"标志显然无法将某一企业所生产的大米与其他企业所生产的大米区分开来。关于商品的主要特性的标志，一般情况下也是不能作为商标注册的，否则将可能剥夺其他企业所生产的商品因为具有相同特性而不能使用该标志的权利。但这仅限于商品的主要特性的标志，而不是只要涉及商品的部分属性的标志就一概不得作为商标注册，例如"两面针""冷酸灵"商标就是如此。另外，一项标志如果经过长期使用，已经在相关社会公众中产生良好声誉，或者说已经建立了该标志的第二含义，从而使该标志因为使用而获得了显著性。例如，"五粮液"商标，它原本表示的是这种品牌的酒的五种原料，而其他牌子的酒也完全可能用这几种原料来酿造，所以，这个商标是不能起区分作用的。也就是说，这种说明产品原料的商标是不具有显著性的。但经过企业的长期使用和推广，"五粮液"成为中国白酒行业的佼佼者，"五粮液"商标也具有了显著性，并成为中国的驰名商标。

（3）商标的类型及选择。

按照商标显著性程度的不同，可以将商标分为臆造性商标、任意性商标、暗示性商标和描述性商标四种。

① 臆造性商标，是由商标设计人臆造出来的在现实生活中不存在的词汇而组成的商标。例如，KODAK、SONY、ADIDAS等商标在使用之前并不存在这样的词汇，而是由企业创造出来的。因此，它不会与任何商品、服务或者其他事务发生联系，这就决定了臆造性商标具有最强的显著性，更容易受到保护。但臆造性商标也有其不利的一面。由于臆造性商标使用的是现实生活中并不存在的词汇，因此，它们可能不易于被消费者记忆，这就需要企业在商标的宣传和推广中付出更多努力。

② 任意性商标，是由在某一语言中具有实际意义的词汇构成的商标，但该商标所用的词汇的意义与使用该商标的商品（或服务）或其属性没有关系。例如，"苹果"作为苹果本身或水果的商标不具有显著性，但作为计算机或

服装的商标,则与其本身的意义无关,具有显著性。任意性商标因其使用方式的独特而具有仅次于臆造性商标的显著性。与臆造性商标相似,任意性商标与使用该商标的商品(或服务)之间并不存在直接的联系,因此,需要企业进行宣传和推广,以增强商标与企业和使用商标的商品(或服务)的联系。

③ 暗示性商标,是以隐含的方式暗示商品或服务的品质、质量、功能、目的等特征(或特性)的商标,消费者(用户)可以通过想象联想到使用该商标的商品(或服务)的某些特性。比如,作为儿童食品的"娃哈哈"商标指儿童吃了笑哈哈,暗示其食品的质量优良,这是一个典型的暗示性商标;此外,作为电脑软件的"Microsoft(微软)"商标、作为电话机的"易事通"商标等也属于暗示性商标。暗示性商标虽然暗示了商品(或服务)的特点,但因具有想象力而不是直接叙述商品的品质、功能、形状等特性,因此,仍可作为有效的商标予以注册和保护,但其显著性不如臆造性商标和任意性商标。暗示性商标对消费者来说更具有吸引力,同时也便于记忆,可以使消费者对商标与使用该商标的商品的某一或者某些特性之间建立起一种直接的联系。因此,其广告效果可能更好,也正因如此,暗示性商标较受企业经营者的偏爱。暗示性商标的不足在于,某些暗示性商标在设计时不易掌握,若把握不好则可能成为一个描述性商标,并可能会因为其描述性太强而被相关管理机关或司法机关认定为不具有显著性。

④ 描述性商标,是指商标中直接描述了商品的某一特性,如商品的质量、性能、用途、数量、功能等,从而将商品的有关信息直接表达出来,如"棉纱"牌衬衣、"玉米"牌烧酒等。这些描述性商标由于直接对商品的有关特性进行了表述,一旦允许对其进行注册,将会影响到其他生产经营者所提供的相同商品对有关特性的表述,影响到公共利益,因此这些标志一般是不允许进行商标注册的。但是《商标法》规定,这些描述性标志在经过使用后获得显著性的,可以予以注册,因此并不能认为描述性标志就一定不能获得商标注册。"五粮液"商标其实就是一个描述性商标,假如放在今天申请注册的话,并不一定能予以注册。但由于其经过长期使用之后,已经在相关社会公众之中建立了良好的社会荣誉,因此而获得注册。

关于使用地名商标来表示商品的来源,《商标法》并不禁止使用地名商标,除了特别规定的情形之外。但是,如果某个地方的地名恰好与某种特定商品的地理标志地名相同,则在该地出产的与地理标志所在地出产的同种商品之上，不得使用该地理标志名称作为商标注册，因为一旦注册，则将会使社会公众产生混淆。

另外，个人的姓名作为商标也将会对该商品的来源进行直接描述，因而也构成描述性商标。需要注意的是，对于使用与名人姓名相同的商标，在注册商标时不得与名人构成混淆。例如，一个叫姚明（并非篮球明星）的人，在体育用品上注册"姚明"商标，将可能不会获得注册，因为消费者看到该商标时实际上会将该商品与球星姚明联系起来，而不会想到彼姚明。虽然姓名权的行使是个人的正当权利，但是在这种情况下，姓名权是否能够运用于商品上作为商标权行使，则要受到一定条件的限制。

3. 商标权的取得方式

商标权的取得，一般来说可以有两种方式，一是通过使用商标来取得，一是通过商标注册来取得。目前我国对这两种方式取得商标权基本上没有强制，注册与否采取自愿原则。但需要注意的是，对于烟草制品企业来说，其商品必须使用注册商标，否则不能上市销售。

（1）商标使用。有些企业在刚刚推出产品的时候，还没有完全考虑商标注册的事情，还有一些小企业根本就没有打算注册商标。按照我国法律规定，除个别类别商品外，商标使用人可自行选择是否对商标进行注册，未注册的商标同样可以使用。但是，《商标法》中所说的"商标权"是注册意义上的商标权，因此对于未注册普通商标，其权利来源显然就不是《商标法》，权利人也不能援引《商标法》对其未注册商标进行保护。这种权利一般只能认为是一种事实上的权利，需要按照民法一般原理以及《反不正当竞争法》的有关规定来进行保护。[1]

虽然以使用方式能够比较容易取得商标权，但是因为不需要到有关部门进行审查，所以可能会因为违反《商标法》中商标绝对禁止使用条件而受到查处。另外，一旦他人将该使用商标注册，则意味着为他人作嫁衣裳。因此，企业在发展到一定阶段时应当尽量对其使用的商标进行注册。对于有更大抱负的企业，不仅要在国内注册，还要根据自己产品的销售以及潜在市场，选择不同的国家进行商标国际注册，以防出现类似海信公司"Hisense"商标被西门子公司抢注的情形。国际化企业要根据所在地国家的法律规定，进行商标注册。

（2）商标注册。取得商标权的主要方式是通过注册机关对商标的核准注

---

[1] 朱雪忠，乔永忠. 知识产权管理[M]. 北京：高等教育出版社，2010：74.

册而取得。但是通过核准注册的商标，其商标权的维持却需要企业满足一定的条件，即必须使用商标。《商标法》规定，商标注册人如果在连续三年时间内不使用注册商标的，则商标局可以撤销商标注册。

对于商标注册，商标注册申请人首先进行前期查询、资料准备、按商品与服务分类提出申请，然后进入商标审查阶段，包括形式审查、实质审查、初步审定公告、注册公告四个环节。初步审定公告满三个月，即刊登注册公告。商标完成注册后，商标局向注册人颁发证书。

（二）厂商名称权获取

1. 厂商名称的概念

厂商名称，国际上称作"trade name"，是指生产经营者在生产经营活动中标识自己的企业或营业的文字，是用于区别其他生产经营者的特定名称，是生产经营者人格化、特定化的标志。❶ 按照《企业名称登记管理规定》的有关规定，企业名称的构成一般含有企业所在地行政区划名称、字号（商号）、行业或经营特点、组织形式等要素。例如，已注册的"东莞市奇声电子实业有限公司"这个企业名称中，"东莞市"是行政区划名称，"奇声"是商号，"电子实业"属于行业公司名称，"有限公司"是企业的组织形式。可见在所有的要素中，字号（商号）是企业名称的核心部分。

2. 厂商名称的选用

根据《企业名称登记管理规定》，厂商名称在选用时应符合以下要求：

（1）企业名称应当使用汉字，民族自治地区的企业名称可以同时使用本民族自治地方通用的民族文字。企业使用外文名称的，其外文名称应当与中文名称相一致。

（2）企业只能使用一个名称，在同一个工商行政管理机关辖区内，新登记的名称不得与已登记注册的同行业企业名称相同或者近似。特殊情况需要使用两个以上名称的，经省级以上工商行政管理机关批准，可以在规定的范围内使用一个从属名称。

（3）企业名称的结构一般由企业所在地行政区划名称、字号、行业（或经营特点）、企业的组织形式依次组成。对一些特殊企业经过国家工商行政管理局核准，其名称可以不包括企业所在地行政区划名称。如法律规定可以冠以"中国""中华""国际"字样的企业；历史悠久、字号驰名的企业；外商

---

❶ 安雪梅. 知识产权管理[M]. 北京：法律出版社，2015：158.

投资的企业等。

(4) 企业名称中不得含有下列文字：可能对公众造成欺骗或者误解的；外国国家（地区）名称、国际组织名称；政党名称、党政军机关名称、群众组织名称、社会团体名称及部队番号；汉语拼音字母（外文名称中使用的除外）、数字；违背公序良俗的表述或者文字；有损于国家、社会公共利益的内容和文字。

(5) 不得与其他企业变更名称未满1年的原名称相同，也不得与办理注销登记未满1年、被撤销或者被吊销营业执照未满3年的企业名称相同。

(6) 企业名称中不得含有另一个企业名称。

3. 厂商名称权的登记取得

厂商名称权的取得，前提条件是依法申请登记注册，然后企业自成立之日起享有名称权，其权利内容包括专用权、转让权、许可使用权。企业名称经核准登记注册后方可使用，在规定的范围内享有专有权。对于使用未经核准登记注册的企业名称从事生产经营活动的，责令停止经营活动，没收非法所得或者处以罚款。一般情况下，企业应在设立登记同时进行厂商名称登记。根据《企业名称登记管理规定》的相关规定，对厂商名称的注册登记以先申请为原则。即当两个以上的企业向同一登记主管机关申请相同的企业名称时，登记主管机关依照申请在先的原则核定。如果是在同一天申请企业名称登记的，应当由企业间协商解决；协商不成的，由登记主管机关作出裁决。当两个以上企业向不同登记主管机关申请相同的企业名称，登记主管机关依照受理在先原则核定；属于同一天受理的，应当由企业协商解决；协商不成的，由各该登记主管机关报共同的上级登记主管机关作出裁决。

根据以上原则，企业一般应在进行开业登记的同时进行厂商名称登记，股份公司、保险公司、证券公司及外商投资企业等，应在开业登记以前预先单独申请企业厂商名称登记。登记主管机关核准预先单独申请登记注册的企业名称后，核发《企业名称登记证书》，企业名称保留期为1年；经批准有筹建期的，企业名称保留到筹建期终止。在我国，厂商名称登记主管机关是国家工商行政管理总局和地方各级工商行政管理局。我国实行分级登记管理制度，全国性公司、国家级大型进出口公司和企业集团及全国性企业、外商投资企业由国家工商行政管理总局专属核定管辖。上述企业外的其他企业由所在地省、市、县工商行政管理局核准登记。

（三）地理标志权获取

地理标志权，是指地理标志所指示的区域内某特定产品生产者对该地理标志所享有的法定权利。

因地理标志与所标示的商品特殊品质有直接相关的作用，其中蕴含着无形的财富，国际上通常将地理标志纳入知识产权的范围。权利人通常是以注册集体商标或证明商标的方式占有，但是其权利内容又不同于一般的商标权，而具有自己的法律特征。

1. 地理标志权是集体性权利

使用地理标志的产品对产地自然和人文因素依赖性很强，产地也就是产品质量的保证，这是经过传统历史阶段积累下来的地区性公共经营资源，非某个产品生产经营者独立所能实现的。所以，地理标志权一旦被确认下来，便属于整个地区生产同一特定商品的所有生产经营者，生产经营者的产品只要符合一定条件都有资格使用该地理标志。我国《商标法》也明确规定，不允许任何生产经营者将某一经过认证的地理标志作为自己专有的普通商标使用或注册，而只能由适格的组织将其申请注册为集体商标或证明商标。

2. 地理标志权是法定权利

地理标志权的获得必须按照法定的程序申请、审核。根据《商标法》和《集体商标、证明商标注册和管理办法》的规定，地理标志可由产地内对产品特定品质有检测和监督能力的机构或者组织申请注册成集体商标或证明商标，由地理标志的注册人向使用人颁发使用证明。国家工商行政管理总局还专门设立地理标志产品专用标志，用以表明使用该专用标志的地理标志已经由国家工商行政管理总局商标局核准注册。

3. 地理标志权是永久性权利

地理标志权的存在以特定产品和特定地域之间的客观联系为基础，只要权利人仍然在该地域进行同一产品的生产经营且满足品质上的相关条件，就不丧失地理标志权。地理标志注册登记后，只要使用合理，就可以永久地存在下去。

4. 地理标志权的许可使用和转让具有特定性

地理标志产品的地域关联性决定了地理标志权不得任意转让或许可使用。因此，《集体商标、证明商标注册和管理办法》明确规定，作为集体商标的地理标志不得许可非集团成员使用；作为证明商标的地理标志使用人必须符合证明商标使用管理规则规定的条件，且履行规定的手续后，方可使用该地理标志；申请转让集体商标、证明商标保护的地理标志，其受让人也应当具备相应的主体资格。

（四）特殊标志权获取

1. 特殊标志的含义和特点

特殊标志是指经国务院批准举办的全国性和国际性的文化、体育、科学研究及其他社会公益活动所使用的，由文字、图形组成的名称及缩写、会徽、吉祥物等标志。北京 2008 年奥林匹克运动会标志、上海世界博览会标志、APEC 会议标志、希望工程标志等均属于特殊标志。作为一种商业标识，特殊标志的功能主要用于广告宣传。

特殊标志具有如下四个显著特点：

（1）所有权人的特定性。特殊标志的所有人是文化、体育、科学研究及其他社会公益活动的主办者，而不是使用特殊标志商品的生产经营者。

（2）特殊标志不能区分商品或服务的来源。特殊标志不能表示产品出处，而是证明该商品或者服务项目的经营者取得了标志所有人的许可使用，以表明经营者与标志所标示的事业或者活动之间有支持关系、赞助关系。

（3）特殊标志具有较高的公众认知度。

（4）特殊标志的使用具有公益性。即使与某些商业活动相联系，也是为了获得支持该公益活动的资金。

2. 特殊标志权的内容

特殊标志权是指特殊标志所有人依法对核准登记的特殊标志所享有的专有权。在我国，特殊标志权的获得必须是登记注册取得。根据我国《特殊标志管理条例》的规定，特殊标志所有人提出保护特殊标志，应当向国务院工商行政管理部门提出登记申请，经核准登记的特殊标志才受保护。特殊标志权包括专用权、许可使用权、禁止权。特殊标志专用权，是指权利人在特殊标志核定使用的范围和期限内使用登记核准的特殊标志的权利。与一般的商标许可使用具有营利性不同，特殊标志的许可使用不具有营利性，所有人许可他人使用特殊标志而获得的资金必须用于特殊标志所服务的公益活动。特殊标志禁止权，是指特殊标志权利人或使用人禁止他人侵害特殊标志所有权和使用权的权利。

三、文化创意产品的知识产权创造方式

（一）一般作品著作权获取

1. 著作权的含义和特征

著作权，又称为版权，是自然人、法人或者其他组织依法对其文学、艺术和科学作品享有的财产权利和人身权利的总称。

著作权与其他知识产权相比，有其独有的特征，主要表现为：

（1）权利内容的两重性和多项性。作者对其文学、艺术和科学作品同时享有财产权和人身权两种权利。这与商标权、专利权有着显著区别。著作人身权属于精神权利，包括发表权、署名权、修改权和保护作品完整权四种权利。著作人身权没有期限限制，自作品产生后即告产生，与作者的关系密不可分，具有不可转让性，且不因权利人的死亡而消灭，将永远存续。著作财产权则包括复制权、发行权、表演权、放映权、出租权、展览权等十余项权利。著作财产权的保护期限为作者有生之年加上其死后50年。著作权中的财产权控制了作品的复制、传播、改编等对作品的再利用行为，是可以转让、许可和继承的。此外，还存在与著作权有关的邻接权，即某些组织通过传播作品获得的权利，包括出版者权、表演者权、录制者权、广播电视组织权四种权利。这些权利是与著作权有关且与著作权平行的财产权利。

（2）权利客体的多样性。著作权的保护客体涵盖文字作品、艺术作品、美术作品、摄影作品等9类作品，其表现形态复杂多样。著作权、权利客体的表现形态与客体承载物有着本质区别，前两者具有抽象性，后者则有具体形态。对于载有作品信息的书本、纸张、磁带、光盘等媒介物拥有所有权，并不意味着享有作品的著作权。

（3）权利运行过程的复杂性。这主要是由于权利主体的多元性和权利运行环境的复杂性所导致。著作权原始权利人除了自己行使权利以外，同时还可以授权他人行使著作权。目前，作品既可以通过传统的纸媒传播，也可通过光盘形式传播，甚至可以直接上载到信息网络传播，加大了著作权侵权发生的几率和管理著作权的难度。

2. 著作权的客体及表现形式

（1）作品的概念及判定标准。

所谓作品，是指文学、艺术和科学领域内具有独创性并能以某种有形形式复制的智力成果。作品是由文字、数字、符号、色彩、光线、音符、图形等构

成要素按某种规则和顺序结合起来表达某种综合理念的形式。判定一个特定对象是否属于《中华人民共和国著作权法》（以下简称《著作权法》）的保护客体，需要同时满足两个要素性特征：①独创性。它要求作品是作者独立创作出来的，而不是对现有作品的复制、抄袭、剽窃或摹仿。它强调作者独立地选择作品构成要素、确定组合方式以及表达感受、立场、思想和情感。这里需要注意两点：一是，独创性不等于新颖性。作者独立创作出来的作品，可能与现有作品相同或基本相同，但这并不妨碍其获得著作权。二是，独创性也不等于艺术性。艺术性不是获得著作权的实质要件，而是作品的质量评价标准。缺乏艺术价值的作品仍然会受法律保护。②可复制性。即要求作品可以被人们直接或间接地感知，并以某种有形物质载体复制。

(2) 著作权客体的表现形式与例外。

我国《著作权法》规定的作品包括：文字作品；口述作品；音乐、戏剧、曲艺、舞蹈、杂技艺术作品；美术、建筑作品；摄影作品；电影作品和以类似摄制电影的方法创作的作品；工程设计图、产品设计图、地图、示意图等图形作品和模型作品；计算机软件；法律、行政法规规定的其他作品。最后一类作品属于"弹性"类别，是我国《著作权法》为适应未来作品形态变化而设计"开放性"条款。

并非所有作品都属于著作权法保护的范畴。根据我国《著作权法》的规定，有三种类型的作品不适用著作权法和不受法律保护。第一种是依法禁止出版、传播的作品。第二种是不适用于《著作权法》的作品。它们包括下列作品：法律、法规，国家的决议、决定、命令和其他具有立法、行政、司法性质的文件，及其官方正式译文；时事新闻；历法、通用数表、通用表格和公式。第三种是超过了《著作权法》规定的保护期限的作品。

3. 著作权取得原则

(1) 自动取得原则。

所谓自动取得，指著作权随着作品的创作完成而依法自动产生。我国采用这一原则，这与《伯尔尼公约》和《与贸易有关的知识产权协定》的规定相一致。但是，并非任何作品都能在我国自动取得著作权，著作权的自动取得取决于以下几个方面的条件：其一，作品形式条件。即作品必须属于我国《著作权法》第三条规定的九类作品形式范围，并且不属于不适用著作权法以及其他不受保护的对象。其二，作者国籍条件。中国公民、法人或者其他组织能够在我国获得著作权。外国人、无国籍人的作品根据其所属国或经常居住国同中国签订协议或共同参加国际条约，也能在我国受到保护。其作品从在我国境内首次出版之日起享有著作权。其作品在中国境外首次出版后 30 日内在中国境内出版的，视为该作品同时在中国境内出版。其三，作品国籍条件。《著作权法》第 2 条第 3、4 款规定，作品首次出版地所在国为《伯尔尼公约》成员或者世界贸易组织成员的，其作品可以在中国自动取得著作权。

（2）登记取得原则。

所谓登记取得，指作品在创作完成履行登记手续后，才能获得著作权。由于《伯尔尼公约》和《世界版权公约》都没有关于作品登记才能获得著作权的规定，所以对于实施了著作权登记取得制度的国家，其登记的法律效力仅适用于本国著作权主体和欲在本国登记著作权的主体。

有些国家虽然实行登记制，但并不以登记作为获得著作权的条件。我国自 1995 年后对软件以外的其他作品采取选择登记制。作者或者其他著作权人如果愿意进行作品登记，则可以根据国家版权局制定的《作品自愿登记办法》进行自愿登记。作品登记既不是作品产生著作权的条件，也不影响著作权本身的保护期限。作品登记的积极作用主要表现在：有助于解决因著作权归属造成的著作权纠纷，并为解决著作权纠纷提供初步证据；促进版权交易，有利于作品的传播和经济价值的实现；个人自我价值的体现，企业创新实力的表现。

需要注意的是，几乎所有的国家都要求在著作权转让、设质时必须在法定部门实施登记，否则权利转让或设质行为对第三方无效。

（二）软件著作权获取

1. 软件著作权的含义

计算机软件著作权包括计算机程序及其有关文档。计算机程序是指为了得到某种结果而可以由计算机等具有信息处理能力的装置执行的代码化指令序列，或者可以被自动转换成代码化指令序列的符号化序列或者符号化语句序列。同一计算机程序的源程序和目标程序为同一作品。文档是指用来描述程序的内容、组成、设计、功能规格、开发情况、测试结果及使用方法的文字资料和图表等，如程序说明、流程图、用户手册等。

对计算机软件著作权的保护，不延及开发软件所用的思想、处理过程、操作方法或者数学概念等。

2. 软件著作权的权项内容

按照《计算机软件保护条例》的规定，软件著作权人享有的权利包括软件著作人身权和软件著作财产权。发表权、署名权和修改权属于软件著作人身权，使用权、使用许可权、转让权属于软件著作财产权。其中使用权具体包括：①复制权，即将软件制作一份或者多份的权利；②发行权，即以出售或者赠与方式向公众提供软件的原件或者复制件的权利；③出租权，即有偿许可他人临时使用软件的权利，但是软件不是出租的主要标的的除外；④信息网络传播权，即以有线或者无线方式向公众提供软件，使公众可以在其个人选定的时间和地点获得软件的权利；⑤翻译权，即将原软件从一种自然语言文字转换成另一种自然语言文字的权利；⑥应当由软件著作权人享有的其他专有使用权。

3. 软件登记

软件登记分为软件著作权登记、软件著作权专有许可合同和转让合同登记。软件著作权登记申请人应当是该软件的著作权人以及通过继承、受让或者承受软件著作权的自然人、法人或者其他组织。软件著作权合同登记的申请人，应当是软件著作权专有许可合同或者转让合同的当事人。国家版权局主管全国软件著作权的登记管理工作，国家版权局认定中国版权保护中心为软件登记机构。软件登记文件是证明登记主体享有软件著作权以及订立软件许可合同、转让合同的重要书面证据。但软件著作权自软件开发完成之日起产生，软件登记不是软件著作权产生的依据，未经登记的软件著作权或软件许可合同、转让合同仍受法律保护。

对于软件开发者来说，办理软件著作权登记虽然不是国家强制的政策，但是软件办理了登记是百利而无一害的。

(1)《软件著作权登记证书》是在软件著作权发生争议时证明软件权利的最有力的证据。如果没有进行登记，著作权人的权利就很难获得全面的保护。

(2)《软件著作权登记证书》是软件著作权人进行投资和交易的重要资本和财富。知识经济时代，软件著作权登记证书是知识的最好凭证。

(3)《软件著作权登记证书》有时还是企业在申请高新技术企业认定时非常重要的砝码，在一定程度上能证明企业拥有核心自主知识产权。

(4)《软件著作权登记证书》是企业申请软件企业必不可少的证明材料。

(5)《软件著作权登记证书》也是企业获得国家税收减免、人才优惠等国家政策的条件。

第三节 企业知识产权创造应注意的问题

一、种类的选择

一般地说，企业研究开发产生的职务技术成果包括申请专利的技术发明、适宜于作技术秘密保密的技术发明或信息、适宜于以著作权形式保护的科技作品以及计算机软件等。

企业研究开发成果出来后，除了极个别的情况出于知识产权战略的考虑需要公开以阻止他人申请专利的情形外，一般而言应采取某种法律形式加以保护，其中基本的考虑因素包括：技术本身的性质，如该技术是否容易通过反向工程的形式被"他人"破译、技术生命周期是否较长；技术的市场前景和市场容量，如技术市场范围、维持市场优势的时间等；技术采取保护与救济措施的情况，如侵权的难易程度、自我保护的成本等。

（一）选择专利保护情形

就申请专利的情形而言，企业主要选择的策略如下：

一是从竞争战略考虑应申请专利的情形：①技术比较复杂、竞争对手难以绕过去的比较重要的技术创新成果，如企业的基本发明；②通过申请专利能有效地控制竞争对手的技术创新成果，防止竞争对手的产品或者技术进入相关产品市场；③通过专利申请和确权能有效地防止竞争对手控制自己；④为迷惑竞争对手而制造假象申请专利。

二是从技术开发难度的角度考虑应申请专利的情形：①竞争对手容易通过反向工程获得该发明创造成果技术要点的，例如有些技术属于"一点即破"的技术，缺乏专利保护很容易造成被竞争对手大量仿制的被动局面；②市场潜力较大但创造性较低的发明创造成果，如有些技术对企业自身具有较强的市场竞争力，但创新程度不高，自己不申请专利则迟早会被竞争对手申请，因而需要尽快申请专利。

三是从法律保护与利用角度考虑应申请专利的情况。

四是从市场和经济价值的角度考虑应申请专利的情形。例如，有些技术成果研究开发周期长、投资高，需要专利保护才能保障收回投资；有些技术成果市场价值很大，市场前景广阔，申请专利能够取得较大的经济收益和市场优势。又如，从技术应用方面考虑，有些技术成果也需要申请专利，如企业拟对研究开发的技术实施许可或转让战略，或者拟向国外投资设厂而使用该技术，则也需要申请国内专利或国外专利。

（二）选择商业秘密保护情形

就作为商业秘密保密的情形而言，则主要有以下情形：

一是明显不能适用专利保护的企业技术创新成果，主要有：①技术创新成果不属于《专利法》保护的主题；②技术创新成果不具备专利性或者难以判断是否符合专利条件，尽管其商业价值可能较大。

二是虽然可以获得专利保护，但专利保护风险大，从技术、市场或经济方面分析，申请专利可能对竞争对手有利，或对自己并无多大益处，主要有：①竞争对手能够在研究专利说明书后轻易绕过的技术创新成果；②技术创新成果商业应用价值不大，申请专利会公开发明创造内容，而对自己并无经济利益方面的好处；③技术创新成果经济寿命周期短，申请发明专利有可能出现等到授权时该技术成果已有更先进的替代技术出现的情况，如半导体芯片、计算机软件等更新换代快的技术成果。

三是申请专利保护会过早暴露企业重大技术研究开发意图与策略。

四是通过保密该技术，可以明显得到长期的、无国界的独占市场，而该技术很难被他人通过反向工程或其他途径"破译"，也很难被竞争对手仿制。五是技术的市场前景不易确定，申请专利除了向竞争对手公开技术发明，还会增加技术维护成本，而技术效益不明显。另外，有些创新成果，如果存在权属关系不够清晰，即使申请专利获准后也难免造成权属纠纷，此时也不宜作为专利申请，而可以先以商业秘密形式保密。

（三）申请何种专利

在选择保护方式上，如果确定了以专利形式加以保护，还需要进一步确定是以发明专利还是实用新型专利形式予以保护，对于产品的外观形状，还存在申请外观设计专利的问题。这3种专利形式各有其特点，企业在处理发明创造的问题时，应该综合考虑以下几个因素。

一是要考虑其发明符合申请哪种专利的基本要求。例如方法发明只能申请发明专利，对具体产品的改进可申请发明专利也可以申请实用新型专利，产品的外形只能申请外观设计。

二是应根据专利类别的特点进行比较、权衡利弊（见表4-1）。

表 4-1 3 种类型发明创造的特点比较

项目	发明	实用新型	外观设计
保护对象	对产品、方法或者其改进所提出的技术方案	对产品的形状、构造或者其结合所提出的技术方案	对产品的形状、图案或者其结合，以及色彩与形状、图案的结合所做出的设计
实质性要件	与现有技术相比，该发明具有突出的实质性特点和显著的进步	与现有技术相比，该发明具有实质性特点和进步	与现有设计或者现有设计特征的组合相比，应当有明显区别
优先权期限	12 个月	12 个月	6 个月
审查程序	需要实质审查	不需要实质审查	不需要实质审查
审查期限	一般 2~3 年	一般 1 年左右	一般 1 年左右
保护期限	20 年	10 年	10 年

总之，选择实用新型专利的好处在于公开早、授权快、费用低。选择发明专利的好处在于权利稳定、保护期长、含金量高。申请外观设计专利的好处在于设计者广泛；实施较容易；专利费较低；申请快捷；授权较快；保护较方便。

申请人在选择申请类型时，应该将以上 3 种专利的特点与申请人本身的条件、利益结合起来综合考虑。对于一些技术水平高、使用时间长的核心发明技术或产品，应申请发明专利。对产品的局部改进和提高或者一些生产周期短、更新快的产品申请实用新型。

二、时机的选择

（一）专利申请时机的选择

1. 及时、提前和延迟申请

在专利的申请时机上，有及时申请、提前申请和延迟申请 3 项策略。

（1）及时申请是在技术开发完成后即行申请专利。当代科学技术发展的一个重要特点就是"同时创新"普遍存在，也就是在同一时间内很多独立的机构和个人进行同一项发明创造。专利确权的先申请制度则较为圆满地解决了同一发明被不同的人申请专利的问题。因此，为避免被他人抢先提出专利申请而失去取得专利权的机会，应当及时提出专利申请。例如，英国工业家威廉的人造茜素（染料、染色剂）专利申请仅比德国克房伯公司晚一天，使得德国克房伯公司的专利技术占领英国市场达14年之久。

（2）提前申请是在技术开发并未完成但基本轮廓已具备时即可申请专利。提前申请，先入为主，可抢先占领市场，尤其在技术竞争激烈时。但过早地向竞争对手暴露目标，容易遭到攻击。并且，由于专利保护期都是从专利申请日起算的，如果市场成熟较晚，而专利申请过早，就会出现未来的专利权与产品市场周期不吻合，技术生命力过早结束的问题。

（3）延迟申请是在某项技术开发完成后并不及时申请，而推迟到某一时间再行申请。例如，如果发明人能够确信他人在同一领域的技术研究开发与自己存在一段距离，则只有在发现对方快要赶上时才提出申请，也即申请时机的选择需要考虑竞争对手的研究开发进展，如果竞争对手目前还无力进行同样的研究或者虽然已进行但短时期无法赶上自己时，等到对方着手研制但尚未研制出来时申请专利比较合适。但是，申请过晚易使发明创造失去新颖性，从而不能获得专利权。如果被竞争对手抢先申请的话，后果更是不堪设想。

2. 其他因素

由于市场变幻莫测，企业经营战略千姿百态，申请专利时机必须根据具体情况做出及时的正确选择，还需要考虑以下因素。

（1）产业或技术的特性。某些产业的技术变迁快速，只要技术已具备轮廓，大致符合专利的三性，即可提出申请，及早获得专利权。在一些情况下也可以考虑延迟申请。例如技术保密措施完善，而且由他人完成、破解的机会不大；市场前景不明朗或消费者恐怕难以接受新的科技产品；所申请保护的技术不成熟或配套技术不完备；技术领域本身发展的局限，预期能够获准保护的范围较窄；发明创造构思尚不成熟或申请文件尚未准备充分。

（2）申请日。由于申请日是判别发明新颖性和已有技术的标准日期，尽早申请，可减少丧失新颖性的机会。同时，可使其在竞争中处于有利地位。例如申请人在对自己的发明创造的新颖性、创造性把握不大，担心不能被授权反而造成自己技术的公开的情况下，则可先提交一份初步申请取得申请日，使别人的公开不会影响自己已经取得成果的新颖性和创造性，然后，改进技术，进一步提高其新颖性和创造性。在具备条件时可再提交一份申请，并要求在先申请的优先权；若因某些原因，在规定的期限内不能提高其新颖性和创造性，达不到专利性的要求，则还可以撤回在先申请，避免其技术的公开。

（3）申请文件进行修改范围。在提出专利申请后，《专利法》第33条规定："申请人可以对其专利申请文件进行修改，但是，对发明和实用新型专利申请文件的修改不得超出原说明书和权利要求书记载的范围，对外观设计专利申请文件的修改不得超出原图片或者照片表示的范围。"对此，申请人提出申请，应该选择在发明基本完成、发明的基本构思和请求保护的范围十分明确之后。

3. 主动掌握的时间点

申请人可主动掌握的以下四个时间点。

（1）要求优先权时间。我国《专利法》第29条第1款规定："申请人自发明或者实用新型在外国第一次提出专利申请之日起十二个月内，或者自外观设计在外国第一次提出专利申请之日起六个月内，又在中国就相同主题提出专利申请的，依照该外国同中国签订的协议或者共同参加的国际条约，或者依照相互承认优先权的原则，可以享有优先权。申请人自发明或者实用新型在中国第一次提出专利申请之日起十二个月内，又向国务院专利行政部门就相同主题提出专利申请的，可以享有优先权。"

（2）公开时间。我国《专利法》第34条规定："国务院专利行政部门收到发明专利申请后，经初步审查认为符合本法要求的，自申请日起满十八个月，即行公布。国务院专利行政部门可以根据申请人的请求早日公布其申请。"根据这些规定，企业可以选择是否请求早日公布，还是"用尽"十八个月的时间。

（3）实质审查的请求时间。我国《专利法》第35条第1款规定："发明专利申请自申请之日起三年内，国务院专利行政部门可以根据申请人随时提出的请求，对其申请进行实质审查；申请人无正当理由逾期不请求实质审查的，该申请即被视为撤回。"根据这一规定，企业将有三年的主动掌握时间。

（4）请求复审时间。根据我国《专利法》第41条的规定："国务院专利行政部门设立专利复审委员会。专利申请人对国务院专利行政部门驳回申请的决定不服的，可以自收到通知之日起三个月内，向专利复审委员会请求复审。专利复审委员会复审后，做出决定，并通知专利申请人。专利申请人对专利复审委员会的复审决定不服的，可以自收到通知之日起三个月内向人民法院起诉。"申请人可以根据这些规定主动掌握申请专利时间。

总之，申请专利既不可过早，也不能太迟，必须综合考虑上述因素，选择合适的申请时机和时间，同时应运用一些技巧。例如，有时需先申请基本专利,再逐步开发并申请改进专利;有时则可等应用研究和外围开发取得成功后同时申请基本专利和改进专利;有时则先申请改进专利或外围专利,后申请基本专利。

(二) 商标注册时机的选择

我国《商标法》贯彻的是商标注册保护原则,在一般情况下,商标只有经过国家工商行政管理总局商标局注册核准后,才能享有商标权,得到法律的保护,从而限制他人使用商标。同时,我国《商标法》采取"先申请、先注册"原则,在同一种商品或者类似商品上,谁先提出商标注册申请,就先给予谁商标权。

在经济活动中不少企业因忽视商标的及时注册,而备尝苦果。曾经以"万家乐"系列产品独步国内市场的广东万家乐集团公司在为电器类商品注册"万家乐"商标时,发现自己使用已久的"万家乐"牌商标已被浙江某县的厂家抢先注册。当时事业蒸蒸日上的万家乐集团公司顿时陷入尴尬的境地:要么舍弃已花巨资打出知名度的"万家乐"商标,要么请求对方转让此商标。经协商,万家乐集团终于得到了"万家乐"商标专用权,代价是 38 万元商标转让费。一个当时只需花 300 元左右注册费就可以注册的商标,万家乐集团却付出了 1000 多倍的代价。

了解了这一点,我们需要进一步思考:商标注册申请启动的最佳时机是什么时候?

根据《商标法》第 37 条的规定,注册商标自核准注册之日起发生效力,取得专用权,自此才享有排除他人在同一或类似商品/服务上未经同意而使用相同或近似标志的权利。在实务上,一件商标从注册申请到核准注册,需要几个月甚至几年的实践。所以,建议企业应当整合商标注册与产品开发,因此,最安全的做法是在产品开发阶段即应进行商标申请工作,以使产品上市时就能使用取得注册的商标。

三、种类的布局

专利权、商标权、著作权以及商业秘密等权利虽然自成体系,但是在很多情况下也会出现权利的符合。比如,绝大多数的外观设计专利及其基础设计都可以归入著作权法的保护范围,同样很多商标设计图样也可以归入著作权保护的范畴,还有很多发明创造既适合于申请专利,也适合于作为商业秘密保密。在这种有多重权利保护的情况下,企业可以结合各项权利的优缺点以及外部环境的要求，选择最有利的保护机制组合来保护智力成果。

(一) 专利权加商业秘密权联合战略

专利与商业秘密联合使用战略是现代企业常用的策略。该策略常将技术成果中不容易保密的部分申请专利，而将其中技术难度大不容易仿造的部分用商业秘密加以保护，例如影响技术效果的工艺、最佳配方和实施条件等。企业可以采取以下办法：

(1) 将技术成果的核心、关键部分作为技术秘密加以保护，而将其他部分申请专利。虽然这样做使竞争对手能够大致实施相关技术成果，但却无法达到理想的实施效果。例如，某专利资料中介绍，加入某种化学溶液，可以生产出某种产品。若"一滴一滴缓慢加入"该化学溶液，就会生产出优质产品，其中"一滴一滴缓慢加入"就是企业的技术诀窍，很可能成为本企业产品区别于其他企业产品的关键，因此也要严密保护。

(2) 将发明创造整体作为商业秘密保护，但将其相对独立的部分申请专利，这样做的目的在于商业秘密丧失竞争力（例如遭遇反向工程）后，企业尚能依赖相关的专利，保持一定的竞争优势。

(二) 专利权加商标权联合战略

专利保护发明的时间是有限的，最长只有20年的时间。然而，商标权可以是无限期的。商标法虽然规定商标注册有效期为10年，但它可以续展，每次续展有效期仍然为10年，连续不断的续展，即可以保障商标专用权的永久有效。

商标权并不阻碍专利技术的公开，也不阻碍专利技术的使用和推广。但是，它可以把专利产品已创立的信誉利用商标的保护延续下去，把专利产品原有的市场保留下来。因此可以说，商标延长了对于专利发明人利益的保护期限。

(三) 专利权与著作权的联合战略

专利权与著作权的联合主要涉及对外观设计和实用艺术品的双重保护。

《专利法》所称的外观设计是指对产品的形状、图案、色彩或者其结合做出的富有美感并适于工业上应用的新设计。然而，好的外观设计已经远远超出了《专利法》对美感的要求，而是达到了较高的艺术水平，从而满足了著作权法中对实用艺术品的要求。所以，对于既具有实用价值又具有审美意义的产品而言，法律给予其著作权和专利权的双重保护。

对于具有独创性和美观性的外观设计，首先应该加强作品的版权保护，必要时可以进行著作权登记。著作权容易获取，且保护期长，可以对专利产品的保护起到补充作用。比如，在权利人未能及时申请外观设计专利的情况下，如果发生侵权或其他纠纷，权利人可以依据著作权法来对作品进行保护，维护自己的合法权益。

由于著作权的独创性要求相比专利权的实质性要求要更低一些，并且不排斥他人独立创作相同或类似作品的行为，因此著作权的保护力度较弱。而专利保护模式门槛高，专有性程度也比较高，可以禁止他人实施与企业外观设计相同或者类似的设计方案，因此专利保护模式的保护力度较强。所以，对于需要大批量生产的产品，仍需要采取外观设计专利的保护模式。

（四）商标权与著作权的联合战略

许多商标在具有商业价值的同时往往也有很高的艺术价值。商标法和著作权法的保护各有重点，企业可以通过商标注册取得商标法的庇护，同时也可以借助商标图样产生的著作权来保护商标法保护不到的地方，达到对商标的最大化保护。

大多数商标都是具有独创性的美术品。商标注册后，权利人可以根据商标法的规定禁止他人未经许可在相同或者类似的产品上使用与注册商标相同或者相近似的图案或文字作为商标。只有经注册的驰名商标才可以将禁止范围扩大到其他领域的商品或服务上。

然而作为受著作权保护的客体，作品的权利人可以禁止他人在未经许可的情况下以任何营利性方式使用该作品，其范围远大于商标权的保护范围。因此，企业应该通过确认职务作品权利归属、合同等方式尽可能获取自身商标作品的著作权，必要时还可以进行著作权登记，从而利用著作权保护商标权保护不到的范围。

（五）著作权与商业秘密的联合战略

著作权对商业秘密的保护也能起到一定的补充作用。企业在与他人合作时，对方若违约泄露了应该保密的材料，在不能证明这些材料构成商业秘密时，也可以依据著作权法来维护企业合法权益。

四、权利的归属

知识产权的归属涉及的是谁是知识产权的合法权利人，知识产权的有关法律要明确规定在不同情况下，知识产权的权利人是谁，以便有效地保护相关权利人的权利。从法律上明确规定知识产权的权利人有时并不是一件容易的事情。例如，一个单位委托另一个单位开展研究开发，如果研究开发中产生了发明并被授予专利，《专利法》需要规定谁应当是该发明专利的权利人。只有在充分考虑各方的利益和不同时期、不同社会制度的特点之后，才能在《专利法》中做出明确而适当的规定。一旦《专利法》对此做出了明确的规定，如何执行这些法律规定又是一个实践性很强的问题。在具体处理一个委托研究开发项目的发明专利权归属时，有关当事人不仅要遵守法律的有关规定，还需要结合具体的委托研究开发项目，考虑多种实际的相关因素，才能依法处理好该委托研究开发项目的发明专利权的归属。所以为了正确处理好知识产权的归属，一方面要理解相关法律的有关规定，另一方面还要全面掌握具体案例的实际情况，依据有关法律并结合具体情况进行具体分析。下面将从法律和实践两个方面介绍知识产权的归属问题。

（一）发明创造专利权的归属

1. 发明人、申请人和专利权人

（1）发明人。发明人或设计人是指对发明创造的实质性特点作出了创造性贡献的人。其中，发明人是指发明的完成人，设计人是指实用新型或外观设计的完成人。为方便起见，一般将发明人和设计人简称为发明人。发明人应具备以下两个条件：一是，直接参加发明创造活动；二是，对发明创造的实质性特点有创造性贡献。所以，在完成发明创造过程中，只负责组织工作的人、为物质技术条件的利用提供方便的人或者从事其他辅助性工作的人，例如试验员、描图员、机械加工人员等，均不是发明人或设计人。发明人或设计人，只能是自然人，不能是法人或其他组织，因为完成发明创造的只能是具体开展研究开发工作的自然人。如果两个或两个以上的人对一项发明创造的技术特征做出了实质性贡献，则他们都是该项发明创造的发明人，称之为共同发明人。根据他们对该项发明创造的技术特征做出贡献的大小，可以将贡献最大者称之为第一发明人。

（2）申请人。申请人是指就发明创造提出专利申请的人。申请人与发明人是完全不同的概念，在我国，一项发明创造专利申请的申请人常常不是该发明创造的发明人。发明创造专利申请的申请人一定是拥有该发明创造专利申请权并提出了相应专利申请的人，或者是受让或继承了发明创造专利申请的人。和发明人一定是自然人不同，发明创造专利的申请人可以是自然人，也可以是法人或其他组织。申请人可以是单个自然人、法人或其他组织，也可以是两个或者是两个以上的自然人、法人或者其他组织。一项发明创造专利申请的两个或者两个以上的申请人称为共同申请人。

外国人（自然人、法人或者其他组织）要在我国申请专利，必须具备以下条件：一是，在中国有经常居所或营业场所；二是，在中国没有居所或营业场所的，应当依照其所属国与我国签订的协议或共同参加的国际条约，或依据互惠原则来办理。

（3）专利权人。专利权人是指发明创造专利申请被批准后，被授予专利权的人。同发明人不一定是申请人一样，发明人也不一定是专利权人。专利权人既可以是自然人，也可以是法人或其他组织。一项专利的专利权人可以是单个自然人、法人或其他组织，也可以是两个或者是两个以上的自然人、法人或其他组织。

2. 职务发明创造专利权的归属

根据《专利法》第6条规定，职务发明创造是指发明人或设计人执行本单位的任务或者主要是利用本单位的物质技术条件所完成的发明创造。本条所称的"单位"，包括各国家机关、团体、部队、各类企业、事业单位以及民办非企业单位等。根据我国《专利法》《中华人民共和国专利法实施细则》的规定，执行本单位的任务是指：①在本职工作中做出的发明创造；②履行本单位交付的本职工作之外的任务做出的发明创造；③退职、退休或调动工作后一年内做出的，与其原单位承担的本职工作或分配的任务有关的发明创造。利用本单位的物质技术条件是指：本单位的资金、设备、零部件、原材料或不向外公开的技术资料。

判断是否属于职务发明创造，不取决于发明创造是在单位内还是在单位外作出的，也不取决于是在工作时间还是在工作时间外的业余时间做出的，只要属于执行单位的任务或者主要是利用了本单位的物质技术条件，即便发明创造是在家里利用业余时间完成的也属于是职务发明创造。因为脑力劳动与体力劳动不同，它可以不受特定场所和上下班时间的限制。

《专利法》第6条第1款规定：执行本单位的任务或者主要是利用本单位的物质技术条件所完成的发明创造为职务发明创造。职务发明创造申请专利的权利属于该单位；申请被批准后，该单位为专利权人。同时，《专利法》第6条第3款明确规定："利用本单位的物质技术条件所完成的发明创造，单位与发明人或者设计人订有合同，对申请专利的权利和专利权的归属作出约定的，从其约定"。所以，关于职务发明创造专利权的归属可总结如下：执行本单位任务的，专利申请权归发明人设计人所在单位；利用本单位的物质技术条件的，适用合同优先的原则，没有约定的，专利申请权归单位。在企业获得发明创造专利权后，发明人或者设计人则享有署名权利，并依法享有从实施该发明创造中获得收益的权利。如果该职务发明创造没有被实施或者转让的，则发明人或设计人可以与企业协商，自行实施或者转让。

3. 非职务发明创造专利权的归属

根据《专利法》第6条第2款的规定，对于非职务发明创造，申请专利的权利属于发明人或者设计人。发明人或者设计人对非职务发明创造申请专利，任何单位或者个人不得压制。申请被批准后，该发明人或者设计人为专利权人。

如果一项非职务发明创造是由两个或两个以上的发明人、设计人共同完成的，则完成发明创造的人称之为共同发明或共同设计人。共同发明创造的专利申请权和取得的专利权归全体共有人共同所有。

4. 合作和委托研究开发所产生的发明创造专利权的归属

我国《专利法》对合作和委托研究开发所产生的发明创造专利权的归属作了这样的规定："两个以上单位或者个人合作完成的发明创造，一个单位或者个人接受其他单位或者个人委托所完成的发明创造，除另有协议外，申请专利的权利属于完成发明创造的单位或者个人；申请被批准后，申请的单位或者个人为专利权人。"

我国《合同法》也有类似的规定。《合同法》第339条规定："委托开发完成的发明创造，除当事人另有约定的以外，申请专利的权利属于研究开发人。研究开发人取得专利权的，委托人可以免费实施该专利。研究开发人转让专利申请权的，委托人享有以同等条件优先受让的权利。"《合同法》第340条规定："合作开发完成的发明创造，除当事人另有约定的以外，申请专利的权利属于合作开发的当事人共有。当事人一方转让其共有的专利申请权的，其他各方享有以同等条件优先受让的权利。合作开发的当事人一方声明放弃其共有的专利申请权的，可以由另一方单独申请或者由其他各方共同申请。申请人取得专利权的，放弃专利申请权的一方可以免费实施该专利。合作开发的当事人一方不同意申请专利的，另一方或者其他各方不得申请专利。"

这里，《专利法》中的单位或者个人以及《合同法》中的当事人，都是指单位或者个人，形成的关系包括单位与单位之间的合作或者委托，个人和个人之间的合作或者委托，个人和单位的合作或者委托。这里的个人是指以独立民事主体身份去进行合作和委托的个人,个人和单位之间的合作或者委托是指个人以民事主体身份与单位的合作或者委托,包括个人与其非任职单位的合作或者委托,也包括在任职单位工作的个人以民事主体的身份和其任职单位的合作或者委托。如果在一个单位任职的个人受该单位指派来开展与其他单位的合作或者委托研究,则这时该个人的身份是该单位雇员而不是独立民事主体,因此不属于这里所指的单位和个人的合作或者委托,而是个人和其任职单位的关系,需要应用职务发明创造专利权归属的方法来处理。

(二) 著作权的归属

1. 著作权归属的一般规则

(1) 著作权属于作者,法律另有规定的除外。

(2) 作者的认定:①创作作品的自然人是作者。②为他人创作进行组织工作、提供咨询意见、物质条件,或者进行其他辅助工作,均不视为创作。③由法人或者其他组织主持,代表法人或者其他组织意志创作,并由法人或者其他组织承担责任的作品(如大型软件、百科全书、地图等),法人或者其他组织视为作者。④作者的推定:推定在作品上署名的公民、法人或者其他组织为作者。

2. 特殊作品的著作权归属

(1) 演绎作品著作权的归属。

演绎作品指通过改编、翻译、注释、整理已有作品而产生的新作品。《著作权法》第12条规定:改编、翻译、注释、整理已有作品而产生的作品,其著作权由改编、翻译、注释、整理人享有,但行使著作权时不得侵犯原作品的著作权。第三人在使用演绎作品时,应征求原创作品著作权人与演绎著作权人的同意。

(2) 汇编作品著作权的归属。

汇编作品指将已有的文学艺术作品、科学作品或其他材料等作为素材汇编起来,经过独创性的选择、取舍、设计、组合编排形成的作品。例如,杂志、百科全书、唐诗三百首等。

根据《著作权法》第14条的规定:①对有著作权的作品进行汇编,要受到著作权人汇编权的制约,即汇编他人的作品须取得著作权人的授权,否则会侵犯他人的汇编权。②汇编不受法律保护的作品而形成的汇编作品,汇编人仅就其独创性设计和编排的结构和形式部分享有著作权。③汇编不构成作品的数据或其他材料,对内容的选择或者编排体现为具有独创性的作品的,该作品的著作权由汇编权人享有。

（3）视听作品著作权的归属。

视听作品指摄制在一定物体上，由一系列有伴音或无伴音的画面组成，并且借助适当装置放映、播放的作品。例如，电影、电视、录像等作品。

《著作权法》第15条规定：作品和以类似摄制电影的方法创作的作品的著作权由制片者享有，但编剧、导演、摄影、作词、作曲等作者享有署名权，并有权按照与制片者签订的合同获得报酬。作品和以类似摄制电影的方法创作的作品中的剧本、音乐等可以单独使用的作品的作者有权单独行使其著作权。

（4）职务作品著作权的归属。

职务作品，是指公民为完成法人或其他组织工作任务所创作的作品。

根据《著作权法》第16条规定：①主要是利用法人或者其他组织的物质技术条件创作，并由法人或者其他组织承担责任的工程设计图、产品设计图、地图、计算机软件等职务作品，作者享有署名权，著作权的其他权利归法人或者其他组织享有。②法律、行政法规规定或者合同约定著作权由法人或者其他组织享有的职务作品，作者享有署名权，著作权的其他权利归法人或者其他组织享有，法人或者其他组织可以给予作者适当奖励。③除上述作品以外的，属于公民为完成法人或者其他组织工作任务所创作的作品，其权利归作者享有。但这类作品，法人或者其他组织有权在其业务范围内优先使用。作品完成两年内，未经单位同意，作者不得许可第三人以与单位使用的相同方式使用该作品。职务作品完成2年内，经单位同意，作者许可第三人以与单位使用的相同方式使用职务作品所获报酬，由作者与单位按约定的比例分配。

（5）合作作品著作权的归属。

合作作品是两人以上合作共同创作的作品。没有参加创作的人，不能成为合作作者。

我国《著作权法》第13条规定：两人以合作创作的作品，著作权由合作作者共同享有。合作作品可以分割使用的，作者对各自创作的部分可以单独享有著作权，但行使著作权时不得侵犯合作作品整体的著作权。我国《中华人民共和国著作权法实施条例》（以下简称《著作权法实施条例》）第9条规定：合作作品不可以分割使用的，其著作权由各合作作者共同享有，通过协商一致行使；不能协商一致，又无正当理由的，任何一方不得阻止他方行使除转让以外的其他权利，但是所得收益应当合理分配给所有合作作者。

（6）定作作品著作权的归属。

定作作品，又称委托作品，是指委托人向作者支付约定的报酬，由作者按照其意志和具体要求而创作的特定作品。

《著作权法》第17条规定：受委托创作的作品，著作权的归属由委托人和受托人通过合同约定。合同未作明确约定或者没有订立合同的，著作权属于受托人即作者。

（7）美术作品著作权的归属。

《著作权法实施条例》第4条对美术作品的定义是：美术作品，是指绘画、书法、雕塑等以线条、色彩或者其他方式构成的有审美意义的平面或者立体的造型艺术作品。

我国《著作权法》第18条规定：美术等作品原件所有权的转移，不视为作品著作权的转移，但美术作品原件的展览权由原件所有人享有。

（8）作者身份不明的作品的著作权归属。

《著作权法实施条例》第13条规定：作者身份不明的作品，由作品原件的所有人行使除署名权以外的著作权。作者身份确定后，由作者或者其继承人行使著作权。

（9）科技电影和以类似摄制电影方法创作的科技作品的著作权归属。

《著作权法》第15条规定：电影作品和以类似摄制电影的方法创作的作品的著作权由制片者享有，但编剧、导演、摄影、作词、作曲等作者享有署名权，并有权按照与制片者签订的合同获得报酬。电影作品和以类似摄制电影的方法创作的作品中的剧本、音乐等可以单独使用的作品的作者有权单独行使其著作权。

（10）计算机软件的著作权归属。

我国《计算机软件保护条例》第9条规定：软件著作权属于软件开发者，本条例另有规定的除外。如无相反证明，在软件上署名的自然人、法人或者其他组织为开发者。

（11）著作权的继承和承受。

著作权属于公民的，公民死亡后，其著作财产权在规定的保护期内，依照继承法的规定转移。著作权属于法人或者其他组织的，法人或者其他组织变更、终止后，其著作财产权在规定的保护期内，由承受其权利义务的法人或者其他组织享有；没有承受其权利义务的法人或者其他组织的，由国家享有。

著作人身权的继承规定如下：①著作人身权不能继承，但著作权法又同时规定作者的署名权、修改权和保护作品完整权不受时间限制。②《著作权法实施条例》第15条规定，作者死亡后，其著作权中的署名权、修改权和保护作品完整权由作者的继承人或者受遗赠人保护。著作权无人继承又无人受遗赠的，其署名权、修改权和保护作品完整权由著作权行政管理部门保护。③著作人身权中的发表权，《著作权法实施条例》第17条规定，作者生前未发表的作品，如果作者未明确表示不发表，作者死亡后50年内，其发表权可由继承人或者受遗赠人行使；没有继承人又无人受遗赠的，由作品原件的合法所有人行使。

《著作权法》第19条对著作权财产权的继承规定如下：①著作权属于公民的，公民死亡后，本法规定的保护期内，其著作财产权，依照继承法的规定转移。②著作权属于法人或者其他组织的，法人或者其他组织变更、终止后，包括单位或企业合并、企业破产等情况，其作品的著作财产权在《著作权法》规定的保护期内，由承受其权利义务的法人或者其他组织享有；没有承受其权利义务的法人或者其他组织的，由国家享有。

(三) 商标权的归属

依据我国《商标法》，我国市场上实际使用的商标分为两类：注册商标和未注册商标。注册商标的所有人有商标专有权，是商标权的权利人。未注册但实际使用商标除驰名商标外，所有人没有商标专有权，或者说没有商标权，但是作为该种商标的所有人，对其商标享有民法意义上的权利。如使用、许可、转让等。

(1) 商标设计人。商标设计人是完成商标设计的人，确切地说，是商标标识的设计人。在委托商标设计人进行商标设计时，委托人和被委托人之间应当就商标标识的著作权归属作出明确的约定。如果双方对委托作品的著作权归属没有约定，或者约定不明确，则所创作的商标标识的著作权，依据我国《著作权法》就会属于商标标识的创作者，以后再用该商标标识申请注册商标或作为未注册商标来使用时，委托人都要从商标标识著作权那里获得许可。

(2) 商标注册的申请人。商标注册申请人和商标设计人是完全不同的概念。《商标法》第29条规定："两个或者两个以上的商标注册申请人，在同一种商品或者类似商品上，以相同或者近似的商标申请注册的，初步审定并公告申请在先的商标；同一天申请的，初步审定并公告使用在先的商标，驳回其他人的申请，不予公告。"当商标注册被中国商标局核准注册后，商标注册的申请人就成为该注册商标的权利人。

(3) 商标权利人。商标权利人包括注册商标权人、未注册但实际使用商标权利人、共有商标权人。

(四) 植物新品种权的归属

(1) 完成育种的人。完成育种的人是指通过人工培育或者对发现的野生植物加以开发的方法获得新植物品种的单位或者个人。同《专利法》中的发明人不一样的地方是：发明人一定是自然人，而完成育种的人不仅可以是自然人，也可以是单位（法人或者其他组织）。

(2) 申请人。植物新品种的申请人是指向国务院农业、林业行政部门（统称植物新品种权审批机关）递交植物新品种申请的单位和个人。植物新品种的申请人一般是该植物新品种的完成育种的人，也可能是委托人。

(3) 品种权人。是指享有授予植物新品种排他的独占权的单位或者个人。植物新品种申请经审批授权后，该申请的申请人就是品种权人。

《新品种保护条例》第6条、第7条、第8条对植物新品种权的归属做了与专利权大致相同的规定。第6条规定："完成育种的单位或者个人对其授权品种，享有排他的独占权。任何单位或者个人未经品种权所有人（以下简称"品种权人"）许可，不得为商业目的生产或者销售该授权品种的繁殖材料，不得为商业目的将该授权品种的繁殖材料重复使用于生产另一品种的繁殖材料；但是，本条例另有规定的除外。"第7条规定："执行本单位的任务或者主要是利用本单位的物质条件所完成的职务育种，植物新品种的申请权属于该单位；非职务育种，植物新品种的申请权属于完成育种的个人。申请被批准后，品种权属于申请人。委托育种或者合作育种，品种权的归属由当事人在合同中约定；没有合同约定的，品种权属于受委托完成或者共同完成育种的单位或者个人。"第8条规定："一个植物新品种只能授予一项品种权。两个以上的申请人分别就同一个植物新品种申请品种权的，品种权授予最先申请的人；同时申请的，品种权授予最先完成该植物新品种育种的人。"

植物新品种的申请权和品种权可以依法转让。中国的单位或者个人就其在国内培育的植物新品种向外国人转让申请权或者品种权的，应当经审批机关批准。国有单位在国内转让申请权或者品种权的，应当按照国家有关规定报经有关行政主管部门批准。转让申请权或者品种权的，当事人应当订立书面合同，并向审批机关登记，由审批机关予以公告。

（五）集成电路布图设计专有权的归属

《集成电路布图设计保护条例》第9条规定："布图设计专有权属于布图设计创作者，本条例另有规定的除外。由法人或者其他组织主持，依据法人或者其他组织的意志而创作，并由法人或者其他组织承担责任的布图设计，该法人或者其他组织是创作者。由自然人创作的布图设计，该自然人是创作者。"第10条规定："两个以上自然人、法人或者其他组织合作创作的布图设计，其专有权的归属由合作者约定；未作约定或者约定不明的，其专有权由合作者共同享有。"第11条规定："受委托创作的布图设计，其专有权的归属由委托人和受托人双方约定；未作约定或者约定不明的，其专有权由受托人享有。"第13条规定："布图设计专有权属于自然人的，该自然人死亡后，其专有权在本条例规定的保护期内依照继承法的规定转移。布图设计专有权属于法人或者其他组织的，法人或者其他组织变更、终止后，其专有权在本条例规定的保护期内由承继其权利、义务的法人或者其他组织享有；没有承继其权利、义务的法人或者其他组织的，该布图设计进入公有领域。"

 案例分析

企业并购合资中的知识产权管理[1]

联想收购IBM笔记本轰动一时，联想支付了百亿多的价款，其中很大一部分是为4000多个专利买单。随着对知识产权的愈加重视，可以预见，今后我国专门为知识产权而发生的企业并购会越来越多。

一、企业并购看中的是知识产权

（1）通过并购可获得最新的专利技术，减少研发风险。思科公司在最近20年里收购了大大小小100多家企业，微软公司和英特尔公司亦是通过频繁的收购，将许许多多的公司纳入自己的旗下。通过并购进行技术集成和市场整合，有选择地从外部取得所需的可用技术和战略方向技术，减少自主研发投入风险并提前占领市场。思科公司约30%的发展来源于通过并购获得技术并进行技术集成和进入新市场，提高效率与反应速度。

---

[1] 本案资料来源：http://www.moutil.com/article/1499.html. https://wenku.baidu.com/view/815613140b4e767f5acfce18.html.

（2）通过并购获得最新的专利技术，抢占市场先机。德州仪器公司发现，由于人们对因特网的通信速度提出了更高要求，使得数字用户线路技术成为新一代调制解调器的领先技术标准。某小公司拥有 DSL 原创技术专利，德州仪器公司以 3.95 亿美元的价格收购了这家小公司。德州仪器的出价犹如天价，而买下该公司的专利给德州仪器公司带来的则不仅仅是对 DSL 技术的独家所有权。

（3）通过并购获取专利技术，以解侵权之困。当佳腾公司的新产品 Multi-Link 支架于 1997 年 10 月获得美国食品药物管理局的批准之后，强生公司极不愿意多出一个对手来瓜分这个 13 亿美元的市场，于是提出了专利侵权诉讼。佳腾公司做出了一个出人意料的举动：它并没有进行专利侵权反诉，而是买下了 Endo-Vascular 公司。佳腾公司此举的真正意图是为了获得 EndoVascular 公司一项闲置的支架专利，而该专利先于强生公司的专利两年获批。佳腾公司在涉足支架业务的头 6 个月里，就售出了总值 3.5 亿美元的器械。

（4）通过并购获取专利技术，为公司带来丰厚收益。联合技术公司旗下的芯片制造商莫斯特卡公司所拥有的专利颇具创收潜力，汤姆逊公司旋即以 7100 万美元的价格收购了莫斯特卡公司，并在 7 年时间里通过专利许可交易成功地赚取了 4.5 亿多美元。

（5）收购商标就是收购市场。雷恰蒙特作为全球著名的品牌管理企业，是欧洲市场顶级产品的供应商，拥有"江诗丹顿""伯爵""卡地亚""万宝龙""登喜路"等几十件历史悠久的世界一流商标。但这些商标都不是雷恰蒙特原创的，而是通过收购获得的。该公司总经理萨南曾说："商标是一种竞争工具，收购商标就是收购市场。"

二、警惕并购中的知识产权陷阱

（1）技术陷阱。例如 2001 年华立集团收购飞利浦公司 CDMA 移动芯片技术研发部门，飞利浦与美国高通公司签订了 CDMA 芯片技术的交叉许可协议，但双方承诺不对第三方公开，这种承诺不因飞利浦研发部门的转让而改变。华立开发和销售 CDMA 芯片和终端设备，仍要向高通公司支付技术许可费。而中国商家每生产一部 CDMA 手机，都要将销售额的 2.5% 交给高通公司作为选用 CDMA 标准并使用相关专利的费用。

（2）商业陷阱。①全面收购策略。外资通过全面收购国内被国人所熟悉的并有良好市场效应的品牌企业，达到迅速抢占中国市场的目的。②股权控制策略。外方表面同意，合资企业在经营期限内对双方商标都可使用。但在实际经营中，外方却利用控股地位将中方商标闲置，并利用合资企业的资金为自己的商标大作宣传。合营期限一旦届满，原中方著名商标由于不使用而在市场上为人所淡忘。

外方在此时便会提出如继续使用外方商标，须支付高额许可使用费的要求。为了达到这个目的，外资总是想方设法达到控股地位。③不平等条约策略。利用中方急于求成的心理，将中方的知名商标以高价折股，在并购协议中不平等地约定合资企业必须使用外方商标，完全排挤中方商标的使用。如在1994年1月18日震动中国饮料业的百事可乐与天府可乐在重庆"联姻"，被民众视为民族饮料象征的天府可乐从此在市场上销声匿迹。④自然淘汰策略。在并购协议约定双方的商标都可使用，但同时限定主产品、新产品用外方的商标，老产品用中方原有的商标，然后外方通过产品的升级换代逐步将原中方的名牌淘汰出市场，达到在商标权上完全控制中国的国内市场的目的。如在洗衣粉行业，上海的白猫、广东的高富力合资后，外方利用我国名牌厂家的生产能力和销售渠道，推销他们高价的碧浪、汰渍，而把我们的产品打入冷宫。⑤冷冻策略。在1994年上海牙膏厂与联合利华合资之前，"美加净"牙膏在中国已经是家喻户晓，年销量达到了6000万支，产品的出口量全国第一，但当它被折价1200万元投入合资企业后，立刻被打入冷宫，代之而起的是露美庄臣。

【基本概念】

知识产权创造；知识产权创造管理；专利权；商业秘密；植物新品种权；集成电路布图设计权；商标权；厂商名称权；地理标志权；特殊标志；著作权；软件著作权。

【思考与分析】

企业知识产权创造管理的注意问题都有哪些？请简要分类阐述。

第五章 企业知识产权运用管理

> **本章提要**
>
> 企业知识产权运用反映了企业拥有的知识产权资源与实现企业价值的内在关联性。作为知识产权运用进而实现知识产权价值的重要主体，企业通过恰当组合知识产权资源、运用方式、支撑系统等知识产权运用构成要素，经由知识产权的商用化、产业化与资本化运作，畅通知识产品转化为知识价值的制度化通道，并以此健全、完善科技创新激励机制，构建知识产权转化与创新知识产权运用的新模式。

第一节 企业知识产权运用管理概述

现代知识产权的价值，不仅在于其可以被动地接受企业的挑拣，成为企业借此获取技术优势的科技资源，还在于企业通过制定顶层的知识产权发展战略，使知识产权成为抢占企业发展制高点、掌握市场话语权的利器。在此过程中，企业知识产权运用可以发挥其积极功能，并大有作为。

一、企业知识产权运用管理的含义

企业知识产权运用主要是指对企业拥有的知识产权资源的价值化使用，更强调知识产品转化为知识价值的过程，而企业知识产权运营更加注重以市场化与资本化的手段开发知识产权经济价值的企业经营目的。本书使用"企业知识产权运用"概念，并将企业知识产权运用与企业知识产权运营作为相同的范畴予以看待。关于企业知识产权运用的含义，存有不同的观点。

（1）企业知识产权运用，是指以知识产权保护为保障，通过知识产权资源的使用、转移、扩散以实现其价值的过程，是知识产权资源在市场中得以最优化配置，并且最大实现其效用的过程。知识产权运用是在实践市场机制的基础上，以追求利益的最大化为目标，优化配置知识产权资源实现帕累托最优，最终在实现权利人的最大利益的同时增加社会财富。❶

（2）"知识产权运用"是指通过实施、许可或转让等方式将知识产权在市场上加以产业化、商用化的过程，也是实现知识产权市场价值的过程。对知识产权加以有效运用，可以从根本上激励知识产权所有人继续创新。❷

（3）企业知识产权运营是企业有形资源与专利技术、商业秘密、商标、著作权等知识产权类无形资产有效嫁接，在技术市场、产品市场和资本市场实现知识产权的价值增值过程。企业知识产权运营的核心在于，利用知识资本产生具有高附加值的产品，同时充分运用知识产权的资产运作功能，通过许可、转让、投资入股、证券化、资产重组、兼并收购等多种形式和手段发挥知识资产的竞争和经济效能。❸

（4）以企业知识产权运营的用法对企业知识产权运营进行了定义，是指企业利用知识产权创造价值，实现知识产权保值增值的过程，是企业在分析面临的技术环境、市场环境和社会环境的基础上，充分利用企业内部的人力资源、财务资源和外部市场资源，谋求知识产权资产增值与价值实现的方式。❹

本书认为，企业知识产权运用管理，是指企业在科学技术创新、商业化经营与贯彻知识产权战略的过程中，在知识产权自行实施与进行知识产权许可、转让、质押、信托等科学运用的基础上，通过对知识产权资源进行优化配置以及产业化、市场化的运作，充分发掘知识产权的"潜藏价值"以获取知识产权最大效益的行为或过程。

二、企业知识产权运用管理的作用

1. 企业知识产权运用是实现知识产权价值的重要途径

企业对于知识产权的运用是提升企业科技创新能力、获取知识产权价值的重要手段与抓手。一般而言，知识产权的价值主要是指知识产权的经济价值，知识产权本质上含有价值基础、知识资本、资产价格等经济学属性，然而，在企业对知识产权价值进行商业化开发之前，这些经济属性还处于"潜

---

❶ 张文德. 知识产权运用[M]. 北京：知识产权出版社，2015：2.
❷ 徐红菊. 知识产权运用：创新的根本驱动力[N]. 大连日报，2014-04-23（B02）[2017-09-06].
❸ 傅宏宇，谭海波. 知识产权运营管理法律事务与重点问题诠释[M]. 北京：中国法制出版社，2017：51-52.
❹ 冯晓青. 企业知识产权运营及其法律规制研究[J]. 南京社会科学，2013（6）：86.

藏"状态,只有企业运用知识产权进行商品生产、技术改造、科技创新,以及通过知识产权的商业化、资本化获取超额利润与衍生利益的情况下,知识产权中沉睡的经济价值才能被"唤醒"并以货币或类似货币的形式加以呈现。

2. 企业知识产权运用可以推进深度创新及创新支点的形成

知识产权运用能够更好地激励权利人。本质上,对知识产权权利人能够产生持续激励作用的,应当是知识产权的运用所带来的经济效益、社会效益以及由此而提升的企业创新文化,这符合市场经济中企业作为理性经济人的心理特点。

知识产权运用有利于发现问题并促进新一轮创新支点的生成。知识产权取得之后,一旦投入到实践当中,就会发现它在实现预期的效果之外还带来了更多的问题,如作为经济资源它是否达到最优、法律上是否被侵权、专利技术如何升级、驰名商标如何打造和维护等。这些问题的攻克无疑会促使权利人积极思考,从而发掘蕴藏其中的创新支点,由此,新一轮的创新由此展开。

3. 企业知识产权运用是知识产权战略实施的根本落脚点

知识产权运用是知识产权战略的落脚点,也是保护知识产权的最终目的。企业是贯彻落实国家知识产权战略的重要主体。企业应当将知识产权战略目标、知识产权运用的科学思维与理念融入企业发展战略之中,选择若干重点技术领域,形成一批核心自主知识产权和技术标准,积极促进自主创新成果的知识产权化、商品化、产业化,并采取知识产权转让、许可、质押和知识产权的资本化等方式、途径实现知识产权的战略价值、社会价值和市场价值。同时,防治知识产权交易中的权利滥用和垄断,合理平衡创新引领能力的提升、企业经济效益的获取与国家知识产权公益目的的达成之间的各方利益关切,将知识产权的高效、科学运用转化为企业和国家的核心竞争力,以此推进我国创新驱动战略的深度实施。

4. 企业知识产权运用是提高我国自主创新能力的关键环节

当前,我国的科技创新实力还不强,代表自主创新实力的专利质量还不高,相对缺乏能够引领世界科学技术未来趋向的先导性、基础性自主创新科学与技术。为了有效改变这一状况,除了需要各科技创新主体的通力合作以外,知识产权制度的动力诱发机制、资源优化调配机制、制度保障机制的建立与完善,可以为我国的原始创新、消化创新与引进吸收再创新,提供强大的资源储备与制度供给。在科技创新的全链条中,不具备自主、核心知识产权，创新就会变得盲目与无效，离开了自主知识产权的创造与高效运用，自主创新也将是一句空话。

5. 知识产权运用是企业技术升级与产业转型的制度助力

从现有知识产权运用的主体来看，企业是进行知识产权全方位、全领域运用的主要力量。企业在追求经济利润与长远战略布局的过程中，对知识产权中的创新因子进行创造性地运用与深度挖掘，优化企业管理效能，占据产业或行业发展的科技制高点与竞争的上游地位，紧追知识产权的创造步伐，培育科技创新的经济新动能，引领新的知识形态，创新与新经济业态相契合的知识产权运营模式，充分运用知识产权中蕴含的经济价值与符合社会长远发展利益的合理要素，推动企业的技术升级与产业转型。

6. 企业知识产权的运用可以强化企业的创新动力与商业化运用

对于企业来说，知识产权运用的主要目的是借助市场机制，获取经济利益，充分挖掘、交易知识产权并科学积极地运用，追求经济利益的最大化，进一步增强自身的知识产权运用能力与知识产权优势地位，并不断促使权利人进行新的更高端的知识产权创造，并内化为其实施知识产权科学运用的主要动力。

三、企业知识产权运用的基本条件与构成因素

知识产权的运用应在知识产权战略的总体安排与知识产权资源的已然确定的框架下进行。在对知识产权运用体系进行深入探讨之前，必须对知识产权运用的本体构造进行多侧面的剖析，对此，可分为知识产权运用的基本条件与构成要素两个方面。

（一）企业知识产权运用的基本条件

1. 知识产权资源的丰富储备

知识产权运用的前提与基础是知识产权的创造，否则知识产权的运用就可能成为无源之水。同时，我们还应看到，知识产权运用必须是在知识产权创造的前提与基础、知识产权的前瞻培育和知识产权科学合理布局等大的知识产权战略步骤得到切实实施与贯彻宏观环境之下的知识产权的运用，否则，知识产权的运用有可能演变为无序散乱、经验主义的应景式运用，而无法从整个知识产权战略的宏观框架之下去把握知识产权运用的资源调配、潜力挖掘与运用路径，相应地，企业知识产权运用的绩效就会大打折扣。

2. 知识产权运用体系的积极营造

知识产权的创造、运用、培育和布局一定要在科学的知识产权运用体系

中发挥其机能,这里的知识产权运用体系包括运用主体、运行机制、制度保障等。知识产权运用体系是将离散的知识产权运用主体、类型、价值等各异的知识产权运用形态,通过聚合的方法形成从创造到实施的完整服务链。因此,知识产权运用体系集成了创造环节中的代理服务、知识产权布局,运用环节中的交易(许可或转让)、知识产权投融资、知识产权价值分析、知识产权产业化实施、"专利池"构建、专利联盟组织、知识产权协同运用,知识产权保护环节的知识产权预警分析、维权、侵权诉讼,新产品或服务从研发到营销的知识产权战略制定,以及处于重要服务环节的专利信息利用、专利分析、专利托管等内容。❶

3. 知识产权价值的科学分析

知识产权价值分析从法律的稳定性、保护范围、垄断性、技术成熟度以及市场前景、投资回报等方面对知识产权进行科学分析,解决了知识产权许可、交易、转化中难以进行科学判断的难题,也为正确评判知识产权的价值提供了科学指标和工具。

4. 知识产权的产业化实施

知识产权的产业化实施是知识产权价值实现,促进知识产权科学运用的关键环节与重要途径。知识产权的产业化实施一般是通过企业的自行实施加以实现的。知识产权的产业化的过程是一个复杂的过程:首先,政府应先期制定全面的知识产权运用促进政策法规体系,通过政策松绑、财政奖励、税收优惠、基础设施投入,以及鼓励知识产权运营公司、专利代理、知识产权金融等知识产权中介服务机构的建设等方法与途径,为知识产权的全领域运用营造良好的政策与法治环境;其次,产业化的基础是对知识产权本身的经济价值和服务价值进行评议或分析,分析技术是否成熟、权利是否稳定、产业化的前景并确定许可或转让的基准价格,按项目可行性要求确定投资规模和回报率;最后,设立知识产权产业化推进基金与建立产业化的融资平台。政府方面,可以通过知识产权政策的引导设立政府知识产权运用基金,设立具有公益背景的知识产权运用融资平台,有鉴别地引进其他类型的商业运用基金,如种子基金、风险投资或私募(PE)基金等。

5. 知识产权运用的制度保障

具体说来,制度保障首先在立法方面既应注重知识产权运用对促进创新

---

❶ 陆介平,林蓉,王宇航. 专利运营:知识产权价值实现的商业形态[J]. 工业技术创新,2015(2):252.

的积极影响，也应重视权利人的排除竞争、阻碍创新的行为。其次，国家干预市场竞争的正确定位，国家干预市场竞争必须以对规制背后的成本问题进行充分考量为基础。最后应能充分发挥市场手段的调节机能，充分发挥市场手段的制度保障是建立在前述国家干预之正确定位的基础之上。推动知识产权充分、有效地运用，是"加强知识产权保护"切实落地的核心内容，这样才能真正实现知识产权作为创新驱动的保障和支撑。❶

（二）企业知识产权运用的构成要素

1. 企业知识产权运用的相关主体与服务对象

企业知识产权运用的相关主体主要有企业、政府、知识产权中介服务机构和知识产权运用的专门人才，其中，企业是知识产权运用的主体与服务对象。在企业知识产权运用过程中，企业知识产权运用的原始动力与服务对象都是企业，特别是具有高新技术、市场前景广阔、未来预期回报优厚知识产权的创新创业中小企业，更加需要知识产权运用以获取最大化收益。

政府是制定知识产权运用规则和保证知识产权运用顺利运行的法治基础。构建知识产权运营服务体系、建设全国知识产权运营公共服务平台、探索知识产权创造与运营众筹众包模式、推动高等院校科研院所建立健全知识产权转移转化机构、创新知识产权投融资产品、探索知识产权证券化、完善知识产权信用担保机制、"互联网+知识产权"等重大新兴议题，都与政府从国家层面进行知识产权制度的顶层设计、战略规制与法治保障密不可分。

中介服务机构是企业知识产权运用的润滑剂与力量倍增器。技术服务型的中介服务机构从服务机构自身能力出发，主要围绕知识产权运营全链条提供中介服务。服务项目涉及知识产权的授权、确权、转让、质押融资、价值分析、价值评估、投融资与保险等方面，需要知识产权中介服务机构提供单项或者全流程的专业化及事务性服务。高端定制型的中介服务机构，从客户的实际出发，围绕行业和产业的特点，结合大数据信息判断未来技术和商业的发展趋势、可能形成的态势，让客户掌握专业能力的同时，指导客户进行知识产权分析布局，并进一步预测今后的总体动态和技术动向，判断研发哪些专利能起到战略防御或进攻的作用，让客户掌握商业先机。❷

专门人才是企业知识产权运用的实施与操作者。识产权运用的专门人才

---

❶ 杨明. 知识产权运营如何步入"快车道"[J]. 人民论坛，2017（16）：97.
❷ 范建永，郑红莺，秦正雨. 知识产权运营开启知识产权新视野新体验[J]. 科技促进发展，2016（6）：692.

需要具备经济学、金融学、管理学、政治学、法学的复合型人才队伍。知识产权市场潜力大小和商业价值可实现程度的判断、权利许可的价值评估与商业谈判，以及专利基金的资本运作管理等都需要丰富的专业知识和市场经验，这些因素直接决定了知识产权经济价值的实现程度，同时也对知识产权运用的专门人才与专业团队提出了更高的要求。

2. 技术（规范）评价系统

企业知识产权运用的技术评价系统包括知识产权价值与运用绩效评估体系、知识产权运用管理服务平台、知识产权运用的金融工具与方法、知识产权法律保障等支撑知识产权顺利运用的技术与规范评价体系。这些技术（规范）评价评估系统分别从经济学、管理学、政治学、法学等方面为企业知识产权的运用，提供技术解决方案与法律保障，使得企业知识产权的运用具有了科学性技术性特征。

3. 政府支持

企业知识产权运用的政府支持主要体现在如下4个方面：①政策环境营造。知识产权运营具有很高的风险性和不确定性，政府政策环境的营造不仅有利于知识产权的许可和产业化，也有助于吸引更多社会资本的加入。政策环境的营造包括税收政策支持、公共信息平台建设、企业信用担保、工业用地优惠等多个方面；②财政资金支持。由于现有的VC和PE基金通常只会投资处于成长期的企业，于是对于依靠专利起步的高科技初创企业而言，只能依靠天使投资基金。这种基金不仅要求高，而且投资额度较低，这就导致知识产权运营机构需要政府财政资金的大力支持；③法律制度完善。在当前大环境下，产权制度归属、国有资产管理及利益分配等问题成了知识产权运营机构关注的焦点；④依托产业升级。知识产权运营的目的在于让知识产权更好地服务经济发展。相应地，在转变经济发展方式促进产业结构升级的大背景下，政府支持对知识产权运营相当重要。❶

4. 资源获取能力

这里的资源获取能力主要强调资金、知识产权资源、客户资源的获取能力，其对知识产权运营也十分重要。由于不同知识产权运营机构的资源获取能力存在较大差异，可将资源获取能力大致分成财团支持、客户基础、技术

---

❶ 李黎明，刘海波．知识产权运营关键要素分析——基于案例分析视角[J]．科技进步与对策，2014（10）：128．

积累和市场经验 4 大类。❶

5. 业务领域

知识产权运营的核心是为实现知识产权经济价值，实现方式多种多样，也需要多种知识人才间的合作。对知识产权运营机构而言，没有一家机构能胜任所有与之相关的业务，尤其是在研发创新活动分散化的今天。因此，知识产权运营机构要取得成功，就必须选择适合自身的业务领域。从业务性质看，知识产权运营的业务领域大致可归为知识产权许可交易、知识产权权益融资、知识产权债务融资、知识产权诉讼和知识产权管理 5 大类。典型的知识产权权益融资包括天使投资者、风险投资、创业板或主板首次公开发行，典型的知识产权债务融资包括知识产权质押融资和知识产权证券化。❷

6. 知识产权布局

知识产权布局包含两层含义，一是知识产权价值评估的多层与多元化；二是知识产权的组合布局。知识产权价值评估的多层与多元，主要是指以知识产权本身的经济价值为基础，通过对科技创新发展的引领度、知识产权市场发展前景、知识产权资本化之衍生收益的分析评鉴，拟定一个能够反映企业知识产权价值的权重分析表与动态发展图谱，为企业知识产权运用奠定交易的价值基准。企业知识产权的组合布局，是指企业依据政策环境、技术环境、商业环境的发展态势，将其拥有的知识产权资源进行优化组合，制作知识产权智慧包，以发挥企业知识产权运用的整体效能。

第二节 企业知识产权运用方式

企业知识产权运用方式，包括企业作为知识产权权利人的自行实施与企业对通过合法手段获得的他人知识产权的运用。其既包括企业作为知识产权权利人积极直接运用知识产权，也包括企业知识产权权利人进行知识产权防御、禁止他人侵权使用消极实施方式。他人实施的方式包括知识产权的许可、转让、股权融资、质押、信托、知识产权证券化、知识产权众筹与知识产权

---

❶ 李黎明，刘海波. 知识产权运营关键要素分析——基于案例分析视角[J]. 科技进步与对策，2014（10）：128.

❷ 李黎明，刘海波. 知识产权运营关键要素分析——基于案例分析视角[J]. 科技进步与对策，2014（10）：128.

保险等运用方式，也包括从使用人角度出发的解决权利封锁、累积性创新等方式。

一、自行实施

企业知识产权的自我实施，也称为知识产权的产业化实施，是企业在法律允许的范围内对其拥有的知识产权资源进行价值开发并促进其实现的主要模式。其实施可以分为两个主体层次，一是单个企业的自我实施，二是企业组成知识产权协作主体进行组合式知识产权运用。知识产权的产业化实施可以实现由技术向产品和商品转化，实现技术的商业化价值。

企业自行实施自己的知识产权时，应做到以下方面：

1. 建立附属于企业自身的知识产权局域资源管理系统

通过对企业自身知识产权数量、类型、价值与未来可挖掘潜力的科学计算，并将现有的知识产权资源分门别类，建立面对不同领域、创造不同价值权重的知识产权横向数据包，以及能够为企业提供全流程知识产权服务支持的数据链，设计涵盖资源查询、知识产权最佳组合、未来可获得的知识产权价值权重等子系统组成的符合企业发展特性的知识产权内部管理系统。

2. 加强企业知识产权的内部评议与风险预警

企业可以运用经济学、管理学、法学、政治学等的相关知识资源，通过与企业外部知识产权专业服务团队、科研机构和智库的智力支持，对企业的知识产权创造能力与风险、知识产权资产运用的实施路径进行全方位的知识产权评议，找出本企业未来进行知识产权创造的战略方向、具体突破口与着力点，以及本企业在进行知识产权资源挖掘与运用过程中可能出现的风险的爆发时机、风险类型、爆发强度等，并在此基础上，建立针对本企业的知识产权评议指标体系与理论模型，并以专利战略分析、导航指引、预警保护为核心，构建基于电子信息技术的知识产权风险预警软件与管理架构。

3. 强化企业自我知识产权品牌效应的塑造与开发

企业可在对自己拥有的知识产权资源进行精确梳理与整合的基础上，筛选出潜在经济价值大、社会效益可观、可塑能力强、能够有效引领科技创新方向，或可能对未来科技创新具有较大推进作用的某个（类）知识产权资源或者知识产权组合，对其进行知识产权品牌营销，打响企业知识产权品牌形象与拳头产品，唤起并带动其他资源的沉睡价值与未来可改良潜力，并间接促进企业自我知识产权的创造。

4. 增加企业知识产权资源保有存量与运用模式的创新

企业知识产权运用是基于企业自身的知识产权资源存量为基础的，否则，知识产权运用将面临无米下锅的局面，知识产权的科学运用随之变成了空中楼阁。因此，加强产官学研用的多元结合与科学协作，组建有利于推进知识产权创造的科研实体机构与合作形式，完善企业知识产权资源获取的自我创造、精准购买、特别知识产权资源的共享等运用模式的创新，辅之以知识产权专业运营机构的软科学助力，着重提升企业的知识产权资源存量，可以发挥企业知识产权运用的最大效能。

5. 加强企业知识产权运用的制度、组织与资金保障

企业可以制定促进知识产权运用的制度规范，设置专门的知识产权运营机构，采用符合本企业现有技术实力、市场营销战略、发展前景良好的企业知识产权运用模式，配备专门的知识产权运用事务人员，并拨付相应的企业知识产权运用推广基金，做到企业知识产权运用的"四有"，即有制度、有平台、有资金、有人员，构建完善的知识产权自行运用物质保障体系。

6. 注重现有基础上的知识产权资源的后续开发与运用

注重对业已取得的知识产权资源价值进行深层次的二次开发，对于通过转让取得的知识产权资源，注意从知识产权谈判、技术创新、解决权利封锁、累积性创新等突破原有知识产权权利的限制与封锁的角度，通过技术创新与制度创新与商业运作模式的结合，以及知识产权的产业化、商业化与资本转换，提高企业自有知识产权的商业转化率，实现原始创新、集成创新与消化吸收再重新在知识产权上的整合，同时，注重采用法律保护、技术防范措施，强化对自有知识产权可能被侵权的风险防范。

二、企业知识产权许可

（一）企业知识产权许可的含义

关于企业知识产权许可的含义，有观点认为，知识产权许可，是指知识产权权利人依法通过与他人签订合同的方式，允许后者依据约定条件，在约定期限和地域范围内，行使知识产权的行为。其中，所签订的合同通常被称为"许可合同"，知识产权权利人被称为"许可人"，许可合同的另一方当事人被称为"被许可人"。❶

---

❶ 朱雪忠. 知识产权管理[M]. 2版. 北京：高等教育出版社，2016：83.

还有观点认为，知识产权许可属于许可证贸易范畴，是知识产权人将其知识产权在一定时间内授权被许可人行使，并由被许可人向其支付许可使用费的法律形式。知识产权许可是企业技术扩散、技术交易、技术转移和技术贸易的重要方式，对于企业技术创新具有重要意义。❶

本书认为，企业知识产权许可，是指企业将其被授权的知识产权与通过市场机制获得的知识产权加以实施并获取相应知识产权资产收益的行为，基本涵盖了政府的强制许可以及通过拍卖、公开竞价、企业并购转让等其他方式获得知识产权许可权利的形式。

(二) 企业知识产权许可的类型

企业知识产权许可因知识产权的属性类型、许可方主体的差异、授权或购买许可的方式等的不同，表现出不同的类型特征。主要有：

1. 企业独占许可

独占许可，是指在约定的期限和地域范围内，被许可人以约定方式使用知识产权客体，并且排除许可人自身使用知识产权客体以及许可第三人使用知识产权客体的许可形式。由于通过独占许可合同，被许可人在合同规定的期限与地域范围内，对许可知识产权客体有事实上的垄断权，许可人通常要向被许可人索取比非独占许可高的许可使用费。

2. 企业排他许可

排他许可又称独家许可或全权许可，是指在约定期限和地域范围内，被许可人以约定方式使用知识产权客体，同时，许可人自身仍可以使用知识产权客体，但是许可人不得许可任何第三人使用知识产权客体的许可形式。与独占许可相比，排他许可的被许可人对知识产权客体的垄断权较弱，许可人通常要向被许可人索取比独占许可少的许可使用费。❷

3. 企业普通许可

普通许可是一种典型的非独占许可，是指在约定期限和地域范围内，被许可人以约定方式使用知识产权客体，同时许可人自身仍可以使用知识产权客体，而且，许可人可以许可任何第三人使用知识产权客体的许可形式。与排他许可相比，普通许可的被许可人对知识产权客体有更弱的垄断权，许可人通常要向被许可人索取比排他许可更少的许可使用费。

---

❶ 冯晓青.企业知识产权运营及其法律规制研究[J].南京社会科学，2013 (6)：89.
❷ 朱雪忠.知识产权管理[M].2版.北京：高等教育出版社，2016：83.

4. 企业分许可

分许可又称再许可、子许可、从属许可或分售许可，是指被许可人通过许可合同获得知识产权的使用权，同时获得许可人的授权，可将该知识产权客体再许可给第三人使用的许可形式只有知识产权权利人。只有知识产权权利人在原许可合同中允许被许可人在一定范围内许可第三人行使知识产权，被许可人与第三人签订的分许可合同才合法有效。如果没有知识产权权利人授权，被许可人无权许可第三人行使知识产权。❶

5. 交叉许可

交叉许可即"交叉实施许可"，也称"互换实施许可"，（其主要适用于专利权中），它是指两个专利权人互相许可对方实施自己的专利。这种许可，其两个专利的价值大体是相等的，所以一般是免交使用费的；但如果两者的技术效果或者经济效益差距较大，也可以约定由一方给予另一方以适当的补偿。

交叉许可是一种基于谈判的，在产品或者产品生产过程中需要对方拥有的专利技术时，相互有条件或者无条件容许对方使用本企业专利技术的协定。其中，交叉许可协定的内容并没有统一的标准，除了允许双方使用各自的、已被授权的专利技术外，还可以包括固定或可变动的许可费，适用技术领域或地理范围的限制，同时还可以包括双方拥有的所有专利或部分专利以及未开发的专利等。❷

6. 专利池许可

专利池是一种由专利权人组成的专利许可交易平台，平台上专利权人之间进行横向许可，也是也以统一许可条件向第三方开放进行横向和纵向许可，许可费率是由专利权人决定的。

基于专利池的专利许可，既可以是专利联盟成员之间的相互许可，即封闭式的专利池；也可以是专利联盟对外许可，即开放式的专利池。很多学者对专利池感兴趣的原因在于：他们认为专利池有助于解决因同一技术领域内的大量专利堆叠引发的专利丛林问题，减少由于复杂的专利许可导致的专利障碍以及过高的累计专利费用。实证研究表明，专利池许可是经济效益最高的一种专利许可方式，不仅是社会福利最有效率的选择，也是各专利权人更有效率的选择。❸

---

❶ 朱雪忠. 知识产权管理[M]. 2版. 北京：高等教育出版社，2016：84.
❷ 谢旭辉，郑自群. 知识产权运营之触摸未来[M]. 北京：电子工业出版社，2016：112.
❸ 谢旭辉，郑自群. 知识产权运营之触摸未来[M]. 北京：电子工业出版社，2016：113.

7. 强制许可

强制许可，是指国家专利行政机关根据本国《专利法》规定的特定理由，不经专利权人同意，由专利行政机构依法直接强制性地授权许可已经具备实施条件者实施专利，同时由该强制许可授权的被许可方向专利权人支付合理的许可使用费的知识产权法律制度。❶ 我国的强制许可制度仅限于专利领域，且仅适用于发明和实用新型。在企业知识产权运用中，企业可以作为被许可方实施被强制许可的知识产权。我国《专利法》分别规定了以下几种类型的强制许可：防止滥用的强制许可和根据公共利益需要的强制许可❷、制造和出口专利药品的强制许可。❸

（三）商业特许经营

许可经营虽然可以保障企业直接获取许可费，但这一费用远远低于成功实施知识产权获得的收益，而且对被许可方的控制较少，如果被许可方生产伪劣产品，会极大地损害企业的声誉，并冲击企业的正常销售活动，影响产品的销售，而且许可经营也可能会带来自身技术扩散的风险。为了实现对实施自身知识产权的被许可人更多的监控，并分享其实施收益，很多企业对自己的知识产权采用了更为专业的许可经营模式——特许经营。

商业特许经营（简称特许经营），是指拥有注册商标、企业标志、专利、专有技术等经营资源的企业（特许人），以合同形式将其拥有的经营资源许可其他经营者（被特许人）使用，被特许人按照合同约定在统一的经营模式下开展经营，并向特许人支付特许经营费用的经营活动。特许经营合同的内容除了商标许可外，还涉及专利、专有技术使用许可的内容，甚至包括了服务管理内容，从店容店貌到店堂装修，从经营质量到经营风格等，因而不同于单纯的商标使用许可合同、专利实施许可合同等。❹

---

❶ 陶鑫良.《专利法》第三次修改后的强制许可规范[J]. 电子知识产权，2009（3）：25.

❷ 参见我国《专利法》第49条的规定，在国家出现紧急状态或者非常情况时，或者为了公共利益的目的，国务院专利行政部门可以给予实施发明专利或者实用新型专利的强制许可。然而，依据《专利法》第52条，设计的发明创造为半导体技术的，仅出于公共利益的目的和反垄断行为的目的才构成强制许可的正当理由。

❸ 参见依据我国《专利法》第50条的规定，为了公共健康目的，对取得专利权的药品，国务院专利行政部门可以给予制造并将其出口到符合中华人民共和国参加的有关国际条约规定的国家或者地区的强制许可。

❹ 郑新建，王茜. 商业特许经营的知识产权法分析——商业特许经营之知识产权价值功能发现[J]. 知识产权，2010（1）：83.

2. 商业特许经营的作用

特许经营制度之产生与发展可谓集商标使用许可、专利实施许可、专有技术使用许可等知识产权制度之大成，它与单纯的商标许可使用制度相比，不仅扩张了商标及商誉的商品促销功能，使商标等单项知识产权的价值得到了较好的利用，同时各种商誉资产要素的集合利用还将知识产权价值功能发挥到了极致，其效用是倍增的，因此有着更大的优越性。❶

通过特许经营权的授权使用，特许人可以扩展其商标、商号、专有技术等各项知识产权的使用范围，提高知识产权的综合效能，增强企业的影响力，进一步提高企业的商誉，而且还能带来相当丰厚的收益（商誉费）；被许可人也可借他人良好的商誉来打开市场，提高自己的竞争力和知名度。特许经营活动有利于商誉知识产权价值功能的充分发挥，也符合当事人双方的利益，对经济和贸易的发展起着积极的推动作用，因此，各国法律都允许特许经营的开展，并规定有相应的法律制度。❷

3. 商业特许经营的要素❸

从特许经营的概念可以看出，特许经营有四个基本要素：

（1）特许人必须是拥有注册商标、企业标志、专利、专有技术等经营资源的企业。特许人如果不具备上述条件，特许经营也就无从谈起。

（2）特许人和被特许人之间是一种合同关系。特许人被特许人是相互独立的市场主体，双方通过订立特许经营合同，确定各自的权利和义务。因此，特许经营本质上是一种民事行为。

（3）被特许人应当在统一的经营模式下开展经营。特许经营是一种高度系统化、组织化的营销方式，统一的经营模式是其核心要求之一，也是保证服务的规范性、一致性以及维护品牌形象的需要。这种统一的经营模式体现在各个方面，大到管理、促销、质量控制等，小到店铺的装潢设计甚至标牌的设置等。

（4）被特许人应当向特许人支付相应的费用。特许人拥有的经营资源一般都经过了较长时间的开发、积累，具有较高的商业价值。被特许人经许可

---

❶ 郑新建，王茜. 商业特许经营的知识产权法分析——商业特许经营之知识产权价值功能发现[J]. 知识产权，2010（1）：85.

❷ 郑新建，王茜. 商业特许经营的知识产权法分析——商业特许经营之知识产权价值功能发现[J]. 知识产权，2010（1）：86.

❸ 国务院办公厅. 国务院法制办、商务部负责人就《商业特许经营管理条例》有关问题答中国政府网问[Z/OL]. （2007-02-15）[2017-09-22]. http://gov.cn/zwhd/2007-02-15/content_ 528054.htm.

使用这些经营资源也是为了开展经营活动，因此需要支付相应的费用。支付费用的种类、数额以及支付方式，由双方当事人在合同中约定。

三、企业知识产权转让

（一）企业知识产权转让的含义与类型

企业知识产权转让，是指直接发生知识产权主体变更的法律行为。知识产权转让之后，转让人丧失该权利，受让人取得相应的权利。受让人有权使用知识产权，有权再向第三人转让知识产权，有权许可第三人使用知识产权。对于侵犯知识产权的行为，受让人有权追究侵权人的法律责任。

知识产权转让有两种形式：一是合同转让；二是法定转让。所谓合同转让，是指在自愿原则的前提下，转让人和受让人签订书面转让合同，并在依法办理知识产权转让手续后具有法律效力的知识产权转让。转让权是知识产权的一项重要活动，它是知识产权所有人行使处分权的具体体现。法定转让是指因为出现法律事实，例如继承、遗赠、破产等所产生的权利主体变更。

按照知识产权的种类不同，知识产权转让包括专利权转让、商标权转让、著作权转让、其他知识产权形式的转让等。

除了上述知识产权转让的基本类型外，企业知识产权转让的方式还包括企业并购模式和专利拍卖模式。在企业并购转让模式中，企业通过收购目标企业从而获得该企业的相关专利技术。并购企业则通常也有两种形式：一是资产并购；二是股权并购。在这种模式中，企业不仅仅通过并购目标企业从而获得相关知识产权与核心技术，并且能够快速打入市场，获得其销售、售后、研发等一系列渠道。

在专利拍卖模式中，专利拍卖把专利技术通过市场竞价交易的方式来实现专利权的转移，改变了过去一对一的转让方式，具有覆盖面广、公开透明、竞价成交等特点。拍卖流程看似标准化，但它是各交易主体间动态博弈的过程，其结果具有随机性。常用的专利拍卖形式是以委托寄售为业的商行当众出卖寄售的专利，由多名需求者出价争购，到没有人在出更高价格时就拍板，进行表示成交。❶

四、知识产权的资本化

企业知识产权的资本化运用，可以实现企业有形资本与无体财产的充分

---

❶ 谢旭辉，郑自群．知识产权运营之触摸未来［M］．北京：电子工业出版社，2016：102．

嫁接，作为知识产权运用的一种金融化表征，知识产权的资本化将知识产权资源作为一种知识资产加以运用，并由此最大限度地发掘、开发知识产权的经济价值。

知识产权的资本化，实质上就是知识产权投融资的实践形式。知识产权资本运营是知识产权的资本化运作，涉及将知识产权作为投资工具和融资工具两方面内容。❶

（一）知识产权股权融资

知识产权股权融资，也称为知识产权投资入股，是指在设立企业时以知识产权作为资本缴付的行为。❷ 企业知识产权投资或入股，在理论上属于知识产权资本化范畴。它是企业将知识产权作为资本投入，与其他有形和无形资本结合，共负盈亏，共担风险，建立新的经济实体的经济行为运作方式。知识产权投资是将知识产权转化为产业资本的经营形式。❸ 一般认为，知识产权股权出资应当符合以下条件：一是出资的知识产权应当为出资人合法所有。二是出资的知识产权只能是其中的财产权，不能是人身权。可以用于出资的知识产权主要包括可以转让的专利权、商标权、著作权、集成电路布图设计权、植物新品种权、商业秘密权。不可转让的如地理标志权，不能作为出资的标的。三是我国对外国合营者知识产权出资有特殊要求。例如《中外合资经营企业法实施条例》第25条规定，作为外国合营者出资的工业产权或者专有技术，必须符合下列条件之一：①能显著改进现有产品的性能、质量，提高生产效率的；②能显著节约原材料、燃料、动力的。❹

知识产权股权投资将知识产权折算为可以用货币估价的资本股份，可以提高企业中无形财产的技术出资比例，有助于提高企业的资本收益率，并且运用知识资本的力量改善产业结构及知识密集型产业的集聚，然而，不可避免的是，其会承载一定的无形财产运用所带来的一些风险，如知识产权被依法宣告无效或者撤销引发的知识产权有无问题；知识产权经济价

---

❶ 冯晓青. 企业知识产权运营及其法律规制研究[J]. 南京社会科学, 2013 (6)：90.

❷ 我国《公司法》第27条规定，股东可以用货币出资，也可以用实物、知识产权、土地使用权等可以用货币估价并可以依法转让的非货币财产出资；但是，法律、行政法规规定不得作为出资的财产除外。对作为出资的非货币财产应当评估作价，核实财产，不得高估或者低估作价。法律、行政法规对评估作价有规定的，从其规定。本条主要是针对原规定中"全体股东的货币出资金额不得低于有限责任公司注册资本的百分之三十"的比例限制进行了删减。

❸ 冯晓青. 我国企业知识产权资本运营策略探讨[J]. 上海财经大学学报, 2012 (6)：50.

❹ 朱雪忠. 知识产权管理[M]. 2版. 北京：高等教育出版社, 2016：90.

值评估的不确定性可能带来的股权权益分配的争议；知识产权容易被侵害，使得知识产权风险控制的难度增加、知识产权股权投资可能面临的政策限制等。

知识产权出资主要有两种方式：转让出资和用益出资。前者是指知识产权权利人以转让知识产权的方式出资，后者是指知识产权权利人以许可知识产权方式出资。在转让出资中时，出资人可以约定是整体权利转让还是部分权利转让。在用益出资时，出资人可以约定整体权利许可、部分权利许可，也可以约定普通许可、独占许可或者排他许可。用益出资后，转让知识产权不影响用益出资，但是，出资人转让出资须经其他出资人同意，其他出资人有优先购买权。知识产权出资之后，相应的知识产权是企业的财产权利，企业在法律范围内可以行使此财产权利。知识产权出资的程序为：评估作价；权利转移；验资；检查或者审批；设立、变更登记。❶ 在此过程中，对知识产权的量化即验资，是其中的关键环节。

关于企业知识产权投资，还有一个值得注意的问题是将知识产权的创业投资。创业投资，即风险投资，我国《创业投资企业管理暂行办法》将其定义为"向创业企业进行股权投资，以其所投资创业企业发育成熟或相对成熟后通过转让股权获得资本增值收益的投资方式"。创业投资与传统投资方式不同，它侧重于对创新企业的培植，而不是传统的资本市场运作，包括长期投资和短期经营贷款等。利用知识产权引入创业投资，是基于创新企业特别是中小型科技型企业往往具有一定数量和质量的知识产权，但面临资金不足的困境。❷

（二）知识产权担保融资

民事担保物权的类型可分为抵押权、质押权、留置权，从这些担保物权的适用主体、适用条件、制度功能来看，将抵押权和质押权作为知识产权资本化的主要形式是相对适宜的。在知识产权的担保融资实践中，知识质押融资占有大部分比例。

知识产权质押融资，是指企业或者个人以其合法拥有且有效的专利权、商标权和著作权中的财产权经评估后作为质押的标的物，与资金提供者建立

---

❶ 朱雪忠. 知识产权管理[M]. 2版. 北京：高等教育出版社，2016：90，91-92.
❷ 冯晓青. 我国企业知识产权资本运营策略探讨[J]. 上海财经大学学报，2012（6）：50.

质押关系并按期偿还资金本息的一种融资方式。❶ 知识产权质押融资属于债权性融资，分为金融机构为质权人的直接担保融资和债务人知识产权质押反担保获得担保机构提供保证的间接担保融资两种。

为加强企业知识产权质押融资管理，规范和引导企业知识产权质押融资行为，我国有关部门近些年来出台了一些相关政策性规范。例如，国家知识产权局颁布的《专利权质押登记办法》、国家版权局发布的《著作权质押合同登记管理暂行办法》、《著作权法》第 26 条明确的著作权质押制度、《商标专用权质押登记程序》等规范。一些地方政府也出台了符合自身条件的知识产权质押融资支持政策措施。例如《浙江省商标专用权质押贷款暂行规定》《河南省知识产权局进一步推动知识产权质押融资工作的意见》等。同时，在知识产权质押融资实践中，还创生了诸多的知识产权质押融资产品。例如 2016 年 5 月 27 日，北京知识产权运营管理有限公司（以下简称"北京 IP"）与建设银行中关村分行，携手推出国内首个不附带其他条件、可复制的"纯"知识产权质押贷款创新产品——"智融宝"，为企业创新发展提供"知识产权运营+投贷联动"全方位的金融服务。

整体而言，从我国各地的知识产权质押融资运作模式来看，主要以北京、上海浦东、武汉三种模式为代表。北京模式是"银行+企业专利权/商标专用权质押"的直接质押融资模式；浦东模式是"银行+政府基金担保+专利权反担保"的间接质押模式；武汉模式则是在借鉴北京和上海浦东两种模式的基础上推出的"银行+科技担保公司+专利权反担保"混合模式。❷

企业知识产权担保融资中还存在诸多问题，例如知识产权质押融资的相关法律和规章制度不甚完备、知识产权价值不易确定和知识产权变现的可能性不易预测等。

---

❶ 民法意义上的质押，就是债务人或第三人将其动产或者权利交付债权人占有，将该动产作为债权的担保，当债务人不履行债务时，债权人有权依法就该动产卖得价金优先受偿。我国《担保法》第 79 条规定，以依法可以转让的商标专用权，专利权、著作权中的财产权出质的，出质人与质权人应当订立书面合同，并向其管理部门办理出质登记。质押合同自登记之日起生效；《物权法》第 227 条规定，以注册商标专用权、专利权、著作权等知识产权中的财产权出质的，当事人应当订立书面合同。质权自有关主管部门办理出质登记时设立。知识产权中的财产权出质后，出质人不得转让或者许可他人使用，但经出质人与质权人协商同意的除外。出质人转让或者许可他人使用出质的知识产权中的财产权所得的价款，应当向质权人提前清偿债务或者提存。

❷ 陶丽琴，项珍珍，李旭. 金融机构参与知识产权质押融资的实证分析——以专利权、商标权质押数据为依据[J]. 浙江金融，2014（1）：43.

(三) 知识产权信托

知识产权信托,是指知识产权所有者将其所拥有的知识产权委托给信托机构,由信托机构进行管理或者处分,以实现知识产权价值的一种信托义务。我国于 2001 年出台的《信托投资管理办法》第 20 条规定,知识产权可以作为信托财产,从此打开了知识产权作为信托标的的大门,为我国的知识产权信托未来的发展奠定了基础。2015 年,国家知识产权局成功推动世界知识产权组织成立中国知识产权信托基金,标志着我国正式纳入世界知识产权组织知识产权信托管理体系。[1]

信托制度是一种专家型财产管理制度、信托财产的独立性使知识产权的市场开发更具稳定性。企业知识产权信托的主要运作模式为:

1. 知识产权普通信托模式

知识产权普通信托模式,是指知识产权原始权利人(也即委托人),为了使其拥有的知识产权专业化、资本化,并以此实现知识产权资产的增值目的,将知识产权原始权利人拥有的知识产权转移给信托机构(受托人),由信托机构代为其管理、运用或者处分的过程。在此模式中,为筹措信托计划的运作资金或提前支付相关收益,信托机构可通过单一或组合资金信托发售投资收益凭证,待知识产权实现转化后再将其收益分配给投资者,通过这种方式将知识产权信托与资金信托模式有效的结合,促进知识产权信托标的的流通。

2. 知识产权贷款信托模式

知识产权贷款信托模式,是指受托人信托机构通过资金信托方式吸收投资者投资,并将该信托基金用于知识产权转化项目中,知识产权人通过知识产权为信托计划提供直接担保或反担保支持。

3. 知识产权证券化信托模式

知识产权证券化信托模式,是指发起机构将其拥有的知识产权或其衍生债权(如专利转让费、专利许可费等)作为基础资产,移转到特殊目的机构(SPV),再由 SPV 以该知识产权的未来现金收益为支撑,经过组合包装、信用增强、信用评级等程序后发行可流通证券的融资行为。知识产权证券化信托模式主要通过签订知识产权许可转让合同、设立 SPV、信用增级及评级、进行结构设计及发行证券、选定承销商并发售证券五个步骤实现知识产权的证券化,从而达到知识产权固定资产转化成为知识产权流动资产的目的。

---

[1] 谢旭辉,郑自群. 知识产权运用之触摸未来[M]. 北京:电子工业出版社,2016:158,159.

知识产权的无形性可能引致的知识产权运用风险，容易导致信托机构对以知识产权为标的信托对象的管理意愿不高，而且信托风险的防范设计困难与知识产权信托登记制度的不完善，也对企业知识产权信托制度的健康发展形成了实践阻碍。因此必须对我国现有的知识产权信托融资模式进行体系性与制度性的优化。❶

(四) 知识产权保险

1. 企业知识产权保险的含义

知识产权保险是以知识产权为保险标的的保险，是指以被保险人依法应对第三人承担的知识产权损害赔偿责任为标的，以填补被保险人对第三人承担赔偿责任所受损失为目的，以及以被保险人依法对侵权人提起诉讼所造成的财产不利益为标的，以填补被保险人支付诉讼费用所受损失为目的的综合险。❷

知识产权保险最早是在美国发展起来的，20 世纪 80 年代美国最先开展了普通商业责任保险，这是知识产权保险的最初状态，开创了知识产权保险的先河。我国知识产权保险的"第一例"，可以追溯到 2001 年第三届中国国际高新技术成果交易会，中国人民保险公司推出了《高新技术成果转让险》，跨出了知识产权交易保险的第一步。我国首款专利保险产品是于 2010 年推出的《专利侵权调查费用保险》。❸

2. 企业知识产权保险的运作模式

(1) 知识产权保险合作社模式。由政府补贴建立知识产权保险合作社，该合作社由政府主导、保险公司、代理机构、企业联合组成，他将政府、专利代理机构的专业服务以及保险公司的资金服务资源进行整合。投保的企业需要加入知识产权保险合作社，从而成为知识产权保险合作社的会员。企业加入知识产权保险合作社，在遭受知识产权侵权时，可以得到保险公司的赔偿，同时，知识产权保险合作社的专业人员会为会员单位提供专业的咨询和维权策略。我国在佛山市禅城区首次试点专利保险合作社，政府投资 120 万进行补贴建立，这是全国首创。❹

---

❶ 郭俊. 完善我国知识产权信托融资模式的相关思考——基于国际经验的比较与借鉴[J]. 学习与实践, 2015 (7): 29-32.
❷ 李亮. 知识产权保险制度研究[J]. 法律适用, 2012 (12): 27.
❸ 谢旭辉, 郑自群. 知识产权运营之触摸未来[M]. 北京: 电子工业出版社, 2016: 248-249.
❹ 谢旭辉, 郑自群. 知识产权运营之触摸未来[M]. 北京: 电子工业出版社, 2016: 252.

(2)"政府扶持+服务联盟"模式。在运作模式方面,政府给予知识产权保险补贴,并提供知识产权战略、知识产权创业、知识产权质押贷款贴息等优惠服务政策。服务联盟构建了较好的服务平台,能提供包括知识产权风险方案设计、经纪人服务、法律咨询、专利代理人服务等全面的服务。

(3)"统一投保+无偿托管"模式。地区的优秀企业和专利,由地区知识产权局优先实行统一专利投保;同时,建立完善的专利托管服务平台和专利维权服务信息平台,为托管企业提供专利风险分析、战略跟踪、应诉策略以及与专利维权相关的服务。[1]

3. 企业知识产权保险的类型

(1)知识产权侵权责任保险。知识产权侵权责任保险又称为知识产权防御保险,其是知识产权保险领域最为普遍的一种保险类型。知识产权侵权责任保险主要针对被保险人不适当地使用了他人的知识产权而遭受诉讼的风险进行保护,其保险标的为被保险人因为侵犯他人知识产权而涉诉时的费用以及被判定侵权后的损害赔偿费用。

(2)知识产权执行保险。知识产权执行保险也称知识产权侵权排查保险、知识产权进攻保险,虽然称谓不一,但其本质相同,其承保范围都为权利人(投保人或被保险人)知识产权遭受他人不法侵害时主动提起诉讼时所需的诉讼费用,包括权利人对第三人在保险期间实施的侵权行为提起诉讼的费用,对第三人主张权利人知识产权无效而提起反诉之抗辩费用,重新审查权利人知识产权效力之费用以及重新公告其知识产权效力之费用。需要注意的是,执行保险仅对诉讼费用进行赔偿,并不包括权利人因权利受到侵害所遭受的损失。从某种程度上讲,知识产权执行保险,乃一种诉讼费用保险,系指被保险人有胜诉之可预期性且无滥诉之情形时,保险公司对被保险人所支付的费用予以赔偿之保险。

(五)知识产权证券化

知识产权证券化是指将具有可预期现金收入流量的知识产权即基础资产,通过一定的结构安排对基础资产中风险与收益要素进行分离与重组,转移给一个特设载体(Special Purpose Vehicle,简称SPV),并由该特设载体发行一种基于该基础资产的现金流的可以出售和流通的权利凭证,并以此融资的过

---

[1] 谢旭辉,郑自群.知识产权运营之触摸未来[M].北京:电子工业出版社,2016:253.

程。❶ 对于知识产权证券的企业发起人来说，可以获得一种新的、可供选择的融资形式。这一融资形式可以使发起人享受表外融资的好处，在不改变股本结构、保留对其知识产权所有权的情况下将知识产权资产的未来收益提前实现，解决发起人资金流动性难题。❷

知识产权证券化基本流程如下：❸

第一，确定可证券化的资产，组成知识产权资产池。并不是所有的知识产权资产都可以进行证券化融资，至少得符合以下三个标准：①原始权益人合法拥有处分和收益权；②应是可预期有稳定现金流或能够转化为可预期稳定现金流的资产；③资产达到一定的信用标准。④知识产权资产应可依法让与。❹

第二，将组建后的资产转移给特殊目的机构（SPV），实现"真实出售"。"真实出售"的目的是确保资产在发起人或发行人破产的情形下不被列入破产财产，从而达到"破产隔离"的目的。特殊目的机构可以以公司形式、有限合伙形式或者通过信托契约来建立。发起人通过产权出售获得融资，SPV通过真实购买获得证券化的基础资产。

第三，完善交易结构。这主要是指特殊目的机构与一系列的中介机构签订服务合同。如与发起人一起确定托管银行并签订托管合同，与证券承销商达成承销协议，以完善交易结构。

第四，信用增级。为提高证券信用等级以吸引投资人，特殊目的机构必须提高知识产权支持证券的信用等级，为证券提供足够的担保，减少债务履行不能的风险二信用增级分为内部增级和外部增级，前者为特殊目的机构或者创始机构提供的，后者为外部第三人提供。

第五，进行发行评级、安排证券销售。

第六，发行销售证券，向发起人支付购买价格。证券承销机构采用包销或代销方式向投资者销售证券。从国际上已有经验来看，一般采用私募发行，由机构投资者认购。

---

❶ 冯晓青，吕莹. 知识产权证券化：创新型国家建设的重要推手[J]. 证券日报，2013-05-06（A04）.

❷ 董涛. 我国推行知识产权证券化制度问题研究[J]. 当代经济科学，2008（3）：78.

❸ 樊云慧. 知识产权证券化法律制度构建初探[J]. 中国商法年刊，2008：136-137.

❹ 有些知识产权因为其评估和可转让性以及自身固有特性不适于或不易于进行证券化操作，例如商誉、商业秘密、商号（企业名称）、货源标记或原产地标志等少数知识产权类型。参见陶红武. 可证券化的知识产权资产的选择[J]. 安徽科技，2012（2）：28.

第七,证券发行后的管理阶段。证券发行后的管理有两方面,一方面是对知识产权使用的管理,保证知识产权价值的稳定;另一方面是与证券有关的财务管理,主要是将从产权使用者那里收取的使用费作为本息偿付给投资者,对聘用机构付费,剩余收益返还给 SPV,作为机构运作日常事务的开支。

知识产权证券化的风险集中在价值不确定因素多、权利状态不稳定、许可合同实现的现金流不稳定等方面。针对上述风险,有学者提出通过严格地选择基础资产、合理安排契约、进行知识产权公示等策略来化解风险。还有学者侧重从法律角度提出知识产权证券化的风险防范对策,针对知识产权可以重复授权和授权可分割的特点,需要建立统一的知识产权网络登记制度等,从根源上保证交易安全。目前知识产权证券化风险的研究更多偏向法律层面,但是证券化风险还涉及金融、管理、政策等多个方面,未来需建立更科学的风险控制流程,进行统筹考虑。[1]

第三节 企业知识产权运用应注意的问题

一、知识产权许可中的特殊问题

(一) 企业共有知识产权的许可

在多个企业共有知识产权的情况下,对外许可时是否需征得全体权利人的同意的问题,我国对此的规定则可能因不同的知识产权类型有所差异。

我国《专利法》第 15 条规定,专利申请权或者专利权的共有人对权利的行使有约定的,从其约定。没有约定的,共有人可以单独实施或者以普通许可方式许可他人实施该专利;许可他人实施该专利的,收取的使用费应当在共有人之间分配。除前款规定的情形外,行使共有的专利申请权或者专利权应当取得全体共有人的同意。

值得注意的是,该规定与我国对共有技术秘密许可的规定存在明显的区别。《合同法》第 341 条规定,合作开发完成的技术秘密成果的使用权、转让权以及利益的分配办法,由当事人约定。没有约定或约定不明确的,当事人均有使用和转让的权利。又依据《最高人民法院关于审理技术合同纠纷案件

---

[1] 华荷锋. 知识产权融资文献综述及研究展望[J]. 财会月刊, 2016 (6): 120.

适用法律若干问题的解释》第 20 条,当事人均有不经对方同意而自己使用或者以普通使用许可的方式许可他人使用技术秘密,并独占由此所获利益的权利。但是在著作权领域则存在特殊性。根据我国《著作权法》第 13 条,两人以上合作创作的作品,著作权由合作作者共同享有。没有参加创作的人,不能成为合作作者。合作作品可以分割使用的作者对各自创作的部分可以单独享有著作权,但行使著作权时不得侵犯合作作品整体的著作权。❶

(二)不同种类知识产权转让应注意的问题

1. 企业著作权转让

著作人身权不能转让,著作财产权可以与权利主体分离而被转让;著作财产权独立于作品物质载体的权利转让,《著作权法》第 18 条的规定是该原则的例外,即尽管美术等作品原件所有权的转移不被视为作品著作权的转移,但是美术作品原件的展览权由原件所有人享有;转让合同中著作权人应当明确转让的权利,例如复制权、广播权、翻译权等。

2. 企业专利权转让

企业专利权的转让包括专利权的转让和专利申请权的转让。这种专利转移的结果是,原申请人或专利权人不再享有申请权或专有权。从转让合同的标的来看,专利权转让针对的是授权专利,而专利申请权转让的是专利申请权。从转让的时间来看,专利权转让发生在专利授权之后,而专利申请权转让发生在专利授权之前。此外,专利申请权转让合同的受让人并不必然能够成为受让发明创造的专利权人;依据《专利法》第 10 条的规定,专利(申请)权转让必须经国家专利主管机关登记方能生效,涉外转让还必须依法办理手续。需要注意的是,这里的登记只是专利申请权或者专利权转让的生效要件(即权利移转),而不是转让合同的生效要件。

3. 注册商标专用权转让

坚持注册商标专用权转让的连同转让原则和自由转让原则。连同转让原则,是指在转让注册商标时必须连同使用该注册商标的企业或者与注册商标相关的业务和生产要素一并转让,不能只转让注册商标。采用这种原则的国家主要有美国、德国、瑞典等少数国家。自由转让原则,是指注册商标人既可以把注册商标连同企业一起转让,可以将注册商标与营业分离,单独转让其注册商标。目前大多数国家的商标法采用自由转让原则。我国《商标法》

---

❶ 傅宏宇,谭海波. 知识产权运营管理法律实务与重点问题诠释[M]. 北京:中国法制出版社,2017:16-17.

第 42 条的规定就采用了自由转让原则。

注册商标专用权转让的限制性规定有：①在同一种或类似商品上注册的相同或近似的注册商标不得分开转让。②集体商标和证明商标转让的限制。申请转让集体商标、证明商标的，受让人应当具备相应的主体资格，并符合《商标法》《商标法实施条例》和《集体商标、证明商标注册和管理办法》的规定。例如，包含地理标志的集体商标的受让人，应当位于该地理标志所标识地区。③受让人必须保证使用该注册商标的商品或者服务质量。如同注册商标许可一样，注册商标的转让不能引起不同厂家商品的混淆或商品质量的下降，或转让行为有损于第三人或公众的利益。❶

（三）企业知识产权转让相关注意事项

1. 国内企业向外国人或外国企业组织专利权转让的问题

国内企业向外国人或者外国企业组织转让专利权或专利申请权受到一定的限制。根据我国《专利法》第 10 条的规定，中国单位或个人向外国人、外国企业或者外国其他组织转让专利申请权或者专利权的，应当依照有关法律、行政法规的规定办理手续，在实际执行中，根据技术的不同，专利局办理转让可分为三种类型：

（1）若待转让的专利涉及禁止类技术，根据我国法律相关规定予以禁止，不得转让。

（2）若待转让的专利权涉及限制类技术，合同双方应该按照《技术进出口管理条例》的规定办理技术出口审批手续，获得批准后，凭《技术出口许可证》到专利局办理转让登记手续。

（3）若待转让的专利申请权或专利权涉及自由类技术，当事人应当按照《技术进出口管理条例》和《技术进出口合同登记管理办法》的规定，办理技术出口登记手续；经登记的，当事人凭国务院商务主管部门出具的《技术出口合同登记证书》到专利局办理转让登记手续。❷

二、通过企业并购方式取得知识产权应注意的问题

（1）目标知识产权的权属和法律状况。弄清楚拟并购的知识产权的所有者，以及该知识产权是否存在共有或被质押的情况，弄清楚该知识产权剩余保护期限、保护地域和范围，特别是需要明确目标知识产权是否存在权属争

---

❶ 朱雪忠. 知识产权管理[M]. 2 版. 北京：高等教育出版社，2016：88-90.
❷ 谢旭辉，郑自群. 知识产权运营之触摸未来[M]. 北京：电子工业出版社，2016：101-104.

议、其真正的所有者是谁、其现行的许可使用情况等,并在并购协议中予以确认。

(2) 目标知识产权的经济价值,这涉及收购知识产权时的价金问题。收购企业应从技术发展阶段、市场供求关系、替代技术的可能性、同类知识产权价格水平等多方面加以考虑,还应当考虑目标知识产权与本企业的结合度。

(3) 被收购企业的知识产权法律环境。由此国家对重要技术采取了严格的技术管制措施,在收购这类知识产权时就可能遇到被收购企业的政策法律障碍。

(4) 收购时机。不同的收购时机被收购企业的知识产权资产价值不同,如在被收购企业处于经营发展困难时机,需要通过变卖知识产权资产等走出困境,此时收购对自身有价值的知识产权资产所支付的价金可能较小。

(5) 目标知识产权与收购企业知识产权的匹配性。这有利于实现企业无形资产增量价值,因此在并购时考虑被并购的知识产权能否与已有知识产权进行有效的组合,形成集群效应,是很有益的。❶

从我国目前企业关于知识产权转让的制度及其实施来看,存在的主要问题是:由于知识产权的无形性,企业之间存在重复转让的现象;转让与许可之间的法律关系没有理顺,出现许可与转让的冲突;转让合同条文简单,损害了一方或双方利益。其中既有企业知识产权转让制度不够完善的问题,也有实践中因为转让合同签订不周的问题。❷

三、企业知识产权融资应注意的问题

(一) 企业知识产权融资的固有风险

知识产权融资是企业发挥其所拥有的知识产权资源最大功用的最重要形式,包括知识产权质押、知识产权的证券化、知识产权创投基金等。然而,鉴于我国知识产权金融市场发展的不成熟、知识产权信用惩治制度的无力、互联网知识产权融资的创新不足等影响企业知识产权运用效能的诸多因素的存在,给企业知识产权融资带来了较大风险。主要表现为:

(1) 企业知识产权权利归属不稳定的风险。例如,著作权则由于根据创

---

❶ 冯晓青. 企业知识产权运营管理研究[J]. 当代经济管理, 2012 (10):91-92.
❷ 冯晓青. 企业知识产权运营及其法律规制研究[J]. 南京社会科学, 2013 (6):90.

作事实自动产生，许多权利对象未经过公示，其权利的归属更不具有稳定性。❶

（2）知识产权评估困难。知识产权在市场化方面存在较大的不确定性，其资产经济效益的受益期限和变现能力较难掌握，❷ 由于专业人员匮乏、权威评估机构缺失以及评估市场比较混乱等原因，知识产权难以形成一个有关各方都认可的评估价值。❸ 知识产权价值与绩效评估方法的选择与改进，知识产权价值本身的波动性与无形性，都会对知识产权的评估的精准度产生干扰。

（3）知识产权融资环节多、成本高，知识产权融资服务业欠发达。知识产权融资程序复杂、周期长、成本高、审核条件严，融资成功率低。融资产品尚不完善，例如专利保险产品尚处概念推广期，专利执行保险和侵犯专利权责任保险两款产品保护范围过窄、保费偏高、赔付条件严，作为市场化推广产品还需完善。❹

（4）互联网融资平台运营风险。目前国家对互联网融资平台的监管政策尚未出台，互联网融资平台运营缺少规范指引，存在着诸多安全隐患，互联网融资的高风险已经显露。主要包括：技术风险，即互联网融资平台运营商收集融资企业的身份信息、交易数据等敏感信息集成数据库的信息安全容易受到技术攻陷；信用风险，包括融资企业自身的信用和融资平台自身审核技术和策略是否能较为客观地评估该融资企业信用，均存在着不确定因素;❺ 操作风险，互联网融资需要较高的专业素质、良好的运营机制和技术与金融的充分契合，融资过程中的操作风险在所难免。

（二）风险防范措施

（1）以政府为主导，以政策为指引，制定促进企业知识产权运用的便利、便民措施，建立知识产权信用违反惩罚机制，减少由政府投入资金在融资平台设立专项风险补偿基金，鼓励开展同业担保、供应链担保等业务，开发多种形式的知识产权信用担保模式，扩大知识产权融资保证保险的品种，在知识产权互联网融资中建立多方参与、协同分担风险的模式，由参与知识产权

---

❶ 刘洁．知识产权互联网融资平台运营中的风险及其分散对策[J]．知识产权，2015（9）：69．
❷ 翟建华．中小企业知识产权质押贷款的制约因素与解决对策[J]．哈尔滨金融学院学报，2012（1）：64．
❸ 张婷，肖晶．知识产权质押融资：实践、障碍与机制优化[J]．南方金融，2017（2）：89．
❹ 杨建华．中关村知识产权金融创新的探索、实践与思考[J]．中国科学院院刊，2014（5）：566．
❺ 刘洁．知识产权互联网融资平台运营中的风险及其分散对策》[J]．知识产权，2015（9）：69-70．

融资环节的融资企业、互联网投资人、互联网融资平台、担保公司、资产评估公司、保险机构等主体共同承担融资风险。

（2）探索构建知识产权权益处置新机制。积极开展知识产权许可、拍卖等知识产权权益处置机制研究，探索多元化、多渠道的价值实现形式；研究能够准确有效推送知识产权供需信息的平台和机制，为银行、投资、证券、担保等各方融资机构提供知识产权价值实现的渠道。❶

（3）运用大数据、云计算与物联网技术，从企业文件、各种存储媒质、互联网网页、电商网站的后台数据库中，甚至社交软件的聊天记录里均可以获取相关信息，建立企业知识产权互联网融资信用系统与安全管理系统，实现企业、知识产权中介服务机构、金融机构之间的信息共享、资源整合与需求对接，开展知识产权融资项目中的知识产权法律状态和产品关联度审查，对融资的知识产权项目运营情况进行动态跟踪和信息整理，定期实施知识产权应用效果检测及评价，以便尽早发现并防范知识产权融资项目风险。❷ 同时，通过企业、大学、科研机构、知识产权中介服务机构之间的人才培养培训、人才流动通道与合作机制，大力提高企业互联网知识产权融资的运用水平。

  案例分析

北京智谷睿拓技术服务有限公司构建产学研用知识产权运营新模式❸

北京智谷睿拓技术服务有限公司（以下简称"智谷睿拓"）成立于2012年8月，主要从事技术开发、技术转让、技术咨询、技术服务等业务，是致力于通过促进创新与发明创造推动中国原创技术的发展，最大化挖掘原创专利技术经济价值的知识产权运营公司。智谷睿拓将发明创造视为核心竞争力，致力于在中国引领一种以创新为驱动的经济形态，以此作为自己的发展宗旨。

智谷睿拓通过投资发明创新，为高科技产业提供一个将发明转化成知识产权，并对其进行有效的转让和运营的平台，以最大化地挖掘原创技术的经济价值，"产学研用"模式在其中发挥了关键作用。"产学研用"模式以企业为主体，

---

❶ 杨建华. 中关村知识产权金融创新的探索、实践与思考[J]. 中国科学院院刊, 2014（5）：567.
❷ 刘洁. 知识产权互联网融资平台运营中的风险及其分散对策[J]. 知识产权, 2015（9）：72.
❸ 本案资料来源：北京智谷睿拓技术服务有限公司官方网站：http://www.zhigu.com/. 北京市科学技术协会. 企业知识产权运用导引与实践[M]. 北京：科学普及出版社, 2016：84-87.

以市场为导向，充分利用学校、科研单位人才培养和研发优势，实现了研发成果的商业化、产业化，实现了生产者、学习、科学研究、实践运用多个主体的系统合作。

企业在很长一段时间内并未成为中国创新的主体，而高等院校、科研院所作为技术创新的重要引擎和高层次创新人才的集聚地，构成了我国科技创新最为重要的组成部分。但是由于体制、转化动因、研发目的等因素，我国高校科研院所的科技成果转化动力不足，在转化率和产业化率方面均较低，造成大量科研成果闲置，难以发挥其市场价值。智谷睿拓非常重视高等院校、科研院所的研发实力，并在它们与需求主体之间构建了沟通桥梁，通过产学研用模式与国内外众多高等院校、企业进行合作，将企业的市场需求与高校院所的科研成果进行高效对接，形成了全新的产学研用一体的合作模式。

智谷睿拓尝试以产业需求为切入点，通过跨领域碰撞合作来激发高校科研人员的创新能力，与高校、企业共同创立了协同创新模式，提高高校的专利运营能力。在该协同创新模式中，企业根据其发展战略，提出未来3~5年的技术需求；智谷睿拓根据企业的技术需求分析技术难点，确定研究方向，规划专利布局，寻找并对接合作的高校院所，搭建合作平台；高校院所的科研团队与智谷睿拓合作研究，并在智谷睿拓的支持下完成专利等科研成果的转化。

具体运营中，智谷睿拓高度重视创新和发明本身的应有价值，在初始的发明创新阶段就给予发明人一定的回报和鼓励，以促使其投身于后续不间断的创新活动中去。智谷睿拓的合作研究和专利转化主要分为以下几个阶段：

（1）创意捕获阶段。在这个阶段，智谷睿拓资助高校院所的研究团队开展创新发明，并将此过程中产生的优质发明通过专利这一载体加以保护。高校院所的科研人员是这些专利真正的发明人，智谷睿拓公司可拥有这些专利，而企业则享有这些专利的许可实施权利。在这一阶段，智谷睿拓牵头将企业的技术需求与高校院所的创新主体开展直接对接，制定创新课题，携手高校院所协同创新。

（2）原型实现阶段。在这一阶段，参与协同创新的企业，如果觉得这些发明的产品化前景广阔，则可以与高校开展立项合作，资助高校将其掌握的技术秘诀和一系列成果做成产品原型，为企业做进一步的技术分析和市场预测提供判断依据。在这一阶段，智谷睿拓的角色逐渐隐退，以高校院所与企业之间的合作为主。

（3）产品化阶段。如果原型测试中对产品化的信心较充分，那么企业则可以考虑进入大规模生产和运营阶段。这时候，高校院所与企业之间则是更为紧密的合作关系，可以分享利润。

在上述三个阶段中，高校院所、智谷睿拓和企业共同推动并完成全过程，形成良性的持续创新的循环。虽然智谷睿拓的角色逐渐淡化，但是高校院所在这个合作过程中提升了其专利质量和科技成果的转化效率。

根据"产学研用"一体的上述协同创新新模式，智谷睿拓在与高校院所共同创建发明网络的同时，与产业界的优秀企业开展广泛合作，共同创造了一些成功案例。在联合开展创新发明和技术转移中，围绕研发、专利、产品、市场这一创造生态链，依托智谷睿拓与高校院所共同搭建了创新网络平台，与业界的多家高科技公司实现了对接，并在穿戴式设备、3D打印等技术领域，共同挖掘并申请了数十件高质量发明专利，初步形成高校专利管理和运营的新模式。

【基本概念】

企业知识产权运用；知识产权许可；专利池；知识产权转让；知识产权质押；知识产权股权投资；知识产权证券化；知识产权信托；知识产权保险；知识产权评估。

【思考与分析】

1. 企业知识产权运用管理的含义。
2. 企业知识产权运用与企业知识产权运营的区别。
3. 简述企业知识产权运用的基本条件与构成因素。
4. 简述企业知识产权运用的方式。
5. 简述企业知识产权评估的含义、类型与方法。
6. 试述企业知识产权运用中存在的问题及其解决。

第六章 企业知识产权保护管理

> **本章提要**
>
> 知识经济时代，知识产权在社会发展中的重要地位前所未有。企业是科技创新的重要基点，在企业的技术创新、转移和扩散整个过程中，知识产权保护与管理已处于核心地位，成为科技型企业谋求竞争优势的现实选择。因此，企业在创新创造新的同时应当有效保护管理现有知识产权，对知识产权的开发、保护和运营进行总体安排和部署。企业创新难度大，创新成本高，更新换代快，高新企业立足自身条件、技术环境和竞争态势，构建完备有效的知识产权保护管理体系，是驱动企业创新发展的原动力。企业既是市场竞争的主体，又是品牌和技术创新的主体。企业在激烈的竞争环境下，要想取得利润就要去创新、创造，打造出不同于别的企业的品牌和自主创新的核心技术。由于品牌和发明创造等知识产权具有无形性，不易被权利人所掌握和控制，这就决定了必须有一套制度来保护管理企业的品牌和核心技术等知识产权。

第一节 企业知识产权保护管理概述

一、企业知识产权保护管理概念

企业知识产权保护管理，是指企业为了规范知识产权保护工作，发挥知识产权制度作用，促进自主创新和形成自主知识产权，推动知识产权的创造、管理、保护和运用，为达到既定目标，由专门的知识产权管理机构及其人员利用法律法规、经济和技术等方式方法所实施的有计划、有组织、有领导和有控制的活动。知识产权保护管理属于管理的范畴，是企业管理的有机组成部分，其目的是管理企业生产过程中涉及各种知识产权活动。企业知识产权保护管理包括知识产权制度、知识产权法律规范、知识产权运营、知识产权服务等方面内容。《现代汉语词典》(第7版)指出：保护是指尽力管理，使之不受损害；管理是指负责某项工作使顺利进行。保护和管理的工作经常是联系在一起，密不可分的。知识产权保护管理是运用知识产权制度和知识产权资源，为获取竞争优势而进行的总体性谋划和管理。❶ 企业知识产权管理就是以企业高新技术为对象，以知识产权制度为基石，以知识产权保护为抓手，构建知识保护管理体系，驱动知识产权研发、运营、保护，提高企业创新能力和市场竞争力。

企业知识产权保护与管理紧密联系，而且通常是作为一个整体进行统筹安排部署。从广义角度看，企业知识产权保护管理是企业对知识产权的创造、运用、收益、保护、管理活动的总称；从狭义角度看，企业知识产权保护管理是企业对其知识产权保护问题进行系统性管理。企业知识产权保护管理是企业对其有关专利、商标、著作权和其他知识产权的形成、利用、收益、处分的过程进行协调和资源优化配置而进行的决策、规划、指挥、监督、协调、控制、保护、鼓励、服务等综合性组织活动。❷ 换言之，对于企业而言，知识产权管理涵盖了一系列工作，包括制定战略、设计制度规范、监控操作流程、实施应用、培训人员、创新整合等，它蕴含在知识产权的创造、保护和运用的诸多环节之中。企业知识产权的产生、应用和保护都离不开对知识产权的有效管理。❸ 知识产权作为智力创造性活动所获得的权利，❹ 企业知识产权保护管理实质上是企业对知识产权实行财产所有权的专业化、系统化综合管理。

二、企业知识产权保护管理内容

加强对企业知识产权的保护管理，一方面可以使企业通过其掌握的新的科学技术方法与手段，不断提高产品和服务的科技含量，真正发挥科学技术是第一生产力的巨大威力，在激烈的市场竞争中处于主动地位；另一方面，也可以避免或减少知识产权可能给企业带来的损失。而建立和完善知识产权管理机构对于加强企业知识产权管理至关重要。如：比亚迪成立之初，便成立了知识产权办公室，处理公司的知识产权事务。为进一步加强知识产权工

---

❶ 宋伟. 知识产权管理[M]. 中国科学技术大学出版社，2010：66.
❷ 中国石油天然气集团公司. 知识产权保护与管理[M]. 石油工业出版社，200：147.
❸ 邓开达. 企业在知识产权管理中应扮演的角色[J]. 企业科技与发展，2008（15）：37.
❹ 中国大百科全书出版社编辑部编. 中国大百科全书（法学卷）[M]. 北京：中国大百科全书出版社，1984：751.

作，2002年12月，比亚迪在原有的知识产权办公室的基础上，设立了知识产权及法律部，下设专利科、技术情报科、法务科等科室，有配备律师、专利代理人等专业队伍。为推动事业部的专利工作，还在各个事业部设立专职或兼职的专利工程师，配合知识产权部跟进各事业部的研发工作，及进行有关专利分析与专利申请工作。构建三级专利管理组织体系，使专利战略层次不断提升。又如：华为集团的专利管理体系由三级组成，公司成立知识产权管理办公室，负责战略性的研究；办公室下设知识产权部，是公司的职能部门，负责知识产权的具体管理和应用开发，成员主要为既懂技术又懂法律的复合型专业人才；各研究开发部和各产品线分别成立标准专利部，负责组织专利开发和项目立项审查。在知识产权部的基础上，公司单独成立信息安全部，负责公司最核心的技术秘密管理，并制定公司信息安全措施。通过三级专利管理体系的运作，华为集团将专利管理置于企业管理层和决策领导层中开展工作，有力地应对了多次国际知识产权纠纷，有计划地构筑企业专利网络，使企业由原来的被动挨打变成主动出击，以自主知识产权参与国际竞争、开拓海外市场，不失时机地在具有良好市场前景的国家或地区获得战略性专利，将美国、欧洲等发达国家和地区作为自主专利布局的重点，扭转了当前西方国家通信设备制造商独霸市场的局面。

1. 确定企业知识产权保护管理层次

企业知识产权专门机构应制定符合企业实际情况的知识产权保护战略以及具体实施策略。首先在了解各种知识产权保护制度长短利弊的基础上，选择对本企业最有利的保护方式，并在此基础上制定相应的保护策略。如对企业的一项新技术，是作为企业的技术秘密保护起来，还是申请专利加以保护；申请商标权时，是申请一个商标还是同时申请多个类似的商标；是否转让或许可其他人使用自己的商标；是否要打入国际市场以及如何打入国际市场等诸如此类的问题。因此，企业知识产权保护管理可分三个层次：即宏观战略内容、中观内容、微观内容。宏观战略应有利于促进所属产业、行业的进步、经济增长和社会发展；中观内容是企业发明创造、技术创新、知识产权的保护、管理、运营，就是企业确立知识产权战略的中观目标，企业应激励员工发明创造的积极性，保护好自主知识产权，并推广应用于企业与社会；微观内容是企业的一项重要资源，它与人、财、物、信息一起构成企业经营不可或缺的经营要素。拥有自主知识产权的多少，关系到我国企业发展的兴衰，因此企业对知识产权的管理就显得尤为重要。

企业知识产权保护管理需要健全、完善的组织和严格规章制度，但目前我国多数企业面对知识产权保护问题时是通过聘请律师帮助解决，企业本身没有专业机构的设置、没有配置专业人员，没有从事企业知识产权的管理研究及开发专业管理人员，也缺少严格的规章制度来对知识产权管理加以指导。加强企业知识产权保护管理，首先必须建立和完善企业知识产权保护管理的组织体系，明确企业知识产权保护管理部门的职能，将知识产权保护管理工作独立为一个专门的部门，这是企业做好知识产权保护管理的重要前提。

2. 设置企业知识产权保护管理部门

企业知识产权保护管理机构的设置应当根据企业知识产权保护管理的总目标，优化配置企业知识产权保护管理的各要素，构建相对科学合理的知识产权保护管理体系。根据国内外知识产权管理的经验，设置企业知识产权保护管理组织机构必须遵循以下原则：一是职责明晰。企业知识产权保护管理部门的宗旨，与特定的知识产权保护管理任务、目标有关。知识产权保护管理部门应当围绕知识产权事务设机构、定职务、配人员。因此，在知识产权保护管理组织机构设置过程中首要原则就是目标任务职责明晰。二是工作专业化。企业知识产权保护管理组织机构的设置，必须根据专业化原则进行分工，明确具体的知识产权管理部门及个人的职责，但分工要适当，既要考虑分工的专业化，又要从合作的角度来考虑把各种分工组合起来，对类似的工作应该尽可能组合在一个部门，这样可以减少部门与部门、人与人之间的工作矛盾，提高工作效率。

（1）明确管理主要内容。一是对科技人员的管理。根据美国的知识产权法律制度，在受雇期内，科技人员在研究开发、创作、生产、制造、销售过程中获得的任何发现、发明、构想、概念、公式、程序、工艺、著作、商业秘密、创意等，不论可否取得专利权、商标权、著作权等，其知识产权均归公司所有。二是实行集中统一的知识产权管理。知识产权保护管理部门负责所有的知识产权管理事宜。

（2）明确知识产权管理部门的职责。企业的知识产权保护管理部门负责处理一切业务相关的知识产权事务，如专利、商标、著作权、外观设计及其他知识产权管理事务。另外，在拟定授权合同时，也需要知识产权保护管理部门来负责规划谈判策略，并进行条款的审核。

（3）实现知识产权信息和管理系统化。建立知识产权保护管理网络系统，加强知识产权信息的管理。并按照商业秘密等知识产权保密程度，划分出绝密、限阅、机密、仅内部使用四级。按照等级的不同，做出不同的规定。如，对外公开时，绝密、限阅、机密资料必须拿到特别许可；复印时，绝密、限阅资料只有原制作单位才有复印权限。建立自我检查制度，经常性的在内部进行检查。

3. 建立企业内部知识产权保护管理库

知识产权管理库可为企业所需知识产权的查询、传播、积累、利用以及增值的知识产权保护管理内容提供有效、完备的解决方案，促进知识共享的实现，而对于知识产权库来说，其最重要的作用是对企业知识的固化，因为人们只有在大量知识的固化积累下，才有可能进行知识的再创新，而这也是知识产权管理的目标之一。对于知识产权库的构建，首先要确保这些将要在企业内部传播和共享的知识产权数据的精确性，要及时更新和修改过时的信息和数据，并让员工方便快捷地获得自己所需要的信息，同时实现员工与知识产权库或以知识产权库为平台的员工互动等。其次，企业还必须采取完善的加密措施来加强保障知识产权库的信息安全，有效控制知识产权库的访问权限，避免将机密信息泄露到竞争对手那里，同时，对于这些以各类形式存在的信息要按照需要标明信息资源的作者、来源和出处以及缴纳相应的版权使用费等。这样，企业才能既有效推动了内部知识产权的共享与传播，又合理地保护了企业的核心资源和知识产权，同时也避免了一些不必要的知识产权纠纷。

三、企业知识产权保护管理特征

1. 企业知识产权保护管理的全局性

企业知识产权保护管理是企业技术创新、经济效益、持续发展综合性方略之一，关系到企业自主创新能力的培养、知识产权的研发、引进、运营、保护等方方面面，对企业持续健康发展有着十分广泛的影响。知识产权保护管理已经不能仅仅是法律问题，而是要统筹解决技术创新、经济效益、司法保护、统筹管理、人才培养等全局性问题，引导企业实现创新、持续发展。

2. 企业知识产权保护管理的开放性

全球经济一体化，使企业竞争国际化。企业知识产权保护管理应当是一个动态的、开放的系统，应当按照国际标准确立知识产权保护管理的基本方略。创新驱动发展，提高企业竞争力、提高经济效益、实现健康持续发展，企业必须集中力量、突出重点，迅速提高企业创新能力，提升知识产权创造、管理、保护、运营能力，提升国际竞争力。

3. 企业知识产权保护管理的长期性

未来的竞争就是知识产权的竞争。按照马克思的论断，垄断和竞争是市场经济主体的两种基本行为模式，适度的垄断和适度的竞争都会产生更好的效应。而知识产权制度使垄断和竞争都保持在适度的状态，适应了市场经济的需要。针对当前企业在知识产权创造、运营、保护方面存在的差距，面对西方发达国家在知识产权保护管理方面的优势，企业的知识产权保护管理工作必然面临着长期性的挑战。企业技术创新能力绝非一朝一夕形成的，它是企业长期不断进行知识学习、知识积累并不断进行资源整合的结果。知识产权的基础性要素如资源、知识、技能等无法直接通过市场交易获得，比如企业创新所依赖的创新激励机制、市场把握能力、创新文化、技术开发经验等，只有通过企业在长期的保护管理过程中逐渐累积形成的，企业核心能力的开发与形成过程，企业技术、经验、知识的累计时间越长，其创新能力也越强。

4. 企业知识产权保护管理的系统性

企业知识产权保护管理应当立足企业发展实际、行业发展态势、经济发展环境，借鉴他人成熟经验，准确把握知识产权动态，以提升经济效益为中心，创新驱动发展，通过权利、义务、责任的设定和规范，有效调配各种企业资源，对知识产权的创造、运营、保护和管理进行有机整合，知识产权保护管理进行系统优化，做到层次清晰、结构严谨、表述准确，协调共进，实现利益的最大化。企业为了获得持续的竞争优势，必须先要实现持续的技术创新，为此，必须整合、重构和重新塑造企业的技术创新能力，根据环境的动态变化、市场需求变化、技术变革，系统调整技术创新方向。

四、企业知识产权保护管理意义

知识产权是企业创新发展的一把"双刃剑"，用之得当则能为企业持续发展带来巨大的效益，保持竞争优势并尽可能防御侵权行为；用之不当或忽视，轻则是企业遭受经济损失，重则因错失发展而被淘汰，进而对企业的经营管理产生强大的冲击，严重者甚至造成致命的打击。❶因此，强化知识产权保护

---

❶ 陈青. 企业知识产权管理研究[D/OL]. 武汉：武汉理工大学，2012：7[2017-09-22]. http://kns.cnki.net/KCMS/detail/detail.aspx?dbcode=CMFD&dbname=CMFD2012&filename=1012405817.nh&v=MTk5MDl1UnVGeS9uVWI3SVZGMjZITGU0RzluTnFKRWJQSVI4ZVgxTHV4WVM3RGgxVDNxVHJXJT-TFGckNVUkwyZVo=.

管理，有利于获取竞争优势，有利于在激烈的市场竞争中取得先机。企业敏锐地感知与理解市场环境及其变化，能够根据企业自身条件快速决策企业创新和知识产权开发的战略和方向，并能随着外部环境的变化而及时调整方案。企业创新面临很大的不确定性和外部风险，正确评估自身的优势与劣势，敏锐地捕捉到市场机会和可能存在的威胁是降低不确定性和风险的保证。因此，企业知识产权保护管理是企业创新持续发展的基础要素。

1. 企业知识产权保护管理能够有效促进技术创新

通过技术创新驱动发展，获取竞争优势，抢占市场先机。将技术创新成果上升为知识产权，是对技术创造者的认可，是对企业创新能力的保护。企业通过知识产权保护管理，使企业的核心技术、关键技术、科技成果得到充分的保护，运营效益得到大幅提升。企业通过知识产权保护管理，提升知识获取能力，该能力是企业实现创新发展为目的，有意识地检索、整理、收集各种知识和信息，并且能够在繁多的信息中，滤出干扰信息，获取创新所需的知识源，把知识资源转化为企业知识资本的能力，为促进企业技术创新聚集能量。

2. 企业知识产权保护管理有助于维护自身权益

企业的竞争优势部分来源于专利、商标等知识产权，保护技术创新成果能够保持企业的竞争优势。知识产权一旦被复制、模仿、盗用，所拥有的竞争优势将不复存在，在市场竞争中将由主动转为被动。健全的知识产权保护管理体系能够有效防范潜在风险、化解危机，使企业保持持续的竞争优势。促进知识产权运用，提升运用转化能力，采取恰当的形式将创新成果价值外化到相关产品或服务中，获得最大的创新收益或竞争优势。企业获得知识产权后，可采取多种形式促进运营，包括自行使用，知识产权产品化、证券化，获得商业化价值。企业通过许可或转让，让渡知识产权权力获得经济收益。企业通过交叉许可，将自己拥有的知识产权与其他企业的知识产权相互许可使用，互为技术供方和受方，这样可获得互补优势。

3. 企业知识产权保护管理有助于防范侵权风险

提升知识产权保护能力，针对存在的和潜在的侵权风险，采取有效的措施预防和制止侵权发生或使侵权损失降低到最小限度。通过构建企业知识产权保护管理体系，建立预警机制，完善保护流程，及时发现可能的侵权行为，通过增加保护力度，降低侵权发生的损失。企业发展前景与企业拥有知识产权的价值密切相关。知识经济时代，企业知识产权是企业的财富源泉，企业知识产权面临侵权风险与日俱增，企业的管理者不断提升知识产权风险管理能力，加大对知识产权保护管理投入，将知识产权保护管理的触角延伸到企业的产品研发、信息查询、知识产权维护等各个环节中，准确把握企业的知识产权风险点，及时制定风险防范措施。

第二节 企业知识产权保护的方式

随着知识产权在经济社会发展中的地位提升，知识产权保护重要性日益凸显。经济发展水平越低，知识产权保护的强度越小；经济发展水平越高，知识产权保护的强度越大。企业在知识产权保护过程中应当讲求效益，企业应当特别注意在保护自己知识产权成果、打击竞争对手的同时又节约费用，且企业的知识产权保护要从企业的知识创造开始。知识产权的保护和执法应有助于促进技术的革新和技术转让与传播，使技术知识的创造者和使用者互相受益并有助于社会和经济的增长及权利和义务的平衡。❶ 因此，知识产权是法律在本无权利的地方创设出来的权利。❷ 知识产权保护的实质就是利益各方所代表的公权和私权的博弈。当前，知识对社会经济的持续、快速发展起着前所未有的保障和推动作用，知识产权保护也成为一个国家经济全球化、市场法制化、发展现代化的重要标志之一。从知识产权的立法目的来看，由于任何发明创造都需要付出成本，有的还需要付出高昂代价。因此，知识产权保护制度的原初目的是保护知识创造者和发明者的利益。❸ 随着人们对知识产权保护认识的逐渐深入，企业尤其是高新企业根据自身情况、围绕本企业经济利益来制定知识产权保护策略。

一、司法保护

随着国家知识产权战略的实施，知识产权的司法保护不断被提及，无论

---

❶ 刘颖，吕国民．国际私法资料选编[M]．北京：中信出版社，2004．

❷ 郑成思．知识产权论[M]．北京：法律出版社，1998：84．

❸ 贺团涛．企业 R&D 国际化的知识产权保护战略研究[D/OL]．长沙：湖南大学，2014：63 [2017-09-22]．http://kns.cnki.net/KCMS/detail/detail.aspx?dbcode=CDFD&dbname=CDFDLAST2015&filename = 1015579751. nh&v = MDI0MjNMdXhZUzdEaDFUM3FUcldNMUZyQ1VSTDJlWnVSdUZ5L2dVNy9CVkYyNkc3YS9GOW JKcnBGYlBJUjhlWDE=．

是实务界还是理论界，均给予高度关注，相关的研究成果也很多。知识产权司法保护的主体以法院为主，也包括检察机关、公安机关。进一步来看，知识产权司法保护的概念有狭义和广义之分。狭义的知识产权司法保护是指应知识产权权利人的请求，审判机关通过履行知识产权民、刑事案件的审判职责，或通过知识产权行政诉讼，审查具体行政行为的合法性等审判活动，实现对权利人和利害关系人合法利益的保护。而广义的知识产权司法保护，除了审判机关的司法保护之外，还包括公安机关、检察机关通过对知识产权刑事案件的立案侦查、侦查监督、提起公诉等诉讼活动，以及由检察机关代表国家对知识产权民事诉讼案件、行政诉讼案件进行的司法监督活动。

1. 知识产权司法保护的基本特征

知识产权有专有性、地域性、法定性、无形性等特征，与之相对应，知识产权司法保护具有程序特殊性、稳定性，注重权利保护，政策性等特征，有别于行政机关的知识产权行政保护。

（1）知识产权司法保护程序的特殊性。知识产权的保护对象为专利、商标、作品、计算机软件、植物新品种、集成电路布图设计等，尤其是专利、计算机软件、植物新品种、集成电路布图设计等具有较强的技术性和专业性，不同于普通民事、行政、刑事案件的审查对象，技术问题的解决常常为知识产权案件审判的关键。因而，该类案件在证据规则、证据类型、侵权的方式、审前程序、示证、质证程序、制止不法侵害的方式、法律责任等方面，异于普通案件的诉讼程序。

（2）知识产权司法保护的稳定性。知识产权司法保护的稳定性主要体现在司法保护的主体和司法保护机制方面。知识产权司法保护的主体为职业司法官员，职业的稳定性、独立性很强，不易受到外界因素的干扰。同时，他们具有较高的法律素养和司法经验，对知识产权法律和知识产权有着相对统一的理解和认识，知识产权司法保护结果的趋同性更强。在司法保护机制方面，知识产权诉讼活动不但受到不同层级之间法院内部的监督制约，而且还受到检察机关专门的法律监督。知识产权诉讼程序具有极强的程序性和纠错能力，当事人对诉讼过程和结果有相对稳定的预期。

（3）知识产权司法保护注重权利保护的价值取向。知识产权产生之原因，是依法确认发明创造者的无形财产权，从而鼓励创新，推动社会科技进步和文艺创作。可见，赋予并保护智力成果创造者的合法权利是知识产权制度产生的主要动因，知识产权司法保护具有天然的注重权利保护的价值取向。知识产权的司法保护中，权利人合法权利的保障始终处于核心位置，强调对权利人合法利益的恢复。对于知识产权侵权，在传统的普通民事侵权补偿性赔偿原则之外，有些国家的法律甚至要求侵权人承担惩罚性赔偿责任。

2. 知识产权司法保护的类型

知识产权的种类较多，各自特征不同，根据保护对象、保护方式、保护主体的不同，知识产权的司法保护可以分为不同的类型。根据保护对象的不同，知识产权司法保护可以分为专利权司法保护、商标权司法保护、著作权司法保护、集成电路布图设计专有权司法保护、植物新品种权司法保护、商业秘密司法保护、地理标识司法保护、计算机网络著作权、计算机网络域名司法保护、实用艺术作品司法保护、民间文学艺术司法保护、原产地名称司法保护等，不同的对象具有不同的特征。在具体的司法保护中，证据的种类、证据形式、管辖层级、审判程序等差异很大。

根据保护方式的不同，知识产权司法保护可以分为知识产权民事司法保护、行政司法保护、刑事司法保护，所谓知识产权民事司法保护指法院应知识产权权利人、利害关系人的申请，通过行使民事审判职责对知识产权进行的保护，知识产权民事司法保护的责任方式主要有赔偿经济损失、责令停止侵权、消除影响、赔礼道歉等手段。知识产权行政司法保护，指法院依知识产权行政相对人的要求，对知识产权行政管理机关的具体行政行为进行合法性审查，实现对行政权的监督，保障行政相对人的合法权益。知识产权行政保护的主要手段有确认具体行政行为违法，判令被告重新作出具体行政行为、赔偿损失等。知识产权刑事司法保护指公安机关、检察机关、审判机关分别行使知识产权刑事案件的侦查、提起公诉、侦查监督、刑事审判等职能，运用刑罚制裁侵权者，实现对权利人知识产权的保护，知识产权刑事司法保护的手段有判处侵权人自由刑及罚金等。

3. 知识产权司法保护与知识产权诉讼的关系

知识产权司法保护主要通过诉讼的方式实现，即在审判机关、检察机关、公安机关、知识产权权利人、利害关系人等诉讼主体的参与下完成。因此，知识产权司法保护与知识产权诉讼既有联系又有区别，二者是目的与手段的关系，知识产权诉讼的目的是实现知识产权的有效保护。同时，二者之间也存在外延和内涵上的差别。一是知识产权司法保护侧重于结果，强调对知识产权最终的保护效果，而知识产权诉讼作为诉讼的一种类型侧重于诉讼的过程和状态。二是知识产权司法保护的含义外延更广，既有程序法的内容，也有实体法的内容，而知识产权诉讼则仅仅体现程序法的内容，强调程序的公平和正义。三是知识产权司法保护具有主动性的一面，强调国家司法机关依职权对知识产权的保护的过程和效果，而知识产权诉讼则是在不同诉讼主体的参与下辨明是非，定纷止争，实现对权利人合法权益的保护，具有较强的被动性的色彩。四是在知识产权司法保护的语境下，其主体只能是国家的司法机关强调国家机关积极履行职能的行为，权利人、利害关系人、被告人处于相对被动的地位，而知识产权诉讼的主体较为广泛，既包括司法机关，也包括参与诉讼的原告、第三人及被告，在诉讼中原告、被告、第三人的角色更为主动，五是知识产权司法保护概念突出了国家对知识产权法律保护的重视，显示出知识产权在国家法律保护中的地位，具有鲜明的政治宣示意味。而知识产权诉讼的表述则不具有上述意蕴和表达方式。

二、行政保护

1. 知识产权行政保护的概述

知识产权的行政保护应当是行政机关对知识产权的完整维护，使之不受损害。从理论上讲，政府对知识产权取得、授予、许可等行政活动本身也是对知识产权的保护，因为，政府负有维护知识产权秩序的职责。知识产权秩序的建立，离不开许多行政手段，如行政确认、行政许可的实施。如果只是为管理而管理，政府就没有必要介入知识产权领域。将知识产权行政保护局限在知识产权被侵权后的行政机关的保护的观点，事实上未能全面体现现行知识产权制度所规定的行政保护的内容，因此，有必要就知识产权行政保护的主体、对象、范围和手段进行探讨和分析。

如前所述，知识产权行政保护是行政机关对知识产权的全面保护，指行政机关根据法定职权和程序，依据权利人申请或其他法定方式，履行职责，授予或确认权利人特有权利，管理知识产权使用、变更、撤销等事项，纠正侵权违法行为，保护各方合法权益，维护知识产权秩序的活动。就知识产权行政保护的主体而言，只能是具有知识产权管理或执法职能的行政机关，非行政机关或行政组织不能履行行政保护的职能。行政保护的对象除知识产权权利人之外，还包括与知识产权相关的其他人。行政保护的程序是法律规定的程序，启动这些程序可以依权利人的申请，也可以是行政机关依据职权的主动干预。行政保护目的在于维护权利人的权利和其他相关当事人的合法权益，以维护社会的正常竞争秩序。行政保护手段表现为行政执法，具体的执

法措施呈多样化形式。❶

2. 知识产权行政保护的基本特征

（1）主动性。与司法保护中的"不告不理，谁主张谁举证"制度相比，行政保护的明显优势是管理过程中具有主动性。知识产权的取得、确认、变更和转让，一般都是由行政机关依照申请进行管理。这类行政管理本身就是行政执法行为，行政机关一旦受理申请就要主动进行形式或实质审查并做出行政行为，而不能没有答复或者结果。对违反知识产权法的行为，行政机关应该主动查处；对知识产权纠纷应该依法进行调解、裁决，积极化解矛盾。

（2）手段多样性。政府可以综合运用多种手段保护知识产权，既包括做出抽象行政行为，如制定保护知识产权的其他规范性文件，也还包括做出具体行政行为，如行政确认、行政许可、行政强制、行政处罚、行政裁决和行政调解等。与司法保护相比，行政保护的方式多种多样，效率较高。

（3）直接性。在某些场合，行政机关可以利用行政权力干预知识产权事务，对当事人直接确认权利，调解纠纷或查处违法。其结果可以简化程序，节省时间，节约成本，使当事人的权利迅速得到救助。

（4）效力先定性。行政机关做出的行政行为，从法律上推定是合法有效的，必须执行，即所谓的行政行为的效力先定原则。该原则能够保证行政机关及时确认权利，解决纠纷，查处违法行为，保护权利人合法权益，维护知识产权秩序。

（5）可诉性。除法律有特别规定外，行政相对人对履行知识产权职能的行政机关做出的行政行为，享有向法院提起诉讼的权利。根据 TRIPS 协定的要求，在解决知识产权纠纷方面，任何行政机关所做出的裁决都不是终局的，当事人可以启动民事诉讼程序。如果行政相对人对行政行为不服，还可以申请行政复议，或者提起行政诉讼。

3. 知识产权行政保护与司法保护的关系

知识产权行政保护是相对于司法保护而言的。如前所述，司法保护是指通过司法途径对知识产权进行保护，即由国家公诉人或知识产权权利人对侵权人提起刑事或民事诉讼，以追究侵权人的刑事或民事责任。知识产权行政保护和司法保护都是知识产权国内保护的方式，其目的相同，都是为了保护知识产权而采取的保护方式。两者相互补充，共同存在，协调运作。当然，两者的区别也十分明显。

---

❶ 曲三强，张洪波. 知识产权行政保护研究[J]. 政法论丛，2011（3）：56-68.

一是保护的主动性不同。行政保护是主动保护,而司法保护是被动保护。这种区别是由司法的性质所决定的,法院对知识产权保护只能采取"不告不理"的消极形式。

二是稳定性不同。法院对知识产权纠纷的终审判决具有效力终极性和稳定性;知识产权行政保护可能因法律、法规的修改、废止或其他法定事由而改变内容或不再受行政机关保护,因此而不具有稳定性。

三是专属性不同。法院对知识产权司法保护具有民事纠纷处理的专属性,其他司法机关无权过问。行政保护却有不同,其保护知识产权的职能分属新闻出版、工商行政管理、知识产权管理等多个部门。

四是公平与效率的价值目标不同。司法保护追求的是公平优先的价值目标。行政保护则是为了实现有序管理,使利益及时得以实现,因此在公平与效率的选择上,往往是效率优先,兼顾公平。

五是赔偿优先性。知识产权司法保护突出民事处理过程中民事赔偿的特点,一旦构成侵权,在判决时就必须考虑损害赔偿问题。行政保护中,由于行政机关不具有对民事权利直接做出处理的权力,因此,只能对知识产权的违法行为做出行政处罚,对知识产权纠纷进行裁决或者调解,而不能要求侵权人赔偿权利人的损失。

六是阶段不同。行政机关对知识产权的管理或保护一般前置于司法保护,在特殊情况下,则会出现仅有司法保护,而没有行政救济(权利人未申请或行政机关不主动介入)的情形,不存在行政保护后于司法保护的情况,因此,行政管理或行政保护与司法保护不能同步进行。

三、社会保护

知识产权的社会保护可看作是社会规范的有效运作,是知识产权主体借助社会的经济、政治、法律、道德等制度,运用激励或惩罚、保障或强制等手段抑制社会规范,力行社会规范的行为过程,其目标是有效实施社会规范以建立社会秩序。不同社会有其相应社会规范,可规范的制定并不等于规范的有效性,这在客观上必存在社会规范的有效实施问题。但是,由于社会活动的主体性差异和具体历史条件限制,完全凭借主体自觉来保证规范有效几乎是不可能的,同时社会也应消除那些因规范化而产生的社会负面因素,这就决定了社会秩序的建立必须有强有力的社会保护。❶

---

❶ 秦红增. 社会保护与社会秩序[J]. 唐都学刊, 1997 (3): 14-16.

相对于社会活动者的自律性而言，知识产权的社会保护是其主体依循社会规范，在现行制度基础上通过某种机制对除自身外的其他社会活动者所实施的他律性行为，含使别人遵从规范之意。在功能上既表现为对遵从规范的激励、保障，又是对背离规范的处罚、强制。主体是社会保护的发动者、实践者，可分为政府、公民两类。政府主体是建立在社会分工及税收制度基础上的、借助国家政权代表全社会实施社会保护的职能化主体，通常称为政府公职人员，是社会保护的主导力量；公民主体泛指文明社会中的每一公民及非政府组织、社团，代表社会对那些有益于自身或他人的规范行为及侵害自身或他人权利的失范行为实施社会保护的非职能化主体，是社会保护的群众力量。无论是政府主体还是公民主体，在其实施社会保护时都必须具备两个基本前提：一是自律，自己的行为首先符合社会规范；二是具有实施社会保护的自觉意识。

针对不同的社会活动行为，通常可运用三种机制来实施知识产权社会保护：一是社会激励，是通过给予那些遵从知识产权法律规范的实践者以物质或精神的奖赏，以引导全体的社会成员依循知识产权法律规范，如鼓励创新、奖励模范，重奖有功人员等。不过应处理好物质激励和精神激励的关系，避免把激励变成纯粹的物质刺激或空洞的精神说教，使榜样的力量流于空泛。二是社会强制。是运用政府或社会的权威惩罚那些违背知识产权法律规范的实践者，以迫使其依循知识产权法律规范的方式，如舆论谴责、行政处分、罚款、没收财产等，其旨在借助强制力来维护知识产权法律规范的有效性。在具体的知识产权社会保护实施过程中，为了保证知识产权社会保护自身的合理、公正及有效，社会除拥有高素质的社会保护主体之外，还必须确立一整套操作性很强的社会保护实施细则。❶

四、自我保护

企业知识产权的保护，一方面迫切需要公权力部门综合调动、协调各方面的力量，建立知识产权保护体系，为企业提供国内外知识产权信息、掌握知识产权贸易纠纷应对方法，寻求知识产权法律援助的渠道和解决方案，以提高企业的维权能力，促进经济持续健康发展；另一方面，企业自身更是迫切需要建立知识产权自我保护体系，从企业创新活动到创新取得成果推向市场都需进行知识产权保护。

---

❶ 秦红增. 社会保护与社会秩序[J]. 唐都学刊, 1997 (3): 14-16.

1. 强化企业知识产权自我保护意识

企业知识产权保护意识的建立最为快捷有效的途径之一就是开展培训教育。针对目前企业知识产权保护意识淡薄的现状，一方面政府相关部门应对企业进行有步骤、分批、分类型地组织开展宣传培训工作，建立和提高企业知识产权自我保护的意识；另一方面，企业自身也应自主进行知识产权保护意识培育。企业知识产权自我保护意识的建立首先是企业决策层意识的建立，只有企业领导人真正认识到它的重要性、具备相应的知识，才能对企业的自我保护体系的建立起到更好的推动作用，所以对企业决策层的培训教育尤其重要；政府及企业自身可以采取多种形式，对知识产权管理人员、企业专利工作人员、法律工作人员等，进行产权申请、维权、许可贸易和相关法律知识等专业性的培训教育，使这支队伍具备相应的专业水平和职业素质；对企业创新团队、研发人员等进行知识产权保护意识教育，使企业科技工作者更好地结合研发专业领域，形成技术专业与知识产权保护的有机结合。

2. 建立企业知识产权保护专业机构

当前，提升企业能力、规模匹配的知识产权保护能力已成为企业参与国际商业竞争的首要任务。我国企业需要根据企业的规模、专业、市场等特点，借鉴中外企业成功的经验，建立相适应的专业机构和专业队伍来满足知识产权保护的需求。我国企业参与国际市场竞争越来越频繁，更加迫切需要建立企业知识产权保护专业机构、配备专业管理队伍，也更具备建立知识产权保护专业机构的条件。近年来国内一些知识产权保护较好的企业，其成功的经验显示，企业对知识的保护非常重视，纷纷成立了企业知识产权管理或保护机构，这些机构在企业专利申请、专利维护、专利维权等方面发挥了重要作用，同时对推动企业产品的研发、保护企业创新也产生了积极的效果。由于知识产权保护专业机构的建立需要投入不菲的资金和一定的人力作为支撑，这对一些小型企业或经济实力不够雄厚的企业来说负担过重，甚至无法承受，所以企业应根据自身知识产权情况，灵活采用知识产权保护方式，满足知识产权工作的需要。企业可不设专门的机构，只配备相应专业管理人员开展知识产权工作；也可以聘请社会知识产权服务机构或专业人员为企业提供服务，在需要维权时采用企业专业人员与聘请社会服务机构相结合的办法，来满足企业知识产权的需要。

3. 构建企业知识产权信息平台

企业在市场竞争中一方面必须具备强大的知识产权能力，来保护好自己的知识产权，另一方面也要充分尊重他人的知识产权，遵守游戏规则，按照通行惯例办事。这是对参与市场竞争企业的基本要求。通过构建企业知识产权信息平台，满足企业创新活动的信息检索、文献查阅、知识产权的申请、维护、维权的需要，避免创新活动的盲目性，在创新活动过程中及时掌握有关信息，促进知识产权工作及配合创新活动的开展。信息平台构建的内容主要包括：知识产权相关法律法规、专利检索、专利申报、专利维护、专利维权、专利文献资料、案例及分析、创新信息、侵权及被侵权预警、专业知识介绍、国际国内市场商贸信息、行业动态、主要竞争对象产品、专利（技术）、商标、市场等方面的信息数据。同时，企业知识产权信息平台与政府专利网、政府科技网、对外贸易网等连接，及时获取有关信息，争取知识产权保护工作的主动。整合社会各种信息资源与企业内部各分支机构及各管理部门信息资源为企业所用，形成企业内部共享的知识产权信息管理网络系统，避免企业各部门间出现信息孤岛的现象，从而提升企业知识产权自我保护能力和水平。

第三节 企业知识产权保护应注意的问题

由于其自身技术实力和企业管理层知识产权保护与管理理念滞后，知识产权的保护管理能力不强，对他人的知识产权也缺乏适当的认知，容易使得自主创新的成果被窃取，其知识产权被侵害不知如何自我保护，也可能陷入知识产权纠纷漩涡，使企业在生产经营中处于被动地位。企业对知识产权保护管理制度不完善，没有专门的知识产权保护管理部门，知识产权方面人才数量少且高端人才严重不足。虽然一些企业有知识产权管理制度，但没有形成系统，仅将知识产权的保护管理设置于研发的环境，由于缺乏知识产权保护管理体系，企业的创新能力往往是因为没有充分有效利用控制市场和竞争对手的信息，造成重复开发，侵犯他人知识产权等，导致企业自主创新水平难以提高。

一、企业知识产权保护管理体系

实现利益最大化是企业实施和加强知识产权保护管理的主要目的，企业的知识产权保护管理举措不是一劳永逸的工作，企业创新发展过程中，不同阶段不同时期企业的知识产权保护管理工作，必将随着企业发展目标的变化以及企业面临的国际、国内市场环境的变化而适时调整。

1. 企业知识产权价值创造管理

对于企业而言，企业可采取创新、开发、获得知识产权等方式方法来保护企业的主打产品或关键技术，确保企业具有竞争优势。企业在拥有知识产权后，一方面可以提高公司的防范能力，另一方面可以提高公司的核心竞争力。为了防范重复研究，企业在进行产品创新研究以及申请获取知识产权保护时，应当对行业技术的研究现状进行调研；同时要研究掌握创新性产品的有关情况及特征，根据企业的实际情况采取专利、商业秘密或商标等保护方式方法。企业在开展申请知识产权保护的工作中，还要考虑其主打产品现阶段以及将来的主要市场，遵循知识产权的地域性原则有关要求，提前在主要市场依据相关规定申请企业的知识产权保护。加大企业知识产权研发投入力度。提高企业自主知识产权和发明专利的申请数量与质量是一项长期的系统性工程，需要有足额的研发经费作支撑。所以，对知识产权价值创造管理的核心就在于管理并理顺公司的研发投入。

企业可积极发挥知识产权制度的法律保障作用，对自主知识产权进行监管和保护。当企业遭遇法律纠纷时，需强化依法维权意识，安排有经验的技术人员和律师进行授权谈判或参与抗辩，确保有效维护公司的合法权益。

2. 企业知识产权价值运用管理

企业在创新发展过程中，如果要进一步增加市场占有率，甚至是把知识产权作为武器防范对手的冲击，则需要充分利用知识产权价值运用策略。所以，当企业处于知识产权价值运用发展阶段，一方面要全面分析企业产品相关技术，充分把积攒的知识产权运用到企业产品中获得更大利润，另一方面要知己知彼，调查竞争对手的市场布局和产品技术，并与企业自身的产品技术相互对比，实施一系列攻防举措来压制对手的扩大。在该时期企业知识产权管理工作的要点是依托企业的运营策略，充分发挥企业现有知识产权组合的作用，通过采取授权许可、转让或诉讼方式为企业获取更大的利润。使知识产权运用策略发挥积极作用，需做好两方面工作，一是企业策略机构、财务和研发人员对竞争对手、市场机会和技术进行调查评估，提供产品创新的有用信息；二是企业知识产权机构或者法务人员实施知识产权的保护、产生和维护等活动。

（1）企业知识产权运营主要方式。一是同别的企业构建合作伙伴关系进行知识产权交叉许可，或者采取授权许可方式获取许可使用费来加剧竞争对手的财务负担并提高本公司利润；二是把知识产权转让别的企业来获得转让经费，同时坚持紧盯市场形势，运用市场营销方法和创新技术，把知识产权成功推向市场，促进商品化，实现其价值；三是从节约经费和资源角度出发，把企业的知识产权和创新技术运用到公司的子公司；四是用知识产权来投资入股别的公司。

（2）企业知识产权价值整合管理。当公司处于知识产权价值整合管理阶段，企业的知识产权管理策略需纳入公司经营策略大盘子。知识产权价值整合的主管机构应当有权限考核、指挥并整合诸如研发、知识产权、法务、财务等别的相关机构，指引企业技术创新并获取更大利润。整合阶段划分三个步骤，一是把知识产权管理策略纳入根据企业目标规划制订的经营策略，公司各机构要积极配合该策略、制订相关行动方案；二是依靠有关制度机制来保障知识产权管理目标的实现，企业应根据知识产权管理目标建立健全知识产权有关机构考评、人员奖惩、收入分配等制度；三是企业应从人力资源、组织和资金等多个方面综合考虑，安排专业人员来组织知识产权的价值整合工作。由于知识产权价值整合工作不是单一的工作，而是一项重要的系统工程，需要涉及跨机构的交流协作，故企业高层必须高度重视。企业不单单是在公司内部挖掘知识产权，甚至从别的企业购买创新技术来实现本企业的技术布局，并通过知识产权的价值整合来实现与其整体运营策略的密切融合，以保证公司在本行业的主导和优势地位。并基于企业在知识产权或技术创新上的优势地位，辅之品牌塑造，保持企业在市场竞争中的优势地位，引领行业发展方向。

二、构建企业知识产权保护管理机制

1. 提升知识产权保护管理意识

对企业而言，要想在市场竞争中获得优势，应当充分发挥知识产权在企业中的重要作用，并对知识产权形成有效的保护管理，才能在激烈的市场竞争中处于优势地位。要充分认识市场经济条件下企业保护知识产权的重要性。企业从事领域可能涉及不同形式的知识产权，如专利权、商标权、著作权、商业秘密、域名、计算机软件的版权等。知识产权这种无形财富越来越显示出其威力，侵犯专利、商业秘密、抢注商标、抢注互联网域名等侵权事件也大量出现，无论抢注者的真实动机如何，从某个角度来看，足以证明人们对知识产权的认识和重视。作为生产企业，如果不及时申请专利、注册商标、保护商业秘密，他人便去申请、注册，一旦取得授权，权利人当然有权要求他人支付使用许可费，否则便依法阻止你去实施，并且要求赔偿损失。当前世界各国家越来越重视知识产权保护的法律和机制建设，尤其是《专利法》《商标法》《著作权法》《反不正当竞争法》等，企业要及时学习和了解，切实掌握运用法律武器维护自身权益的能力。

2. 制定完善知识产权保护管理措施

企业应当成立相应部门，可指派专人负责知识产权的保护管理，列出明细，建立档案，加强知识产权前期预测和管理。企业在利用外部法律保护自有知识产权的同时，也应建立和完善企业内部知识产权管理制度。建立知识产权保护管理的激励机制，企业应建立以激励和保障技术创新，鼓励科技人员研发新技术、新产品并形成知识产权为目标的有效运行的激励机制，将知识产权的数量和质量纳入员工绩效考核体系。明确知识产权归属与保护责任，与员工签订知识产权相关协议。规范知识产权转让与引进的合同管理，建立知识产权纠纷应对机制。注意保密工作，防止研发过程中或对外委托加工的技术资料泄露，失去作为商业秘密和专利保护的可能。对于委托开发、合作开发的技术成果，在合同中对成果的权属问题予以明确约定或规定。

3. 选择企业知识产权保护管理手段

选择合适的途径保护智力成果，企业应考虑多种方式或途径保护自己的智力成果。专利保护是较强的保护方式，但其前提是要公开技术内容，而商业秘密保护则由企业自身采取的措施和技术本身所决定。如对产品结构或外观新颖设计方面的成果可以考虑申请专利保护，这是因为这样的设计随着产品的上市，他人一目了然，如不申请专利这种强制保护，企业自身的利益无法得到保护。此外，申请专利时专利文件的撰写十分重要。对一些涉及产品型号改进的，可以考虑申请商标保护。另外，企业在进行专利申请时要注意知识产权保护范围或进行专利池建设，多方位保护自己的智力成果。要善于通过法律手段保护自己的知识产权。知识产权不是装点门面的饰物，而是市场竞争的利器。知识产权是诉讼中的权利，其价值通过诉讼才能得到最充分的体现。根据我国知识产权保护的法律规定，对于知识产权的保护，可采取行政保护和司法保护两种途径。

4. 加强知识产权专业人才培养体系

尽管知识产权人才培养的着力点是高等院校、科研院所，但是在当今经济的发展中，企业对高新技术产业、孵化新兴产业和振兴区域经济等方面发挥着巨大作用，在知识产权方面也将有巨大潜力和发展前景。知识产权人才应当是复合型人才、高端型人才，也是应用型、国际型人才。一般认为，知识产权人才应具备自然科学（如物理学、化学、电子学、生物学等）、社会科学（如经济学、工商管理、公共管理）及法学知识水平。作为企业知识产权人才除了必须掌握以上所述各种知识以外，更重要的是熟练掌握技术创新方法和现代企业管理知识。技术创新是中小企业成长的根本之路，从事知识产权事务的人才应该帮助和指导研发人员掌握创新方法，检索最新专利动态，一方面启迪研发思路，另一方面避免侵权，少走研发弯路，减少创新成本，使企业获得最大效益。企业人才培养的途径不外乎引进和自我培养两条路。一是大力引进知识产权人才。企业为了自身的长远发展，应以优厚的待遇和良好的发展前景吸引知识产权专业毕业生；二是立足于企业自我培养知识产权人才，企业要制订人才激励制度，研究措施、制订办法，充分发挥知识产权人才在企业自主创新中的积极作用。

三、企业知识产权保护管理实施路径

1. 成立企业知识产权保护管理机构

企业要组建专门的知识产权保护管理机构，主要负责知识产权信息管理、交流合作管理、战略管理、纠纷处理、经营管理、日常管理、研讨培训管理和激励管理等，其职能主要包括：负责企业知识产权项目的直接管理，协调与企业其他部门关系；负责制订企业的知识产权规章制度，并搞好监督；负责管理、确认、保护企业知识产权工作，研究制订企业知识产权管理策略等。企业的知识产权保护管理机构在公司决策层的直接领导下开展知识产权管理工作，属于公司执行操作层。企业的知识产权管理机构划分为商标处、专利处、知识产权法务处和商业秘密处等相关职能子机构。

2. 搭建企业知识产权保护管理信息平台

知识产权检索，尤其是信息和专利文献的收集、分析与利用，对企业开展知识产权保护管理工作十分重要，利用信息系统，企业可通过相关知识产权网站，如知识产权数字图书馆、中国国家专利网等，检索相关的知识产权信息、了解相关的政策等。所以，企业应依托知识产权数据库和计算机网络系统，建立健全企业的知识产权管理信息平台。对企业而言，一方面知识产权保护管理机构可通过企业内部局域网，便捷地与企业主管部门、市场部门

和研发部门等进行信息交流和沟通;另一方面,企业可以建立知识产权专用数据库,帮助企业明确行业发展趋势以及竞争对手策略等。通过企业信息平台的构建,一方面,企业科技人员、新产品研发人员可以充分利用专利文献、专利文摘等专利信息,了解在先专利技术,利用失效专利,有效规避新产品研发风险,从人力物力以及资金等方面节约研发设计成本;另一方面,企业专利管理人员、技术情报人员与专利工程师等人员通过检索、统计、分析专利技术,为专利申请、防止侵犯与防止被侵犯知识产权、应诉知识产权诉讼案等工作提供有力的支持。

3. 优化企业知识产权运营方式

以实现知识产权效益最大化为目标,拓展知识产权运营渠道。一是自主运营,企业利用本公司已有专利技术等知识产权,实施技术改造、创造新产品或研发新装置,充分挖掘知识产权中蕴含的效益和价值。二是以知识产权进行投融资活动,建立与投资、信贷、担保、典当、证券、保险等工作相结合的多元化多层次知识产权金融服务机制,探索知识产权资本化新模式,充分发挥企业知识产权的融资功能,促使知识资本与产业资本和金融资本相互渗透,进一步挖掘知识产权的价值。如运用企业知识产权作为抵押,实现企业融资增长;构建协作生产关系,按照专业分工的办法生产某型产品;也可以以品牌、技术、商誉等知识产权当作无形资产,向其他企业进行投资,实现投资收益。三是知识产权转让,企业的知识产权转让分为使用权转让、所有权转移。使用权转让是指采取许可、授权或连锁等方法转让知识产权,并获取知识产权收益。所有权转移是指采取出售的方式把知识产权所有权转至别的公司,并实现知识产权收益。❶而对于尚未过期的大部分知识产权,企业可采取使用权转让的方法,实施许可证交易,允许买方按规定使用企业知识产权,在这一方式中,根据产品技术的普遍性、先进性、许可证申请者的经济能力以及产品的销量等多方面的情况,可灵活采取独占许可证、普通许可证、从属许可证、排他许可证等多种形式实施。

4. 构建知识产权风险防范机制

知识产权是创新发展和提高企业竞争力的源泉,但是从企业自主知识产权现状可以看出,企业自主知识产权数量并不高,缺乏持续创新的积极性,原因是多方面的,其中知识产权风险管理制度和体系的不健全是制约企业自主创新的积极性重要原因之一。知识产权风险管理体制不成熟,企业面临着

---

❶ 薄斌.国外企业知识产权管理[J].科学与管理,2003,23(6):30-31.

较高的知识产权风险。因此,提高企业知识产权风险管理能力,对有效支撑企业创新持续发展有重要意义。企业在处理知识产权风险管理方面,应当做两方面的工作:一方面,禁止其他企业非法使用本企业的知识产权,这是维护企业知识产权价值的核心所在,应该采取举措掌握主要竞争对手的行为,洞悉市场中其他企业的非法侵权行为,并依法快速维权。另一方面,企业还要对其他企业的知识产权状况保持警惕,动态了解掌握业内尤其是相关企业新的知识产权情况,采取有效手段来实现自我更新,同时要避免侵犯其他企业的知识产权。

5. 培育知识产权保护管理文化

知识经济时代,通过对知识产权保护管理增强企业核心竞争力,应当建立有企业特色的知识产权保护管理文化,注重在员工中培育与知识产权相关的习惯理念和行为规范。

(1) 创新文化建设。知识产权文化的本质属性在于创造和创新。鼓励创造和创新,是知识产权制度的本质之一,也是知识产权文化的本质之一。所谓创新文化就是有利于创新的文化,可以促进公司的管理体制创新、产品科技创新和文化创新。企业要大力打造创新文化,把知识产权的创造、实施、管理、人才培养、保护、制度完善、能力建设等纳入创新文化的氛围中。

(2) 竞争文化建设。鼓励创造和创新是知识产权制度的本质之一,而获取利益并为之而竞争是知识产权制度的又一本质。知识产权制度允许并鼓励基于技术创造创新基础上的公平竞争。这种方式可以激发人的创造性和积极性,让潜能充分发挥。企业要着眼充分发挥利益驱动机制的作用,积极打造企业的竞争文化,善于利用规则和知识产权制度,有效参与竞争,科学维护公司正当权益。

(3) 诚信文化建设。知识产权竞争文化的前提和基础是诚信文化,所以要把打造诚信文化纳入企业建设的重要内容。没有诚信的竞争将会陷入恶性循环,不具备可持续发展的条件。如果因贪图一时之利而不讲诚信,损害的只能是公司的声誉和品牌。企业坚持在长远目光指导下用好知识产权制度和规则,要坚持在诚信的前提上去公平竞争,去创新发展。企业要实施知识产权管理,推动诚信理念融入企业和员工的文化理念之中,形成以保护知识产权为荣,以侵犯知识产权为耻的良好文化氛围。

(4) 管理文化建设。知识产权管理文化可以帮助知识产权管理人员和关心知识产权的员工培育共有的知识产权价值观。在知识产权管理文化中,需解决好为什么管、谁来管、管什么和怎么管等基本问题。通过打造知识产权管理文化来解决上述问题，可以帮助企业员工进一步认清知识产权管理的重要意义，可以帮助企业管理者进一步弄清知识产权管理的目标和任务，可以帮助进一步壮大企业知识产权管理人才队伍。企业应加强知识产权管理文化建设，充分调动广大员工的积极性、创造性，培育共同的知识产权价值观，进而促进公司知识产权管理和公司的科学发展和可持续发展。

 案例分析

微软公司知识产权保护❶

在美国，微软公司曾被称为"计算机领域的巨人"，比尔·盖茨也被称为"一个帝国的缔造者"。在微软公司的发展过程中，微软公司的产品每次都能领先占领市场，领跑软件行业，这与微软公司制定知识产权发展战略的前瞻性和超前性密不可分。

在竞争激烈的市场上，微软公司有一种"敢为天下先"的精神。在计算机软件行业，微软公司一直保持着领跑者的姿态，不断更新产品，利用超前的知识产权保护管理战略指引公司的发展。在公司的知识产权管理方面，微软公司有着自己独特的方式。微软公司有一个知识产权指导"超前发明"会议，该会议旨在预测当前或下一个产品周期，以及十年内的创新方向，这项会议都是由微软公司的知识产权管理者甚至董事长比尔·盖茨亲自参加或者指导的。此外，在知识产权战略规划制定方面，微软公司还定期地会见由技术专家、知识产权律师和商业战略家组成的跨学科小组，帮助公司制定下一周期的知识产权战略。知识产权战略和经营策略融为一体已经成为微软公司发展的一种习惯。

微软公司是基于知识产权制度的不断完善而成长起来的一个典型的美国企业，但微软公司不仅仅是适应知识产权制度，更是通过努力引导知识产权制度的更新与完善。软件的发展从20世纪70年代开始通过商业秘密的方式进行保护，软件业者只能通过软硬件结合的方式来保护他的创新。在成立公司一年后，比尔·盖茨1976年在《致电脑爱好者的公开信》中，抗议软件业缺少产权保护：如果你们再不给我钱，就没有一个人给你们写这么好的软件。这就是商用软件知

---

❶ 本案资料来源：于维东. 微软，不一样的法律密集型企业[J]. 法人，2013（2）：22-23. 于维东：微软完全以知识产权为核心产品. http://news.hexun.com/2013-01-05/149799488.html. 微软公司提供新的 Azure 知识产权保护功能. http://weibo.com/ttarticle/p/show?id=2309404162425590036328.

识产权保护制度的起源，他缔造了一种新的商业软件开发的模式。因为互联网的蓬勃发展，软件越开发越大，合作开发软件的需求越来越强烈，交叉式许可等需求，大量地产生了对软件专利保护的需求，专利的保护变成了软件保护相对重要的发展趋势。

微软公司的知识产权保护不仅仅体现在维权上，实际上微软公司的知识产权保护还体现在两个方面。一方面是不断创造知识产权。微软公司是目前为止全世界范围内所有企业里研发投入最高的企业，而其中很多研发可能是没有回报的，但是微软公司依然坚持。另外，在知识产权保护方面，微软公司在世界范围内也是处在非常领先的地位，一直坚持3E战略保护软件知识产权，即教育引导（Education）、技术更新（Engineering）、协助执法结合（Enforcement）。微软公司希望通过知识产权普及推广活动，使消费者和企业用户认识到软件保护的意义；通过技术更新，微软公司能够持续为用户带来价值和服务，享受健康的IT系统和环境；通过法律途径可以维护微软公司的正当利益。

微软公司也是不断地跟IT行业内的，甚至包括其他领域的公司进行合作，分享技术和开发成果，寻求共同的成长和发展，促进知识产权运用的协同发展。2017年9月12日，微软公司在上海宣布将于10月1日在中国为Azure客户推出"Azure知识产权保护计划"，早在2月，微软公司已成为首家为其Microsoft Azure云客户提供无偿赔偿的技术公司。以无上限赔偿和"专利池"帮助Azure用户降低侵权风险，让开发者和企业用户可以真正专注于技术创新和业务成长，而无须为潜在的知识产权纠纷担忧。微软公司企业副总裁Jason Zander表示，将Azure知识产权保护计划纳入中国的目的是确保Azure云合作伙伴，用户和开发人员能在微软云上尽情释放创意，加速云端创新。

Azure作为首个在华商用的国际公有云，受到了广大用户、合作伙伴、开发者的广泛支持，始终保持着超预期的健康成长。在持续扩大在华投入，全力提升云计算规模的同时，他们也在努力将更多业界领先的人工智能、机器学习、大数据、应用开发，及管理服务带到微软智能云上，满足各方对于云计算不断增长的需求，全力打造一个功能全面、安全无忧、简单易用的云端数字化转型平台。

自该计划在市场上推出以来，受到了丰田（Connected）公司、美泰玩具（Mattel）、能源服务公司埃创（Itron）等Azure用户的广泛欢迎。在中国，这项计划的推出也受到了科勒、远景能源、摩拜单车等用户的积极响应和欢迎。

另外微软公司和世纪互联还宣布推出了一系列关于Azure新服务和功能升级的举措，进一步提升Azure在人工智能、机器学习、大数据发掘、云端开发等诸多方面的技术优势和用户体验。微软公司此次推出知识产权保护计划，更像是为其客户推出的"专利保护伞",受到了客户的一致赞同,也增强了自身技术的影响力和市场影响力,达到了双赢局面。

案例思考题:
1. 知识经济时代,企业知识产权保护管理的基本内涵是什么?
2. 微软公司为保护客户而推广知识产权保护,对于其在华业务推广有何意义?
3. 互联网时代,企业如何实施知识产权保护管理?

【基本概念】
司法保护;行政保护;社会保护;知识产权保护管理。

【思考与分析】
1. 简述知识产权保护管理的机制。
2. 简述知识产权保护管理的实施路径。

第七章　企业知识产权信息管理

> **本章提要**
>
> 随着信息技术的不断发展，信息资源在现代企业中的作用愈加凸显，目前，信息资源已经成为企业的一种生产要素，关系到企业的经济效益。知识产权信息管理是指企业通过加强企业的信息化建设，对知识产权运营过程中的各种信息加以有效地组织和利用，从而提高企业的经济效益和社会效益的过程。在当今激烈的竞争环境下，企业越来越重视知识产权的发展与保护，由于各种因素的影响，目前企业的知识产权信息管理能力还存在一些问题，对企业知识产权信息管理进行研究，可以为企业改变传统的管理策略，提高知识产权信息管理能力提供借鉴。

第一节　企业知识产权信息管理概述

一、知识产权信息

人们在从事政治、经济、技术等活动中都要接触和利用知识产权，而人们认识知识产权现象则必须通过显示知识产权存在方式的信息，知识产权信息是连接认识主体和认识客体的中介和桥梁。[1] 因此，知识产权信息在人们的生活中有重要的意义，它是知识产权活动的一种反映，是知识产权现象的表述，是人们认识知识产权的中介。[2]

（一）知识产权信息的概念

关于知识产权信息的概念，目前大家较认同的观点是马海群教授的观点。

---

[1] 周丽霞，刘继红. 一个新兴的研究领域：知识产权信息理论——评《网络时代的知识产权信息管理》[J]. 世纪桥，2004（1）.

[2] 马海群. 知识产权信息的概念、内容、特点和功能[J]. 图书情报工作，1998（3）：1.

他将知识产权信息分为广义和狭义两个层次：狭义知识产权信息是表征知识产权权利属性的信息，这种属性既包括知识产权权利作为整体的属性，又包括知识产权内各种具体智力成果权的属性，同时，知识产权信息又是表征知识产权保护客体内含的信息，它包括专利信息、商标信息、版权信息、技术合同信息、涉及知识产权业务的竞争信息等。广义知识产权信息是表现知识产权存在状态的信息，一切围绕知识产权发生、发展、变化的信息，如知识产权制度的演化、知识产权法律法规运行状态、知识产权法律活动、知识产权数据、知识产权声明、知识产权利益主体等，都可以被看作是知识产权信息。❶

（二）知识产权信息的内涵❷

知识产权信息既是关于知识产权制度变化的信息，又是有关知识产权保护客体内含的信息，同时还主要是有关知识产权权利的信息，因而它有着十分丰富的内涵。

（1）人类认识信息。知识产权保护的客体涉及人类科学技术、文学、艺术、商业活动领域，是有关人们在这些领域从事智力劳动所创造的认识成果，因而知识产权信息首先是人类有关科技、文学、艺术、商业活动的认识信息。具体包括：①新发明、新创造、新设计，这些有关技术开发新成果的信息，有助于人类更新对现有技术水平和未来发展前景的认识；②商品新标记、新包装、新装潢，这些新信息有助于人们认识企业开发和市场销售的新商品；③新企业、新产品产地、新商品货源等各种商业新信息；④新软件、最新集成电路设计、新开发的数据库信息；⑤科学研究新成果、文学艺术创作新成果信息，这些信息有助于人们认识科学、文学艺术新动态、新进展。

（2）法律保护信息。知识产权信息基于法律活动而存在，因而它必然表现法律活动的存在状态，这种权利信息包括：①有关知识产权拥有者因知识产权客体而产生的各种法定权利信息；②法律规定的受保护的知识产权客体范围和种类的信息；③法律不保护的智力成果的信息；④法律禁止创作或利用的智力成果的信息；⑤法律规定的知识产权成果利用方式的信息；⑥新颁布的法律法规、贸易与经营新规则信息等。

（3）知识产权贸易信息。如知识产权贸易主体信息、知识产权贸易客体信息、知识产权贸易方式信息、知识产权经营规则信息、知识产权价值计量信息等。

---

❶ 马海群.网络时代的知识产权信息管理[M].北京：科学出版社，2003.
❷ 马海群.网络时代的知识产权信息管理[M].北京：科学出版社，2003.

(4) 智力成果的形象信息。不少知识产权客体往往借助于事物形象来表达创作思想，因而知识产权信息也是一种丰富的形象信息，如①发明专利，尤其是实用新型和外观设计专利的附图所表现的产品形象信息；②含有图形要素的商标所表现的有关或无关商品的形象信息和一定的情感信息；③美术、舞蹈、摄影、电影、电视、工程图纸等作品中所表现的有关作品的形象信息。其中大部分作品倾注了创作者的充沛情感，因而作品同时又表达着较为丰富的情感信息。

(5) 法律规范信息。主要包括知识产权法律制度信息、知识产权法律法规内容信息、知识产权国际保护信息等。

(6) 知识产权活动动态信息。主要包括知识产权研究著作、研究报告等研究信息；知识产权制度运行状况的统计、保护客体发展变化的统计等统计信息；知识产权新闻、消息、事件等动态信息。

(7) 知识产权行为主体信息：包括知识产权国际组织、国家知识产权行政管理机构、地区性知识产权行政管理机构、知识产权数据库服务商、知识产权团体信息用户、知识产权个体信息用户等。

(三) 知识产权信息的特点❶

知识产权信息已成为人们从事科学研究、技术研究、法律规范及文学艺术创作等社会经济活动必不可少的重要信息，它具有以下几个显著特点。

(1) 既是文献信息，又是非文献信息。所谓文献信息是以文献为载体所表达的信息，这种信息既包括文献所载内容，又包括文献载体形式。首先，知识产权信息是一种重要的文献信息，一系列因法律规定而产生的文献，是知识产权信息的主要载体和信息源。例如，根据《专利法》规定由申请人递交的专利申请书、专利局定期公布的专利说明书、专利证书等，构成了专利信息的主要组成部分；根据商标法规定由商标局建立的商标档案、商标注册申请人递交的申请书等，为社会提供了重要的商标信息；根据著作权法规定由著作权转让、受让双方签订的著作权合同以及绝大多数以文献形式存在的作品，为社会提供了广泛而重要的著作权信息。此外，技术合同、专利许可证、商标许可证、计算机软件登记账簿等，都以书面形式向我们提供着各种知识产权信息。因此，知识产权信息是整个社会文献信息的重要构成部分。其次，知识产权信息又是一种非文献信息，知识产权信息可以借助文献载体之外的

---

❶ 马海群. 论知识产权信息的概念、特征、内涵与功能[J]. 图书情报工作，1998 (3).

其他载体来表达、传播与利用。例如，专利产品所表达的专利信息、商标核定使用的商品所传递的商标信息、美术作品等所传播的著作权信息等，都是一种实物信息；口述作品所表达的著作权信息、知识产权贸易过程与诉讼过程中借助人的语言、行为所传递的知识产权信息等，则是一种重要的人际信息。知识产权信息的这一特点使得知识产权信息广泛存在并渗透于社会、经济、文化生活的各个领域。

(2) 既是静态信息，又是动态信息。知识产权信息在某些情况下以静态的形式存在于各种知识产权文献之中，这时它有待激活、有待摄取，才能够运动。但是在更多的情况下，它以动态的形式存在于知识产权谈判中和贸易中，存在于文献的开发、交流中，存在于知识产权诉讼中，也存在于产品、商品、作品的运动之中。随着人们对知识产权信息开发重视程度和利用程度的提高，随着知识产权信息社会价值的不断增强，更多的知识产权信息将以动态信息形式存在和运动。

(3) 知识产权信息通常是公开化信息。绝大多数知识产权是以公开为原则的，向社会公开智力成果是创作者获取知识产权的法定条件之一，因而知识产权信息在通常情况下是一种公开化信息；国家设立知识产权保护制度的目的之一，也正是在保护创作者一定利益的同时，鼓励和保证智力成果信息的社会公开化和大众可获性。例如，记载专利信息的专利文献、记载商标信息的商标档案文献及绝大多数处于发表状态的作品等，都是具有公开性的。市场中的专利产品、商标权保护商品等所传播的工业产权信息和法律诉讼中涉及的知识产权信息，也可以认为是公开性信息。当然，某些特定的知识产权信息，如知识产权新的保护对象——商业秘密所包含的各种信息，是以保密为原则的，这种知识产权信息一般不具备公众可获性。

(4) 信息量大、内容广泛而独特。知识产权信息反映人们在从事科学、技术、文学、艺术创作活动中因智力成果而得到的财产权与法律保护权，人们的这种创作活动几乎涉及人类智力活动的各个领域，是人类精神生活的全面反映，因而知识产权信息量巨大，涉及领域广泛。另外，同其他信息相比，知识产权信息具有较强的法律意义，在许多情况下未经知识产权拥有者同意，开发、采用、转让知识产权信息是违法的，是要承担法律责任的，这是知识产权信息的独特之处。

(四) 知识产权信息的功能[1]

(1) 显示功能。正如前述，知识产权信息表达着知识产权活动状态，显示着知识产权法律活动的存在方式；人们正是通过知识产权信息来认识知识产权，认识它在社会经济生活中的重要作用，同时利用知识产权信息促进技术开发与转移，促进商品销售与扩散，促进市场公平竞争，促进文化传播。

(2) 认识功能。知识产权信息的产生与发展，依赖于人类认识能力的提高；知识产权信息的传播与作用，反过来又促进了人类的认识范围和认识深度。例如，人们借助于开发知识产权信息，可以充分认识技术发明的新进展和技术水平的提高对社会的重大意义，可以充分了解人类对自然界和人自身认识已达到的深度和广度；可以借鉴他人的创作成果，促进新的智力成果的研究、开发，并结出新的硕果。

(3) 资源功能。信息资源已成为信息化社会中最重要的资源之一，信息资源开发水平将影响甚至决定着经济的增长速度，因而它是各国政府关切的热点问题。知识产权法律保护制度导致了知识产权信息资源的产生，并大大丰富了整个社会的资源种类和总量。专利信息、商标信息向人们展示了独特的信息资源类型，著作权信息资源则大大刺激了人类的科技发展和文学、艺术创作。

(4) 法律功能。知识产权信息在很大程度上可以说是一种法律信息，它有助于人们据以从事知识产权法律活动。例如，在知识产权的申请、审查、获取过程中，在知识产权合同买卖中，在知识产权纠纷解决中，人们往往都需要开发与利用知识产权信息，以维护自己的权力和利益。

(5) 凭证功能。知识产权信息很大一部分以文献信息的形式存在，文献信息具有重要的凭证功能，它可以据以确定法律事实，解决法律争端，打击侵权行为。商标文献、专利证书、专利权利要求、已出版的作品等，都具有凭证功能。

(6) 咨询功能。信息咨询正成为服务业乃至整个第三产业的核心智力产业，信息咨询业的重要支持条件之一即是专门化的信息源。知识产权信息可以帮助人们完成各种智力创造活动，如技术开发与改造、产品设计、商标设计、文学艺术创作等，因而它具有独特的咨询功能。

(7) 教育与娱乐功能。知识产权信息中丰富的内涵可以培养人们的创造

---

[1] 马海群. 论知识产权信息的概念、特征、内涵与功能[J]. 图书情报工作, 1998 (3).

意识、创造能力,同时艺术性商标、文学艺术作品可供人们欣赏和娱乐,人们通过知识产权信息可以受到各方面的教育或得到艺术上的享受。

(五) 企业知识产权信息的价值

知识产权信息对企业研发决策、研发创新、技术攻关、应对或提起诉讼等都有着重要的情报价值。运用知识产权信息进行市场分析和技术预测,不仅是企业实施知识产权机制的内在环节,也是提高企业竞争力的核心要素。企业只有掌握并注重开发知识产权信息,才能有效地参与市场竞争。

1. 专利信息的价值

同其他信息源相比,狭义专利信息资源的价值一般体现在:避免重复工作或避免侵权,掌握专利技术发展情况,寻找贸易机会,获取竞争情报,考察技术趋势及寻找技术灵感等。广义专利信息则是促进科技进步、经济发展和改进企业经营管理的重要手段。一般情况下,人们研究和利用更多的是狭义的专利信息。❶ 专利信息的价值主要表现在以下几方面。❷

(1) 提高研究起点,避免重复研究。在专利信息和文献检索的基础上,通过分析可以了解到相关技术领域技术现状和发展动态,有利于企业在把握现有技术的基础上瞄准技术空白点,同时可以获得研究思路的启发,提高研究的起点。对现有专利技术的掌握也有利于避免低水平的重复研究,避免研究资源的浪费。如根据欧洲专利局早些年提供的调查资料,欧洲专利条约成员利用专利文献,每年可以节省 300 亿马克的研究开发费用,并且可以大幅度提高研究开发速度。

(2) 进行技术预测,指导技术创新过程。检索和分析专利文献与信息,企业可以及时掌握技术发展变化趋势,主要竞争对手分布及其战略动向,从而根据技术的变化趋势及时作出适应性调整,保障技术创新的成功。

(3) 防范专利侵权。专利权具有独占性,如果企业开发出来的技术落入在先的专利权人的权利要求保护范围,就可能被指控为专利侵权。在企业技术研究开发、产品生产销售前进行专利信息分析,则可以避免这一情形的出现。利用专利等知识产权信息服务平台,可以有效地防范知识产权法律风险,指导技术创新活动。例如,四川东风汽车公司建立了中外专利信息数据库服务平台和专利信息分析平台,跟踪竞争对手和合作伙伴的专利进展情况。在一起引进与合作事务中,其通过上述平台,及时发现了风力发电技术引进与

---

❶ 厉宁. 略论专利信息的统计、分析与预测[J]. 江苏统计,2000 (5).
❷ 冯晓青. 我国知识产权信息网络平台建设研究[J]. 湖南大学学报(社会科学版),2013 (3):137.

合作中存在的法律风险，针对阿尔斯通在我国的"汽轮机转子"专利申请对其开发核电技术造成的障碍，有针对性地进行技术创新和专利布局，取得了明显成效。

（4）制定与实施科技创新战略与知识产权战略。企业这两种战略的制定与实施，无疑需要以充分占有专利信息为前提。另外，企业利用专利信息还可以查找因故失效的专利，免费利用，以节省企业资源。

2. 商标信息的价值[1]

（1）商标信息是一种重要的经济信息。商标作为一种商品生产者、经营者或服务提供者的商品或服务的特殊标记，其核心作用是识别商品或服务、引导消费，因而它与贸易活动等有密切联系。

（2）商标信息是检索其他经济信息的桥梁与入口。不少提供经济信息的检索工具书和数据库，都将商品的商标作为检索点之一，通过这一检索点，检索者可以获取更多的经济信息，如产品的供应商、产品价格、产品性能、市场销售状况等。

（3）商标信息是企业形象的一种表现手段。消费者往往是通过商标信息来认识企业、了解企业和评价企业的，因而，商标信息既向消费者传递企业家的意图，同时又是树立企业形象的重要手段。

（4）商标信息是技术创新和市场竞争的重要手段。企业将技术创新优势转化为市场竞争优势的主要载体是商标，因为企业运用专利等知识产权创造出来的产品知名度，如果能够很好地利用商标加以保护和积累，就能在发明专利等知识产权期满后，使它的知名度和信誉通过商标权得到延续性保护。因此，通过商标信息的开发利用，可以促进商标与被识别的商品或服务在市场力量的作用下，形成一种良性互推作用。

（5）注重开发国内外丰富的商标信息资源，将有力地推动商标与服务的贸易发展。一方面，产品或服务的质量是市场竞争与贸易抗衡的关键因素，通过商标信息及相关商品或服务信息的主动宣传与传播，将会提高用户对商品或服务质量的认知与理解，强化市场竞争能力，开拓贸易渠道。另一方面，好的产品需要有好的市场去导入，即采用好的营销模式和营销理念，建立商标信息数据库、商标信息管理系统，对于优化企业的市场营销和对外贸易中的诸多环节，都起着积极的推动作用。

---

[1] 马海群. 网络时代的知识产权信息管理[M]. 北京：科学出版社，2003.

3. 版权信息的价值

(1) 通过版权信息确定版权的保护期限。通过授权、继承等方式继受取得版权的，版权管理者就需要认真研究权利授予或转让的法律文书，以便准确把握被授予权利的有效期间。通常，必须仔细阅读判决书、裁定书、授权合同文本，研究其权利发生、变更、终止的具体日期和过程，然后再依法准确确定版权的起算时间。

(2) 通过版权信息确定版权的权利范围。通过掌握相关版权信息，才能确定著作权的具体权项有哪些，其权利范围有多大，也就是说这些权利在多大范围内是有效的，存在什么限制性规定。这是因为有些被管理的版权是不完整的，它们通常是通过原始主体或者其他继受主体的授权而获得的。除了授权过程对版权范围有一定限制作用之外，法律、法规也存在一些限制著作权、邻接权的制度。所以，掌握相关版权信息，既可以避免盲目维权情形的发生，也可以在版权侵权诉讼与仲裁当中做到"知己知彼"，从而在"维权"中占据主动。

(3) 通过版权信息防范版权应用中的风险。版权应用的风险防范是一个动态过程，除权利人自行利用其版权外，在授权他人利用版权的过程中，权利人面临的主要风险包括缔约风险、履约风险以及侵权风险等。以授权合同签订为例，权利人及其管理者可以对风险进行前期、中期和后期控制三个阶段。前期控制的主要任务是筛选缔约对象、商定合约条款。中后期控制的主要任务是严密控制合同履行过程，发现侵权现象后及时采取有效的法律措施和管理措施予以制止。此外，适应网络化交互、数字化作品快速传播的特点，延续和改造版权贸易程序。

二、企业知识产权信息管理

(一) 企业知识产权信息管理的概念

知识产权信息管理是知识产权管理的重要组成部分，是对知识产权制度运行中信息资源的合理组织与有效利用，它不仅有利于人们确认知识产权的客观存在方式和状态，完善知识产权结构及其内容体系，而且为知识经济的发展提供了重要的信息资源。知识产权信息管理可以从许多方面进行划分。从范围来看，知识产权信息管理主要分为两个层次：一是宏观上的管理，包括对国家、行业、地区乃至各个企事业单位的宏观的知识产权信息管理，如国家知识产权信息服务网络的规划与建设；知识产权信息服务业的建立；社会知识产权信息利用意识的提高；知识产权信息利用知识的宣传与普及；知识产权信息检索专门人才的培养；知识产权信息利用与管理规章制度的建立、执行等。二是微观上的管理，即是对知识产权信息资源的管理，如知识产权信息的收集、整理、分析研究、传播、利用等。[1]

企业知识产权信息管理是指通过加强企业的信息化建设，对知识产运营过程中的各种信息加以有效地组织和利用，从而提高企业的经济效益和社会效益的过程。企业知识产权信息管理主要表现为企业对知识产权信息的收集、加工、分析和利用。企业从创业初期就应将知识产权信息管理提高到战略高度，配合企业知识产权战略，与企业其他经营战略一起，共同为企业的发展指明方向。通过知识产权信息管理，企业不仅可以掌握国内外竞争对手最近的新动向，还可以为具体的经营决策提供最佳的信息资源，使企业的决策沿着正确的方向进行。

(二) 企业知识产权信息管理的过程——以专利信息管理为视角

以专利信息管理为例：在确定技术研发课题前，在研发过程中，在产品制造和销售前，在并购其他企业或者在与其他企业进行技术贸易时，都应通过专利文献进行检索和分析。

(1) 设想、评估阶段。在确定技术研发课题前，研发人员与专利人员通常要通过对同主题专利文献的检索和分析，通过对该类技术的发展趋势和成熟程度的预测，确定选题，并检索该类主题是否已有在先专利，可以评估其研发成果的技术价值，确定该技术研发的技术可行性。

(2) 研究、开发阶段。在研发过程中，通过专利文献检索和分析，充分利用已经公开的专利文献信息，提高研发的起点，确定技术突破口，寻找技术创新点和创新路径，并及时调整技术的研发方向，提高研发效率，节约研发时间。

(3) 制造、销售阶段。产品在制造和销售前，通过专利文献和检索分析，确定对自己的技术是否申请专利，并依据对检索的专利文献信息分析，选择在何时、何地申请何种专利；同时，通过调查该产品在制造地或者销售地是否存在侵犯他人权利的可能性，评估产品制造和销售的法律风险。

(4) 企业并购或技术贸易阶段。在并购其他企业或者在与其他企业进行技术贸易时，应通过专利文献检索和分析，分析欲并购企业所含的专利法律

---

[1] 马海群. 知识产权信息管理的调控手段分析[J]. 世界科技研究与发展, 2006, 28 (2): 96.

状态等信息,并结合该专利技术相关主题专利文献的检索和分析评估其技术价值;同时,通过专利文献检索和分析,对欲受让或者受许可的专利进行潜在侵权可能性、法律状态和技术价值等的评估。❶

三、企业知识产权信息管理的必要性

1. 市场千变万化的需要❷

面对千变万化的市场需求,企业必须保持高度的应变性,要始终与市场环境的变化保持动态平衡。这就要求企业的竞争情报工作必须做到及时、准确、全面,为企业选择正确的决策方案提供可靠的依据。

2. 国际国内竞争的需要

无论是在国内市场还是在海外市场,中国企业都将面对国际企业强有力的竞争,要在竞争中求得生存与发展,企业就必须做到"知己知彼",并制定出有利于充分发挥自己优势的发展战略和竞争战略,扬长避短,快捷地抓住商机。

3. 企业技术创新的需要

科技进步使产品生命周期缩短,新产品不断推陈出新,产品的科技含量也越来越高。企业要占领产品开发和技术创新的制高点,就必须对信息情报工作常抓不懈,因为任何创新活动都是在大量的竞争情报分析和整理的基础上完成的。

4. 国际宏观环境变化的需要

企业的经营活动不仅受国内宏观环境变化的影响,同时也受国际宏观环境的影响。政治、法律、经济、科技、社会等国际环境的变化,都会影响企业的生存与发展,企业必须及时掌握国内国际环境的变化,以便及时调整自己的经营战略和发展规划,有效地规避风险。

第二节 企业知识产权信息管理的方式

企业知识产权信息管理贯穿于企业生产经营活动的整个过程之中,企业生产经营活动是围绕企业产品的投入、产出、销售、分配乃至保持简单再生

---

❶ 朱雪忠. 知识产权管理[M]. 北京:高等教育出版社,2012:266.
❷ 刘振刚. 企业知识产权管理理论与实务[M]. 北京:北京教育出版社,2007.

产或实现扩大再生产所开展的各种有组织的活动的总称，它们共同构成企业的整体。一般而言，企业通过对市场需求及发展趋势进行研究与预测，然后研制、开发、生产、销售其产品和服务，由此赚取利润，促使企业生存和发展。企业的生产经营活动从过程上看一般包括研发活动、生产活动和营销活动，在不同阶段企业知识产权信息管理的方式也存在差异。

一、企业研发活动中的知识产权信息管理

研发活动指为发展新技术、新产品和改进老产品所进行的一系列科学研究和技术工作，完整的研究开发活动包括基础研究、应用研究和开发研究。基础研究是后两类研究的基础，主要是为它们提供理论基础，应用研究是基础研究与开发活动的桥梁，而开发活动则是将技术转化为实际的产品的过程，是将技术创新转化为生产力的最近环节。企业研发活动与知识产权信息存在着密切的联系，既需要既有知识产权信息的指导和支撑，又不断产生更多更新的知识产权信息。研发活动涉及的信息主要为技术信息，因此此阶段的知识产权信息管理主要为专利信息和与技术有关的商业秘密信息的管理。

（一）企业专利信息管理的主要流程

在企业技术创新的各阶段，以专利信息管理为核心的知识产权管理始终是知识产权管理的重要内容。通常，企业专利信息分析包括准备期、分析期和应用期三个阶段。在准备期，主要工作是建立专利信息分析队伍、确立分析目标、研究背景资料、选择专利信息源和选定分析工具。在分析期，主要是从事数据采集和数据分析工作，其中前者包括确定专业领域、拟定专利检索策略、进行专利检索、分析样本数据库等流程，后者包括数据清洗、按专利指标聚集、生成工作图表、进行分析与解读、撰写分析报告等流程。应用期专利信息管理的主要工作则是对分析报告进行评估和制定相应的专利战略。

专利信息分析与专利文献利用和专利情报挖掘是一脉相承的，它对于进行企业技术发展战略决策、选择合适的专利战略和创新模式具有十分重要的指导作用和启发意义。通过专利信息分析，企业可以比较完整地了解相关技术的发展历程和变化动态，掌握技术发展规律，特别是技术难点的解决程度及其现状；企业还可以比较完整地了解技术发展的整体状况、技术研究的热点和相关技术之间的关联性以及影响技术发展的相关产业。

在研发管理中，专利分析可贯穿于项目立项、研发路径选择、研发实施、研发成果专利申请等各个阶段。主要的分析内容包括：某技术领域现状分析、

技术发展趋势判断、竞争对手动态研究、专利法律状态调查等。为满足上述需求，企业研发管理部门不仅需要配备各种专项分析工具，还要建立一个在整个研发阶段都能对专利进行有效利用的专利信息管理流程。一般来说，企业专利信息管理流程包括检索与筛选、建立专项数据库、技术统计分析等几方面[1]。此外，为保障研发人员的需要，此流程不仅仅只在项目研发初期运行，在研发的中后期，也可根据实际情况循环使用，获得最新的专利信息，并达到充分利用专利信息的目的。

1. 专利信息检索与筛选

专利分析的第一步就是查新检索，通过关键词对某一技术领域的专利和文献进行查询，了解相关专利的创新性、新颖性及其保护范围。为避免侵权或被侵权，有时还要进行侵权性检索，其目的是对专利的保护范围、有效性、时间及地域的法律界定进行分析，并找到技术盲点或失效专利的价值点。

由于专利信息来源杂、数量多，而且有相当部分的虚假或重复信息，所以，在检索之后，必须对检索结果进行清理和筛选。这就需要相关的专业人员从良莠并存的专利信息中，识别主要的、重要的专利，选取对企业有利用价值的部分。在专利信息管理中，这是非常关键的一个步骤，如果不对检索结果进行清理和筛选就很难保证后续专利分析的质量。

2. 建立专项数据库

通常，专利检索结果是一个无序的、分散的且不易管理的信息集合。其中每项专利都是以文件形式单独存储，这并不利于后续的统计与分析。要想充分利用专利并达到快速查找、及时分析的目的，还需经过软件设计者和领域专业技术人员的共同努力与合作，建立相应的专项数据库。这样，可将专利信息转化成为有序的、易被加工整理的结构化数据。首先，要建立这样的数据库，需要根据专利文献结构的特点设计数据存储单元项，如专利权的范围、专利权的归属、专利权的技术内容、专利状态和法律状况等信息。其次，收集相关专利，经筛选后导入数据库。根据需要建立索引、设置标引等方便以后检索与调阅的信息标签。最后，设置通用的计算机可以完成的分析功能，如：统计图表、筛选、聚类、专利地图等。此外，为了满足各个技术领域的需求，数据库结构还应具有通用性，即可快速地进行复制并形成其他技术领域的专项数据库。

---

[1] 李皓. 企业研发过程中的专利信息管理与应用[J]. 世界钢铁, 2013, 13（1）：68-71.

3. 专利信息分析

在专项数据库的基础上，就可按照需求进行系统的专利分析。从分析方法的角度来说，专利分析可包括定量分析和定性分析两种：

专利的定性分析主要是针对技术内容的分析，通过专利说明书、权利要求、图纸等来识别专利，并按技术特征整合相关专利使其有序化。将专利信息分类比较和归纳综合等加工整理后，着重研究具有代表性、关键性和典型性的专利。发现专利之间内在的相互关系，找出共性、异性和相关性，将其成分、工艺和装置先分类再组合进行分析，形成有机的信息集合。定性分析一般用来获得技术动向、企业动向、特定权利状况等方面的信息。

专利的定量分析，通过数学模型和图表等方式，对专利中的分类、技术特征、申请人所在的领域和国家等信息进行计量和统计，从而获得系统的、有价值的统计数据。定量分析主要通过对专利文献的外部特征（申请日期、申请人、专利号等）的统计分析，识别竞争对手的技术特点，揭示其技术联系、技术热点，预测技术发展趋势等。

这两种方法各有自己的分析目的及适用范围，两者可结合使用，从而全面地对专利展开分析。

4. 专利分析结果的可视化显示

可视化显示就是将专利分析结果以图形的方式显示，其特点是形象、直观、简便。除了传统的直方图、饼图等可视化显示方式以外，专利地图也是一种专利分析结果的显示方式，除了能显示常规的定量分析结果外，还可以显示定性分析的统计结果。具体而言，专利地图是指通过对专利著录信息如专利申请号、授权号、专利权人、专利发明人或者设计人、专利类型、PCT分类号等著录事项进行分析和研究，绘制成便于直观地解释专利技术分布和变化趋势的图形。这首先需要进行复杂的词组聚类运算，然后再把结果以类似等高线的方式将专利归类显示。为洞察技术发展趋势、掌握竞争对手的专利发展情况、发现行业近年新出现的技术、确定研究战略和发展方向等提供有价值的依据。根据其目的不同，专利地图大致分为专利管理地图、专利技术地图和专利权利地图三类：

① 专利管理地图以专利号、申请人、发明人、申请人所属国、申请受理国、申请日、公告日，及专利分类号为关键词制图分析。主要目的在于了解技术领域的现状和发展趋势、行业的技术实力分布和聚焦竞争对手。

② 专利技术地图以技术类别、技术特征、实用功效、创新程度、保护范

围等作为重点分析内容。主要用于企业的技术研发项目，由领域专业技术人员完成。专利技术地图分析，可以帮助企业明确行业技术态势、行业领先技术、竞争对手技术、行业空白技术等，由此为项目评价小组提供信息，确定本企业的关键技术及研发方向。

③ 专利权利地图以专利权利要求、法律状态、权利转让、许可与侵权等信息作为分析指标。目的在于严格规划企业的研发计划，避免产品制造销售时产生专利冲突等侵权行为。

数据挖掘技术是在计算机技术日益成熟的背景下运用计算机处理技术获取信息的重要方法。数据挖掘是目前专利情报分析的有效方法，甚至被认为是最为先进的方法。所谓数据挖掘，是指借助于一定的分析工具建立数据分析模型，以便于在数据库或资料库中获取目标知识和信息的行为和过程。对于专利文献和情报而言，数据挖掘可以用于处理海量的专利文献与信息。其基本的流程与处理包括：一是数据获取与数据预处理，根据专利分析目的确定数据挖掘的目标和性质，初步选取检测对象；二是进行数据挖掘与监测，按照特定的数据挖掘算法，在数据库中提取数据模式；三是数据的可视化，在初步分析监测数据和拥有的本地化数据的基础上，形成监测分析结果报告；四是专利情报分析与整合，情报分析人员对监测分析结果进行系统分析，在专家诊断和信息反馈的基础上形成最终报告。

（二）企业研发过程中的知识产权信息管理

研制全新产品或对原有产品的改进等研究开发活动，基本程序一般包括调查决策、产品设计、工艺准备、试制鉴定、正式投产和销售技术服务等阶段组成。伴随着产品研发环节，需要对相应的技术或工艺进行知识产权信息检索与分析，以确定是否进行研发、选择研发项目、研发方式以及确定研发成果保护形式等。

1. 研发准备阶段的知识产权信息管理

为了避免低水平重复研发或盲目研发行为侵犯已有的知识产权，提升研发成功率，企业在进行研发之前需要进行知识产权信息检索与分析，以进行研发立项决策。

在知识经济背景下，企业竞争环境不确定性增加，新技术的出现更是层出不穷，企业需要把握新技术的发展趋势和未来的市场需求，在自身技术水平的基础上选择未来的关键技术，而且避免与其他企业的现有技术产生直接竞争，企业需要系统地识别和观察技术动向和现有技术，通过技术预见进行研发立项。通过对技术信息的系统分析,企业筛选出未来能够为企业带来竞争优势或经济效益的关键技术,确定企业未来的技术发展动向❶。与企业关键技术发展相关的研发项目才是企业需要的,可以通过研发立项自主获取相关技术,也可以通过其他途径如技术引进获取。

(1) 技术研发立项的知识产权信息管理。

技术研发立项之前,应当对准备研发的技术或产品的现有知识产权状况进行全面检索和分析,尤其是竞争对手的专利信息及技术秘密状况,以避免侵权风险,并提高研发起点。

在研发立项前期,通过专利的研究分析,可以获得竞争对手的技术状态,了解某领域当前的技术状况,预测市场导向和发展态势。检索与跟踪竞争对手动态信息,调查与监视其专利申请的状况,了解其新工艺新产品的动向和进展情况,并考虑回避已有的专利和技术、侵权的可能性等。根据竞争对手的策略和目标假设,预测下一步的发展路径,找到自己的产品定位和市场策略,指导技术研发和专利申请,为专利的生产、进攻和防御战略提供决策帮助。

在技术研发立项前,除了要根据市场信息识别影响技术需求的因素之外,要重点关注的仍然是技术方面的专利信息和技术秘密。专利信息囊括了90%以上的最新技术信息,在许多领域中竞争者为抢占技术先机保护知识产权为大多数技术成果申请了专利,因此可以将专利信息作为技术发展态势分析和企业技术水平分析的数据来源。专利信息主要来源于专利说明书,在专利说明书中,权利要求、附图和摘要等披露了与该发明创造技术内容有关的信息,通过专利文献所附的检索报告或相关文献也可以间接获取与该发明相关的技术信息。通过对研发项目相关的技术的专利文献检索,可以运用专利地图方法分析企业意向技术领域的专利数量和分布,由此确定行业技术发展趋向和关键技术,并可以有针对性地分析竞争对手的技术分布、技术优势以及技术策略和竞争方向。经过以上综合分析,企业根据自身技术研发能力和战略意图,选定技术研发方向,确定关键技术机会进行研发立项。

德国大众汽车就是以专利信息为基础,为研发提供基本信息与服务支撑的。大众公司使用专利信息的目的是监控并分析竞争对手的所有专利活动、为技术开发部门提供建议、评估开发成果并支持管理部门的决策。该公司的

---

❶ 陈旭,施国良. 基于情景分析和专利地图的企业技术预见模式[J]. 情报杂志,2016,35(5):102-107.

专利信息工作从研发初期开始，并伴随整个研发流程。在研发前期的工作主要包括：当前技术状态概况性检索、当前技术状态分类、专利法律状态、相关内容分类等。大众公司认为在研发前期进行专利分析对研发非常有好处，它能帮助技术人员快速熟悉新技术领域、监控竞争对手的活动、及时发现专利侵权行为、避免公司内部的重复性开发以及为改进单个技术提供相关知识。

以开发运动型多用途乘用车的新车型为例，大众公司首先根据新车型的若干核心部件分别进行专利检索，如发动机、驱动系统、离合器等。随后，对照本公司和竞争对手申请的专利进行法律状态分析，并根据拟定开发的新工艺，判断哪些工艺属于自主知识产权，哪些工艺属于竞争对手的知识产权。接下来，针对竞争对手的专利进行详细的技术分析与研究，主要包括专利所描述的技术状态分析，以及专利中所描述的技术的发展潜力研究。最后，根据分析结果制定最终的技术开发路线。如果这条路线上仍然存在竞争对手的专利，就转为长期关注状态，永久地监控竞争对手在此领域的活动。

（2）技术引进的知识产权信息管理。

企业确定研发的关键技术领域之后，并不一定需要直接进行研发，对于已有的知识产权成果也可以通过技术引进的方式直接获取相应技术。技术引进可以更快速的获取已有技术，节约研发费用和研发时间，更降低了研发风险。

但在技术引进时，企业也需要对技术相关的专利进行全面检索和分析，以选择合适的专利，确保在自身技术水平下可以成功实施该专利。对目标专利技术还需要检索与分析其法律信息和经济信息，即该专利是否有在先使用等争议、是否在有效期、是否为合法权利人，以避免潜在的专利侵权或专利欺诈。通过全面分析专利的技术、法律及经济价值，通过价值评估确定合适的价格及引进方式。

技术引进中的专利信息检索内容主要包括：

① 专利有效性检索。通过检索该专利的法律状态确定检索系统中准备引进的技术是否是有效专利，主要检验该专利是否在有效期范围内。

② 专利技术信息检索。通过检索该专利信息的引用或参考的专利文献，分析其技术性关键信息，再对这些技术信息进行检索，确定有无类似的可以替代的专利技术，甚至更先进的技术。由此对计划引进的技术做出技术优劣方面的判断。

③ 专利（族）法律状态检索。主要分析该目标专利有没有在其他国家申

请了专利，这些专利间关系如何，专利族有效性如何，企业需要判断引进该项技术还是专利族。

2. 研发过程中的知识产权信息管理

在确立研发项目之后，进入技术研发阶段。在技术或产品的项目研发过程中，知识产权信息的主要作用是帮助确立技术研发方案，针对性地解决技术攻关问题，规避专利侵权设计，实现技术解决方案。

在项目开发中，企业还需要围绕研发项目不断地进行专利调研。此阶段的专利调研主要从专利文献和失效专利中进行技术挖掘。在专利中，尤其是权利要求项中，包含大量的解决问题的思路，这些解题思路对解决技术问题有着重大意义，它能开拓研发人员的思路、启发灵感、指引解题方向。对核心专利的深入研究，还能有机会发现其中的漏洞或破绽，为专利规避创造条件。通过对专利的分析，可以帮助企业找到已有专利的不足。对权力要求范围过宽的专利加以分析验证，以新的数据论证自己的观点，寻找技术突破口，形成自己的创新技术和专利布局，摆脱竞争对手的技术束缚。对于研发人员而言，他们需要在研发过程中参考技术相关的专利文献，由此获得技术解决方案甚至新的灵感，专利信息利用可以引导研发工作，节约研发时间。对失效的或过了保护期的专利加以利用，可在较短时间内获得一些有价值的技术或理念，将其改进，形成自己的知识产权，起到事半功倍的效果。另外，在研发过程中，难免与现有专利技术或其权利要求产生冲突或雷同，在设计研发技术方案时，有针对性地进行规避设计可以降低侵权风险，也可以通过引进、合作的方式合法规避，同时对最终成果获取合法自主知识产权。

研发过程中还需要注意自身的知识产权信息管理，即对研发过程中的信息资料、过程文件、阶段成果等也要做好保密、归档等工作，以便留存证据，也为今后持续的研发活动提供技术和信息支持。

3. 研发成果的知识产权信息管理

技术研发项目验收之后，企业要面临如何最大限度地保护技术成果的问题，主要是对研发成果采取何种保护方式进行决策。只有保护好自身的技术成果，企业的产品才能真正具有竞争力和生命力。在研发项目结束之前企业就应该围绕最终技术或产品进行持续的专利检索，确认是否所有创意均已完成专利申请和布局，采取以哪种专利的形式进行保护，哪些可以采取专利之外的保护方式，如以商业秘密的形式进行保护。这需要企业综合分析该技术的可专利性、公司的专利保护状况、费用、被侵权风险等信息，由此确定恰当的保护组合方式。一般而言，企业的独有技术和领先产品更需要得到知识产权的全面保护，任何产品和技术要在市场上立足，都要获得知识产权法律的保护，防范包括知识产权在内的各种法律风险。在最大限度地规避侵权风险的同时，实现利益最大化。

在境外申请专利，要充分研究当地的专利文献，结合法务部门了解申请国的知识产权法律条款，规避可能的专利纠纷和产品的销售风险。对于企业的独有产品和技术，还应提前进行专利布点，为今后的全球产品销售市场清除障碍，提高产品的国际化占有率。

英特尔（Intel）公司拥有完善的技术成果转化及保护制度。首先，在取得研发成果后，英特尔将对新技术进行鉴别和等级划分，并根据新技术的重要程度决定是否需要申请专利和分配预算。对于重大的研发成果，英特尔还要进行专门的研究，讨论新技术的竞争环境、该技术在未来5年的发展趋势，以及采取怎样的策略性专利组合才能达到最佳的保护效果。在专利申请过程中，公司专利部门还将进一步确认专利的应用范围，并且将技术部门规划好的专利组合划分成不同的子类别，从而在法律层面上达到最大的保护范围。最后，由法律专务策划全世界范围内的知识产权保护策略，并最终形成完整的知识产权保护体系。

二、企业生产中的知识产权信息管理

企业研发成果只是一些技术方案或新设计，要将转化为真正的产品还需要生产环节的努力将其从方案变为样品，并可能经过多次试制、调整才能变为真正能够规模化生产的产品。这一过程中企业可能面临着自身知识产权信息扩散的风险，也需要相应的生产工艺、生产设备、原材料、零部件的改进和配合，这些环节会产生更多新的知识产权，因此企业生产过程中也需要进行知识产权信息管理。

（一）对供应链合作伙伴的知识产权信息管理

供应链的概念是从扩大生产概念发展来的，它将企业的生产活动进行了前伸和后延，是指产品生产和流通过程中所涉及的原材料供应商、生产商、分销商、零售商以及最终消费者等成员通过与上游、下游成员的连接（linkage）组成的网络结构。也即是由物料获取、物料加工、并将成品送到用户手中这一过程所涉及的企业和企业部门组成的一个网络。站在生产者的角度，一件产品的成功生产不仅仅靠生产企业的努力，还需要上下游供应链合

作企业的配合，如生产设备、原材料、零部件甚至配套产品的支持。在供应链管理模式下，制造商与供应商的关系是基于利益共享、风险共担的合作伙伴关系❶。基于合作伙伴关系，供应商的能力，如技术和创新能力，原材料和零部件的知识产权质量，配套产品的契合度和质量，都会影响生产者产品价值。与知识产权相关的关键技术必须按照生产要求整合到最终产品中，以保证最终产品的技术完整性、功能特异性和不可或缺性，维持垄断或垄断竞争的产品市场结构❷。在供应链体系中，由于分工已经细化到了工序环节和生产模块，多个知识产权分属于不同生产进程的企业主体，所有权和支配权又因知识产权极低的扩散成本紧密地结合在一起，因此知识产权应通过所有权主体的决策实现"联营"。而制造环节会由专业化制造商完成，但完成制造必须被授予知识产权的使用权，因此联营知识产权需要在产权结构内进一步实现使用权的"裂变"都有可能成为制造商企业能力的延伸。所以通过供应链各企业的分工与合作，产品生产的过程也伴随着各环节知识产权的重新组合过程。

企业应注意选择技术相似度较高的供应商，其零部件、原材料等与自己的产品更适合，也容易学习和把握其技术特征，但在合作的过程中要避免侵犯供应链伙伴的知识产权。零部件供应商的关键技术受到知识产权保护导致技术特征不尽相同，但技术相似度较高的伙伴业之间仍然拥有较透明技术和成本信息。生产企业搜寻供应商的过程中，要求零部件供应商依据最终产品生产商的技术标准提供样品参加投标，这样可以寻求到与自身产品契合度较高的供应商。在确定供应商时，应签订严格的采购契约协议，必要时建立双向供应关系，建立知识产权的相互许可与合作关系，形成一定程度知识产权联营，增强彼此的知识产权实力。

零部件采购时，应对涉及的技术进行侵权可能性检索和分析，并通过合同条款予以控制侵权风险，同样也应对采购环节中涉及的专利申请权转让、专利权转让、专利实施许可、专利有效性等法律和经济问题进行检索和分析，评估相关专利的价值，从而保证专利信息对称、公平交易。生产中也涉及生产设备的购买问题，尤其是设备进口，应对出口国、途经国和进口国就该设备相关的专利保护状况进行检索和分析，明确该设备在出口、销售、制造、

---

❶ 王化争. 印刷行业供应链协同经济性分析[J]. 甘肃理论学刊，2006（6）：66-67.
❷ 李延朋. 垂直专业化、企业签约与知识型技术创新体系构建[J]. 中国工业经济，2014（9）：122-134.

设计等环节中相关企业的专利保护状况和协定，正确评估侵权风险、为公司制定相关合同条款提供建议。

(二) 委托生产与知识产权信息管理

根据产业价值链理论的"微笑曲线"，产业两端利润率较高，而中间阶段的生产环节相对利润较低，而且对于很多企业而言，并不需要自己投入大量的资金、人力去从事生产加工，可以在已有的众多生产企业中选择合适的企业委托其进行生产，贴牌生产、代工现象应运而生。

企业将自己拥有知识产权的产品委托给其他企业代为生产，根据知识产权所有权的差异一般分为"代工"和"贴牌"两种方式。贴牌与代工共同之处在于，都是拥有自主知识产权的一方，委托另一方加工生产产品，然后贴上自己品牌进行销售。但是我们俗称的"代工"是由委托方提出产品设计方案，享有关于这个产品的全部知识产权，受委托方只是单纯地进行生产加工，不得将这个产品的知识产权泄露给第三方，也不得自行销售委托方收购剩余的贴牌产品；而"贴牌"，则是生产加工方拥有部分或全部知识产权，生产者进行整体设计，而委托方只拥有品牌这一知识产权。

1. 承接生产方知识产权信息管理

中国代工企业众多，很多承接国际委托生产业务，在承接这些生产任务时，中国企业不仅应关注对方知识产权是否有效合法，也要关注这些知识产权信息在国内是否具有合法性、有效性，进行相应的。知识产权具有地域性，根据一国法律取得的知识产权，仅在该国领域内有效，在其他国家原则上不发生效力。如贴牌时，所使用的注册商标只在注册国受法律保护，商标注册人只能在该商标的注册国享有注册商标专用权，而在未进行注册的其他国家则要受到该国商标法律的调整。对于这种未在中国注册只委托中国企业贴牌生产的模式，很多人认为委托方商标只在中国进行生产，目标是在国外销售，因此对中国已注册的商标持有者并没有损害，但《中华人民共和国商标法》第52条规定，未经商标注册人许可，在同一种商品或者类似商品上使用与注册商标相同或者相似商标的，即属于侵犯注册商标专用权。所以，当商标在我国获得核准注册后，其持有人在我国境内就享有注册商标专用权，如果未经商标注册人许可，贴牌生产的承揽方在生产过程中使用该商标就会构成侵权。因此无论定牌加工的商品是否在中国境内销售，只要承揽方在进行贴牌生产时未经注册商标权利人的许可而使用了依法注册的商标，其行为就构成了商标侵权。

同样的，承接生产的企业还应该注意检索代工产品涉及的专利权信息，与委托方签订实施专利的许可协议，因为我国《专利法》第12条明确规定，任何单位或者个人实施他人专利的，应当与专利权人订立书面实施许可合同，向专利权人支付专利使用费。被许可人无权允许合同规定以外的任何单位或者个人实施该专利。因此不管是自产自销，还是接受委托为别人进行代工生产，只要制造了专利产品就侵犯了别人的专利权，就要承担侵权责任。

企业承接委托生产做好以下知识产权信息管理工作，避免出现知识产权纠纷：

（1）在承接委托生产之前，进行知识产权信息调研，对即将生产的产品涉及的知识产权进行排查，规划规避方式；

（2）审查委托方知识产权权利，主要对知识产权的有效性、地域性、时效性等，而如果对方的知识产权也是通过许可、转让等方式获取的，更需要审查这些协议，明确权利范围；

（3）在签订委托生产协议时，明确约定知识产权归属、授权方式等。

2. 委托生产方知识产权信息管理

企业将产品的生产加工环节委托给其他企业时，更需要加强知识产权信息的管理，降低知识产权信息的扩散风险。首先对于委托加工产品所包含的知识产权要明确权属，签订允许对方实施的权利范围和内容，甚至要考虑对方在协议期间再转包代工所涉及的知识产权许可问题。而且，在委托协议中，对于委托加工过程中产生的知识产权归属的约定也很重要。因为按照我国法律规定，在委托生产过程中产生的知识产权，如果在委托协议中明确约定归哪方所有，就按照委托协议执行；如果在委托协议中没有具体规定，一般情况下这部分知识产权将由受委托者所有。

在委托生产时，委托方不可避免地要参与生产环节的技术指导、检测、服务等工作，这虽然有利于掌控产品质量，但在彼此交流的过程中，对方可以通过这种关系网络内的技术交流获取缄默性知识甚至商业秘密。因此委托方也应培养自身员工的知识产权保护意识，避免技术知识的过分扩散。

除以上两点外，研发成果要成为最终产品还需要生产环节的试制，需要对既有的生产设备、工艺进行调整和改进，在生产中改进的工艺和生产技术也是可以申请专利的。生产中采用的与已有的生产工艺有区别的方法和技术，也可以获得专利权。从维权难度考虑，生产工艺方法的改进更适合于通过技术秘密的方式进行保护，或申请方法专利；而对于工艺和方法的改进是有形的产品或能够产生新的产品，则更容易获得专利的保护。

三、企业营销活动中的知识产权信息管理

(一) 信息管理能力对企业营销的影响

(1) 提高企业经济效益的必然要求。

目前，随着社会经济的不断发展，企业面临的市场竞争越来越激烈。在这种情况下，企业必须要提高自身的竞争实力。在信息时代，企业掌握的信息资源是关系到企业竞争实力提高的关键性因素。企业需要掌握的信息资源比较多，但对于企业来说最为主要的还是市场信息。只有明确掌握了市场的需求才能制定合理的生产销售计划，才能采用合理的营销手段，提高营销绩效，进而提高企业的经济效益。由此可见，进行有关企业信息管理能力对营销绩效影响的研究是提高企业经济效益的必然要求。

(2) 丰富企业管理能力的理论研究。

虽然，目前国内外关于企业信息管理能力方面的研究比较多，但大多数的研究都是从企业整体绩效方面入手，很少有关于企业营销绩效方面的研究。因此，有关企业信息管理能力对营销绩效影响方面的文献资料还比较少，难以形成系统性的理论知识。通过分析企业信息管理能力和营销绩效之间的关系，不仅有利于丰富企业信息管理能力和营销绩效管理方面的理论，同时对于提高企业管理能力来说也具有重要的意义。

(3) 在营销实践活动中的重要现实意义。

首先，在企业信息管理的过程中应加强对各个部门之间沟通工作的重视，提高沟通的效率。企业处于复杂的市场环境之中，市场瞬息万变，企业只有做好各个部门之间的协同工作，才能确保在市场发生变化时及时做出响应，抓住先机，进而提高企业的市场竞争力。其次，组织能力包括的内容比较多，通过对众多组织能力的调查和研究发现，客户管理能力和流程管理能力对企业营销绩效的影响比较大。因此，企业在生产经营的过程中必须要通过信息技术来提高自身的客户管理能力和流程管理能力。最后，企业必须要认识到信息管理能力对营销绩效的影响。一方面，企业必须要认识到信息管理能力对企业营销的重要作用。另一方面，企业必须要认识到信息技术的发展改变了企业营销的环境，使得企业营销面临着新的局面。通过上述的分析不难发现，进行有关企业信息管理能力对营销绩效影响的研究对于企业的营销工作来说具有一定的现实意义。

（二）知识产权信息管理与市场预测

企业知识产权信息尤其是其中蕴含经济信息有助于发现竞争对手的新产品市场及预测其市场策略❶。企业在开发新产品、新技术时，在一定地域范围内申请专利权，都能直接反映企业的市场意图和经济目的，因此，对竞争对手进行专利信息分析，分析其在一段时期内申请的专利数量、专利类型、专利内容以及地域范围，可以分析出竞争对手的市场策略。商标及类似商标的注册及保护分类也可以预测出企业的经营范围和未来成长方向。

如果竞争对手申请的专利更为先进，预示其将开发出比较先进的产品；如果竞争对手购买了某一新技术领域的专利所有权，预示其将进入这一新的领域市场进行投资生产。企业通过对竞争对手进行专利信息分析，从合法的渠道尽可能多地获取与竞争对手新产品技术相关的信息，预测其产品的市场走向，使企业自身在制定新产品研发计划中能够及时制定应对措施，调整策略以应对竞争对手新产品上市造成的冲击。

企业还可以通过知识和信息的使用发现新的市场和机会，发展新的产品和服务，企业不仅要利用现有知识，而且要系统、持续地确认和发展企业完整的知识基础，知识基础及其在环境中的网络关系是决定企业未来的重要因素。知识首先被确认为知识产权，然后评估市场价值，通过确认知识价值所在的市场关系可以找到使之增值的方式，向顾客、其他企业、现在的及未来的商业伙伴行销自己的知识基础可以提升企业未来的价值，确定企业能成为满足未来某种顾客需要的解决方式提供者。

（三）知识产权信息营销推广

在网络经济中，企业不仅向最终顾客出售的是产品和服务，还包括顾客的感知和体验，即顾客期望。让顾客认知并接受企业产品中的技术，引导顾客预期是企业达到临界容量的一种方式，而关系营销能对企业引导顾客预期接受企业的技术标准提供帮助。顾客一旦成为企业产品的使用者，就会处于被锁定状态，在锁定周期内，企业与顾客之间会长期博弈，如果企业和顾客能建立良好关系，才不会出现零和博弈的结果，这与关系营销不谋而合：要使顾客加入企业的安装基础，首先必须使顾客信任企业的技术，而留住一个

---

❶ 熊璇宇. 专利信息分析方法在企业新产品研发中的应用[D/OL]. 保定：河北大学，2011：[2017-09-22]. http://kns.cnki.net/KCMS/detail/detail.aspx?dbcode=CMFD&dbname=CMFD2011&filename=1011291085.nh&v=MTcxOTMzcVRyV00xRnJDVVJMMmVadVJ1RnkvZ1c3M0JWRjI2SDdHeEg5SEVxcEViUElSOGVYMUx1eFlTN0RoMVQ=.

老顾客会带来更多的新顾客加入企业的安装基础。建立顾客和企业信任关系要求企业除了充分利用安装基础达到价值最大化之外,还需要企业让顾客相信自己控制的技术标准具有一定的开放性,这需要企业在知识产权保护方面表现开放和共享的姿态。

向顾客营销知识产权的目的不只在于让其成为企业技术标准的接受者,还包括让顾客成为合作创新的伙伴。顾客拥有企业创新所需要的关键知识,影响企业创新成果能否最终为市场接受,而合作创新不但利用顾客的知识价值,还要与顾客合作创造知识。顾客中的领先用户是企业合作创新的重要伙伴,对领先者用户开放自己的知识产权,激励领先者用户参与企业的知识产权创造是知识产权关系营销的构成内容,这在 IT 行业中非常常见,IBM 公司允许领先用户下载和评估软件技术,使用者的反馈被融入技术发展以减少发展时间。

当今时代是品牌经济时代,就是以品牌为核心整合企业知识产权等各种经济要素,带动企业经济整体运营的一种经济形态❶。顾客对品牌感知力美誉度的高低直接影响产品或服务的价格,而企业品牌建设不仅仅通过宣传等营销方式传播,更是体现在产品品质上,因此在品牌推广上,可以同时对产品所使用的自主、领先的知识产权信息进行宣传,达到更好的品牌建设效果。在一定程度上,品牌营销也要引导知识产权要素的聚集,提升知识产权的数量与质量,使知识产权为品牌建设增砖添瓦,品牌建设推动知识产权创造和发展。

第三节 企业知识产权信息管理存在的问题与建议

随着企业知识产权信息管理在企业技术创新和实施知识产权战略中地位的提高,我国越来越多的企事业单位认识到了加强技术创新中知识产权信息管理的重要性。国内很多企事业单位技术创新经验也表明,在技术创新活动中进行信息管理,对于保障企业技术开发的前沿性、前瞻性和高起点,避免重复研究,防止技术和法律风险,节省研究开发资源等具有非常重要的意义。同时,也应看到,我国企业运用知识产权信息指导研究开发活动,以及在技术创新全过程中利用知识产权信息的情况,总体上仍然不够理想。企业应建

---

❶ 魏纪林,李明星,刘介明,等. 企业品牌创新知识产权协同战略探析[J]. 知识产权,2011(9):74-78.

立与其技术创新特色相适应的知识产权信息平台，加强企业知识产权信息情报网络建设，培养知识产权信息管理人才。

一、我国企业知识产权信息管理存在的问题

1. 企业不懂得并且不善于利用知识产权信息❶

由于企业不懂得并且不善于利用知识产权信息，直接造成了企业在研发过程中的重复劳动或无效劳动，从而使大量的科研经费浪费。很多技术在到国外参观考察或者引进先进技术以前的准备工作不足，没有事先进行专利文献的查询和检索，结果引进落后技术或者侵犯了他人的专利权。

世界上许多大公司、大企业在新技术、新产品的开发过程中，毫无例外地都非常注重充分利用专利文献。在研发立项前先进行专利文献检索，做到知己知彼，确保研究工作走在技术前沿，"站在巨人的肩上"向上攀登，从而避免重复研究开发和有限科技资源的浪费，实现了技术创新资源的有效配置。

欧洲专利局的一项调查研究表明，十几个欧洲专利条约成员在应用技术的研究开发中，仅利用专利文献而避免重复研究一项，每年就可节约150亿欧元的研发经费。因此借鉴国外企业发展经验，充分运用专利文献，有效配置有限的技术创新资源，尽快改变闭门造车的局面，对大力推动企业技术创新工作，非常重要。

2. 企业知识产权流失严重

在建立社会主义市场经济中，由于企业内科技人员流动性较大，在缺乏有效保护知识产权措施的情况下，造成了技术和成果的流失。

人才流动是市场经济条件下劳动择业自由的体现，也是促进人才交流、实现人才和技术资源优化配置的一项重要措施。但是，由于企业的知识产权信息管理制度不健全，科技人员法律意识淡薄，不少科技人才和骨干在流动过程中，把原本属于企业的关键技术等商业秘密当作自己的私有财产，提高自己身份的筹码和捞取今后工作的资本，导致了知识产权的流失，这类纠纷案件比比皆是。

3. 企业知识产权信息管理制度还不健全

没有建立企业内部科学、合理、系统的激发发明创造、申请专利的管理机构和激励机制；没有形成完善的知识产权自我保护机制。

---

❶ 刘振刚. 企业知识产权管理理论与实务[M]. 北京：北京教育出版社，2007.

4. 企业知识产权信息化建设不够

很多企业没有建立自己的知识产权信息库或知识产权信息平台,同时,缺乏高素质的企业知识产权信息人员。

二、企业知识产权信息服务与平台建设

(一) 我国知识产权信息服务平台建设存在的问题

我国在公益性的知识产权信息服务平台建设方面,存在的问题较多,例如"知识产权信息资源建设条块分割,重复建设,没有形成有效的集成和共享机制""社会对知识产权信息的重要价值认识不够,运用知识产权信息的能力不强""知识产权信息分析利用的服务队伍严重不足""现有的知识产权数据库建设和服务网络远不能满足创新活动的需要,公众缺乏获取知识产权信息的权威、高效、便捷的手段"。❶以专利信息数据库为例,目前存在的主要问题是尽管数量较多,但深度加工不够、数据库资料欠缺完整和规范,检索技术和手段较为落后,不能有效地支撑企业对技术创新和专利战略实施的需要。

我国企业建立专题性质的专利文献数据库的情况也不够理想。国家知识产权局曾对1245家企业知识产权工作状况做过调查,关于企业专利文献数据库建设的问答中,有效回答1145家,其中建立了专利文献数据库的企业191家,占有效样本的17%,没有建立专利文献数据库的企业963家,占有效样本的83%。❷国资委2006年的一项调查则显示,中央企业缺乏专利及其文献检索制度的占47.3%。科技部2011年的调查则显示,尽管只有6.4%的高新技术企业在研究开发或者受让技术之前没有进行专利文献检索和信息分析,但对专利信息的收集和利用程度并不高。

(二) 加强我国知识产权信息服务平台建设的思路与对策

针对上述我国知识产权信息网络平台建设中存在的问题,需要大力改进和完善。改进的基本思路如下:提高政府部门、企业和个人对知识产权信息平台建设重要性的认识,以增强利用知识产权信息的意识和能力;增加对知识产权信息服务平台建设的资金投入;整合现有知识产权文献与信息公共平台,创建内容全面、资料权威、更新及时、检索方便快捷的国家知识产权文

---

❶ 科技部国科发政字〔2006〕562号。
❷ 张少萱. 中国出口企业专利侵权预警机制的构建与完善[J]. 对外经贸实务, 2009 (11).

献及信息数据库平台。

1. 加强知识产权方面的基础设施建设，建立、健全知识产权信息服务平台

（1）重视知识产权公共信息平台建设，完善我国知识产权信息公共服务和交流平台。以专利为例，需要立足于国家专利数据中心的基础数据资源，建立和完善国家专利信息公共服务与交流平台。同时，加强专利信息公共平台的体系化建设和网络化建设，整合全国各地方专利信息平台，提供综合性的专利信息服务。在地方层面，则需要建立立足于地方技术创新和知识产权战略实施的信息服务与交流平台与网络，本着信息共建、资源共享的原则加以落实。

（2）政府部门指导和推动建立行业性知识产权基础性数据库，提供资金等条件，推动产业集群技术创新。针对行业的情况，可以技术领域和产品类别、门类为基准，建立一些特色性质的专利文献数据库。我国由国家知识产权局指导和引导的产业专题数据库建设也有了一定规模和成效。例如，在装备制造、钢铁、造船、纺织、石油化工等近20个传统产业建立了专题性专利数据库，并且正在建设7个战略性新兴产业专题专利数据库。

（3）政府扶持建立知识产权信息服务机构。知识产权服务机构介入知识产权信息服务领域具有重要意义，它既为知识产权服务开拓了新的业务增长点，也为企业知识产权信息网络服务平台建设提供了保障。目前我国尽管有一些商业性质的知识产权信息服务公司和机构，但总体上服务水平有限，特别是数据库建设水平有待提高。为此，通过政府引导和扶持建立具有较高服务质量的知识产权信息服务机构，服务于企业技术创新和知识产权战略具有很强的现实意义。

2. 在企业层面，建立与其技术创新特色相适应的知识产权信息平台

（1）企业建立与其技术创新特色相适应的知识产权信息平台的基本内容。企业知识产权信息平台应根据自身技术创新需要，收集、整理相关的知识产权文献与信息，如知识产权法律法规、部门规章、司法解释、国家关于技术创新与知识产权的政策与制度、专利文献与信息资料的检索与分析，如国内外产品和技术专利的申请、授权、权利要求、技术方案、技术背景、同族专利情况、专利侵权预警信息、主要竞争对数技术和产品专利、商标动态信息、典型案例、国际市场信息等。大体上，企业知识产权信息平台包含的文内容包括知识产权信息数据库和知识产权文献资料库等，其中前者主要是知识产权实质信息内容，这些知识产权信息在法律上具有动态变化性；后者主要是

收集与知识产权信息相关的文献资料。该信息平台应保持开放性、动态性和信息资料的及时更新。

（2）企业专题性知识产权数据库的建设。企业建立专题性质的内部专利数据库大有发展空间。企业可以收集相关领域的专利信息和其他相关科技信息，保持数据库的及时更新和检索的便捷，为企业科技开发人员等从事技术创新活动提供信息文献和信息支持，促进企业在现有技术成果上实现新的突破。这种专题性质的数据库具有个性化特点，能够根据企业技术战略需要量身定制，节省检索时间，直接服务于企业自主创新活动。例如，海尔集团公司为提高自身技术创新能力，建立了专利专题数据库。在1988年即建立了专利档案数据库，直接为公司科技开发和产品设计服务。该数据库中收录了1974年至1986年世界上125个国家140000多条主要工业国家关于冰箱的专利文献题录。后来又陆续开发了中国家电专利文献数据库、中国家电专利数据库、中国家电专利信息库等专题性质的企业内部数据库，为公司技术创新提供了巨大的文献与信息保障。❶

（3）企业知识产权信息情报网络建设。为支撑企业知识产权信息服务平台建设，企业应建立健全以专利情报信息为核心的知识产权信息情报网络。通过实施企业知识产权情报信息战略，明确企业知识产权情报信息利用和管理的目标，强化知识产权情报信息战略性资源价值，有利于推动企业知识产权信息服务平台建设，使企业知识产权信息情报更好地服务于企业技术创新。

（4）企业知识产权专题数据库和信息平台的一体化建设。企业知识产权专题数据库和信息平台是相互联系的两个内容，需要将企业知识产权专题数据库开发与信息平台建设特别是信息网络平台建设很好地结合起来，使之产生集合效应，更好地服务于企业知识产权信息战略和技术创新工作。在一体化建设中，还应注意构建企业知识产权信息战略分析系统，加强软硬件建设。为此，在加强数据分析软件开发和利用的同时，需要加强企业内部的数据开发和情报分析人员的培养。

（5）企业对国外公益性知识产权信息网络平台的利用。当涉及国外专利信息或者需要作更深入检索时，企业也可以利用国外一些公益性知识产权信息平台，如美国专利商标局的专利全文数据库、欧洲专利局专利数据库和日本特许厅网站的专利数据库等。

---

❶ 刘月娥．浅谈知识产权在技术创新中的作用[J]．中国高校科技与产业，2005（8）．

三、对企业知识产权信息管理的建议

知识产权信息化管理是一项系统工程，企业在实际运作时需注意以下几个方面。❶

1. 强化企业知识产权信息管理意识

知识产权是企业增强竞争力的有力武器，然而整体而言，我国企业知识产权管理意识普遍还不强，尤其是利用现代信息管理方法来加以实施的观念更是有待形成。因此需要通过建立激励机制，从企业文化的高度引导企业强化知识产权信息管理意识，从而将这种意识真正转化到实际行动当中去。

2. 研发符合企业实际需求的知识产权信息管理系统

在对企业知识产权进行信息分类、组合、组合评估以及动态管理的过程中，如果有一套信息系统的辅助，那么工作的开展就会更加快捷、轻松。因此在充分了解企业实际需求的基础上，研发知识产权信息管理系统，从技术上来保障知识产权管理工作的有效实施。

3. 建立专门管理部门并培养专业管理人员

企业知识产权信息管理最终要通过具体的部门和人员去实施，依照信息收集、信息加工、信息利用等流程来对企业知识产权加以管理，每一个环节都需要应用专业的知识和方法，因此成立专门的部门并培养专业的管理人员，可以大大提高管理的针对性，从而使实际操作的可执行力得到明显提升。企业知识产权信息人员要有较高的素质要求，除具有相关的专业知识和知识产权法律知识外，还应受过情报信息业务的专门培训，能够熟练地掌握传统与现代的检索方法，熟悉企业外部的知识产权信息源及获取方法。同时要熟悉企业知识产权策略的运用及纠纷诉讼事务，以便能在这些过程中提供知识产权信息支持。

4. 学习国外知识产权信息管理的先进经验

国外在知识产权信息管理上的实践较我国更为成熟，积累了丰富的经验，对于中国的企业来说，学习这些宝贵的经验既可以少走弯路，又可以帮助企业结合自身所有知识产权的特点，有所创新地加以运用。

---

❶ 周凌. 企业知识产权信息化管理研究[J]. 科技管理研究，2011（19）：183.

 案例分析

海尔集团的专利信息利用[1]

1984年，海尔集团还是一个快要倒闭的小厂，发展到2003年年产值已超过800亿元，成为拥有包括白色家电、黑色家电、米色家电在内的所有电器产品的跨行业集团公司，成功原因之一就是对专利信息的充分运用。

为了防止开发的产品侵权，同时了解中国专利动态，海尔集团于1987年编制了产品专利简报，每月更新一次，使技术人员能够了解最新专利技术情况。1988年，海尔集团已经建成了一整套简便易查、全面实用的检索专利技术的卡片系统，称之为专利文献人工检索系统。该系统收集了自1974年至1986年世界上25个主要工业国家有关冰箱的14000余条专利文献题录。这些题录涉及所有与冰箱制造有关的内容。按照国际专利分类法，分为冰冻设备（压缩机）、制冷装置、制冷剂、发泡材料、热交换装置（蒸发器、冷凝器）、温控装置、箱体结构、门体结构等19类，分放在卡片盒内，供科技人员使用。1990年起又订购了三种中国专利公报和制冷领域的专利说明书，使之与"人工检索数据库"衔接配套，通过题录可以直接查到专利说明书原文。知识产权办公室每月还将公报中制冷领域的申请摘录出来，在《知识产权工作简报》上刊登，供新产品开发立题，及从战略上考虑，为打掉竞争对手不应当获得的专利权而采用的撤销、无效措施中使用。科研人员取得了含50%氟利昂的聚氨酯发泡成果，通过与"世界专利索引"（WPI）联机检索系统检索，证实了该技术的先进性。1992年，海尔集团成立了中国首家企业知识产权部门——海尔集团知识产权办公室。

1995年，与青岛市专利服务中心合作，建立了中国家电行业专利信息库，定时提供最新专利信息。[2] 海尔集团知识产权办公室得到信息之后，将其进行二次加工，按所属企业的产品，将信息汇编成专题产品文献册，直接传递到企业领导和科研设计人员手中。同时，还将经过分析加工之后的信息存入磁盘。1996年后，海尔集团陆续与青岛市专利服务中心、山东省专利局文献室、中国国家知识产权局专利局信息中心三级服务机构进行合作，选择各服务机构的不同优势，取长补短，为企业从不同角度提供不同的专利信息，形成一套稳固、易操作且严密的信息来源渠道及加工分析网络。1997年，海尔集团购买了中国专利光盘，每季

---

[1] 本案资料整理自：朱雪忠. 知识产权管理[M]. 北京：高等教育出版社，2010：283-284.
[2] 陈美章. 专利制度与企业发展[J]. 知识产权，1999（11）.

度更新一次,充分满足了技术创新和国内侵权检索的需求。同时,为方便技术人员随时了解各竞争对手的技术情况和细分技术的发展状况,又对专利光盘进行了二次加工,建立了以主要竞争对手为对象的目标公司专题库和产品细分技术的专题库,以方便技术人员从纵向和横向方面了解专利技术情况,快速形成知识积累,提高开发速度。1999年,随着全球化战略的提出,海尔集团的产品出口越来越频繁,而且在美国建厂也使所需的专利信息扩展到国外。因此技术人员在设计时常常感觉缺乏国外技术的参考资料,并且为防止侵权产品出口也需要检索,于是又建立了国外专题光盘数据库。它包含了美国、欧洲、日本和韩国的部分产品的相关专利文摘,同时又同专利局文献部合作建立了美国、日本等国家的外观专利库。到目前为止,产品开发阶段的专利检索基本上都在集团内部进行。到目前,海尔集团已经建立了适合本企业使用的中外专利数据库系统,包括七国两组织的专利数据,该系统有多项检索入口,能够实现全文检索,成功地解决了异构数据库的同一平台操作问题,可同时满足多个终端检索使用。

在应用专利文献方面,海尔集团"小小神童即时洗"洗衣机就是一个最为典型的事例。在研发此类微型洗衣机初期,技术人员首先要了解市场中已有技术状况以及已实施的产品类型。❶ 通过对专利文献的检索分析,发现先期国内已有部分专利申请,但是此部分专利技术方案并不完善,不足以形成有效的保护范围,而且其中有的专利权已被放弃。这些公开技术不仅能够提供技术人员创造性思维的启迪,还帮助技术人员直观地理解所要面临解决的技术课题内容。在技术开发平面上,易于突破在先专利技术的封锁,通过对比找出其他解决方案是显而易见的;在技术开发高度上,以在先专利技术为基础,再进行改进和提高也同样具有明确的目的性。在这些失效与无效专利基础上,所形成的更高层次的技术保护方案,当然也就会形成更为完整的"技术保护网"。海尔集团"小小神童即时洗"洗衣机第一次申报专利就达12项,依据以上所述技术开发与专利申请相结合的策略,从外观到内部结构所有新技术的应用均通过专利申请方式获得了市场保护。"小小神童"洗衣机至今已推出第九代产品,从自动型、全自动型、计算机型到透明视窗型,每一代产品都形成了全面专利保护,共获国家专利26项,其中实用新型专利16项。❷

案例讨论题

1. 以海尔集团为例,说明专利信息利用对现代企业的发展的重要意义。

---

❶ 陈秀莲. 专利信息检索与企业发展[J]. 科技情报开发与经济, 2007 (17).
❷ 范纯. 论企业自主创新中的专利战略运用[J]. 科技广场, 2008 (6).

2. 以海尔集团在专利信息利用方面的做法为例,讨论企业如何有效地检索和分析专利信息资源。

【基本概念】

知识产权信息;知识产权信息管理;企业知识产权信息管理;专利地图。

【思考与分析】

1. 简述知识产权信息的特点。
2. 企业知识产权信息管理的分类有哪些?
3. 请谈谈企业知识产权信息管理的意义。

第八章 企业知识产权国际化管理

> **本章提要**
>
> 在开放经济时代，开展国际化运营是企业发展的必然路径。不同国家的知识产权制度差异较大，企业在走向国际化的过程中需要重视对其知识产权的管理，企业知识产权的国际化管理是企业知识产权管理的重要的有机组成部分。企业知识产权国际化管理主要涉及企业知识产权国际化管理概述，企业国际化知识产权管理的主要内容，企业国际化过程中知识产权的分析与预警以及企业国际化过程中知识产权纠纷的应对等内容。

第一节 企业知识产权国际化管理概述

企业知识产权国际化管理，或者称为企业国际化过程中的知识产权管理，是企业知识产权管理的重要组成部分。企业知识产权的国际化管理涉及两个层面的问题：一是企业的国际化。在认识企业国际化过程中的知识产权管理之前，有必要对"企业国际化"这一重要概念做一个详细的阐释。二是企业国际化与知识产权管理，主要内容就是企业国际化过程中的知识产权管理。

一、企业国际化

1. 什么是企业国际化

企业国际化就是指一个企业的生产经营活动不局限于一个国家，而是面向世界经济舞台的一种客观现象和发展过程。其主要目的是通过国际市场，去组合生产要素，实现产品销售，以获取最大利润。

就单个企业来说，企业国际化是指企业的生产国际化、销售国际化和管理国际化。

对任何一家企业而言，企业国际化是指企业的内涵国际化和外延国际化。所谓企业的内涵国际化是指企业通过技术、人才、服务等非物质性的生产要素而实现的企业国际化。所谓企业的外延国际化是指企业通过资金、设备、厂房等物质性的生产要素而实现的企业国际化；就企业活动的方向来说，企业国际化包括内向国际化和外向国际化两个方面。企业内向国际化是指企业通过直接或间接进口生产性要素或非生产性要素而实现的企业国际化，其主要形式有进口贸易、三来一补、合资合营、购买技术专利、成为外国公司的子公司或分公司。企业外向国际化是指企业通过直接或间接出口生产性要素或非生产性要素而实现的企业国际化，其主要形式有出口贸易、国外合资合营、技术转让、国外合同签订、在国外建立子公司或分公司。

企业国际化和国际化企业是两个既相互联系又有明显区别的概念。前者强调的是企业走向国际市场的过程；后者强调的是这一过程的结果。

2. 企业国际化的内容

企业国际化包括管理国际化、生产国际化、销售国际化、融资国际化、服务国际化和人才国际化六个方面。

（1）管理国际化，是指企业的管理具有国际视角，符合国际惯例和发展趋势，能在世界范围内有效配置资源。

（2）生产国际化，是指企业在世界范围内进行采购、运输和生产，利用海外资源提高生产绩效的方法。

（3）销售国际化，是指企业通过国内外的销售网络，根据不同地区和产品，有选择地进行销售活动，使自己利润最大化。

（4）融资国际化，是指企业有能力在世界范围内寻找成本低、风险小的融资机会。

（5）服务国际化，是指企业能根据实际范围内不同的地区提供从售前到售后并且符合当地文化习俗、法律规章的服务。

（6）人才国际化，是指企业拥有的人才不仅要熟悉国际贸易、国际金融、国际投资等领域相关知识，而且懂经营、会管理。

二、企业国际化与知识产权管理

（一）知识产权制度的国际化

我们知道，知识产权制度是智力成果所有人在一定的期限内依法对其智力成果享有独占权，并受到保护的法律制度。没有权利人的许可，任何人都不得擅自使用其智力成果。实施知识产权制度，可以起到激励创新，保护人们的智力劳动成果，并促进其转化为现实生产力的作用。它是一种推动科技进步、经济发展、文化繁荣的一种激励和保护机制。

1. 知识产权制度国际化的具体内涵

知识产权制度的国际化发展是指世界各国知识产权制度在实质内容和申请审批程序上逐步简化一致和统一，日趋国际化。知识产权的地域性、无形性和易传播性，一方面使得本国产生的智力成果在国外不能取得当然的保护；另一方面，由于传播媒体、通信工具的迅速发展和国际交流的日益频繁，大量的智力成果十分容易越过国界而进入他国。如果不对这些智力成果进行有效的国际保护，势必会影响、阻碍国际贸易及科学技术和文化的正常交流与合作。知识产权制度的国际化发展，反映了科技和经济国际化发展的客观要求。正因为如此，1883年世界各国就在巴黎缔结了《巴黎公约》，并于1884年正式生效。我国于1985年3月19日正式加入了《巴黎公约》。此外，我国目前已加入的保护知识产权的国际性公约还包括：《商标国际注册马德里协定》《伯尔尼公约》《世界版权公约》《专利合作条约》等。

2. 知识产权制度的发展演进

知识产权是关于知识所有权的一种财产权。知识产权制度则是保护人类智力劳动成果的一种法律制度，是人类社会进步的产物。世界知识产权组织前总干事鲍格胥认为："人类的智慧是一切创作和发明的源泉。这些智慧的成果是人们美好生活的保证，每个国家的责任是对这些创作和发明进行精神的保护。"为了保护这些成果，各国建立了相应的法律体系和执法保护体系。在世界范围内，通过了一系列国际条约，协调规范各国知识产权法律制度。

知识产权制度在世界上有着悠久的历史。尤其是各类知识产权中的专利、商标和版权的立法时间最早。其历史发展大体上可以分为五个阶段：

（1）萌芽阶段（13世纪至14世纪）。

这一阶段出现了由封建王室赐予工匠或商人的类似于专利的垄断特权，它为后来知识产权制度的形成打下了基础。

（2）初创和普遍建立阶段（15世纪至19世纪末）。

在这个阶段，世界上第一部专利法、版权法和商标法相继诞生，如威尼斯共和国的《专利法》（1474年）、英国的《垄断法》（1624年）、英国的《版权法》（1710年）、法国的《商标法》（1857年）等。19世纪末绝大多数西方资本主义国家都建立了自己的知识产权制度（主要指专利制度、商标制度、版权制度)。

(3) 进一步发展阶段 (19世纪末至20世纪末)。

知识产权制度在这一阶段的进一步发展主要表现在两个方面:

纵向发展,即西方资本主义国家的知识产权制度在原有基础上通过不断修订变得更加完善、科学,尤其是随着国际知识产权制度(如1883年的《巴黎公约》和1886年的《伯尔尼公约》)的建立,各国知识产权制度呈现从"各自为政""各行其是"到逐步国际化、现代化的特点。在此背景下,各国又签订了数量更多的知识产权国际条约(其数量达数十个之多),使得知识产权保护对象逐步增多,知识产权的种类也有所增加。至1970年世界知识产权组织(WIPO)成立时,各国的知识产权制度已登上了一个新的台阶。

横向发展,即知识产权法律制度在资本主义国家外的更多国家得以实行。20世纪后期,社会主义国家开始重视知识产权保护制度。苏联和东欧国家也都制定了自己的专利法、商标法、版权法等。此外,第二次世界大战结束后广大已经取得独立的发展中国家为了发展民族经济也都实行了专利等知识产权制度。20世纪80年代起,我国也开始制定知识产权立法,加入了世界知识产权制度国家的行列。当然,在许多方面社会主义国家及发展中国家与资本主义国家的知识产权制度存在着一定的差异,如苏联和大多数东欧国家实行发明人证书制度和专利制度混合的发明保护制度(即所谓的"双轨制"),规定取得发明人证书后,发明权归国家所有,发明人只取得一定奖励,不能拒绝国家批准的其他人使用该发明。又如部分独立的发展中国家实行"输入专利"(Patent of Importation)和"确认专利"(Patent of Confirmation)等制度,由于这类专利是在外国(原宗主国)有效专利的基础上授予的,本国专利局一经登记即可确认并获得。这种专利制度带有很大的依赖性,实际上并没有建立本国完全独立的专利制度。

(4) 知识产权制度与贸易挂钩的阶段。

随着科技的发展,国际贸易中商品知识、技术含量增加,各国尤其是发达国家为了取得和保持市场优势地位,开始重视国际贸易中的知识产权保护问题。一些国家不仅注意提高本国知识产权立法和执法水平,同时还设法利用国内立法以及签订或修改国际公约和条约来迫使其他国家提高知识产权保护水平。这一阶段最引人注目的发展是以美国为首的发达国家极力推动订立的《关税与贸易总协定》(1995年起为世界贸易组织所替代)体系内的《与贸易有关的知识产权协定》(TRIPS协定)。TRIPS的诞生,不但进一步扩大了知识产权保护对象的范围，而且还提出了世界贸易组织成员必须达到的最低保护要求，这在相当大的程度上使得原来差异较大的各国知识产权制度统一到了同一个最低保护标准上，它对今后世界知识产权制度乃至各国经济贸易关系的进一步发展产生了极其深刻的影响。

知识产权制度的发展历史表明，各国当初在制定保护知识产权的法律时，主要是从有利于本国智力成果的产生、使用和保护来考虑的。由于各国的政治、经济、文化、历史等情况的不同，据此而制定的知识产权法律也就不会完全相同，有的甚至差别很大。另一方面，自19世纪下半叶以来，随着科学文化的迅速发展和经济、技术、文化、贸易和国际交流日益频繁，大量的智力成果突破国界的限制而进入他国，由于上述差别的存在和知识产权固有的地域性特点，使得一国的智力成果在另一国得不到当然的保护。即使通过某种途径得以保护，其保护程度也千差万别。这样，给国家间的上述交流势必造成障碍。为克服这种障碍，一方面许多国家纷纷签订或加入有关的知识产权国际条约，另一方面各国为适应这些国际条约而修改本国原有的知识产权法律，从而形成了知识产权保护制度国际化协调趋势。❶

3. 当今时代的知识产权国际制度❷

（1）《与贸易有关的知识产权协定》仍是世界知识产权制度的基础。

作为20世纪最重要的知识产权协定，《与贸易有关的知识产权协定》仍旧是最主要的国际多边知识产权协议，近年来多边框架下的国际知识产权协调并无多大进展。新的世界性多边知识产权协议难以产生，这根源于发达国家与发展中国家之间截然不同的利益诉求。一方面，由于《TRIPS协定》并未满足发展中国家的发展需求，在WTO以及WIPO等多边知识产权框架内，发展中国家推动发展议程成为主要议题，知识产权与公共健康、教育、遗传资源保护、传统艺术文化保护等的矛盾原来越多得到重视；另一方面，《TRIPS协定》也不能满足发达国家进一步提高知识产权保护标准的需求，但是由于发展中国家的强烈抵制，发达国家在多边框架内难以推行高标准知识产权条款，主要发达国家转而寻求在地区性和双边协议中建立"超TRIPS"知识产权规则。

（2）世界知识产权制度呈现多层次发展局面。

世界知识产权制度呈现多边协议、诸便和地区性协议以及双边协议多层

---

❶ 朱雪忠. 论知识产权保护制度国际化协调趋势与我国知识产权制度的适应[J]. 科技与法律，1994（2）：50.

❷ 李洁琼. 国际知识产权制度的当今发展及其对我国的影响[J]. 知识产权，2016（12）：99-100.

次发展的局面，其中区域性主义特点日益突出。2008年国际金融危机以来，贸易保护主义抬头，世界经济全球化进程遭受挫折，多边国际贸易秩序越来越被区域经济一体化所代替。❶ 发达国家试图通过区域性经济安排，建立有利于自己的新的全球经济秩序，以维持其在技术上的比较优势。与此相对应，世界知识产权制度也呈现出区域化发展趋势。《反假冒协定》《ACTA》《跨太平洋伙伴关系协定》（TPP）、欧盟知识产权单一市场建设、《区域全面经济伙伴关系协定》（Regional Comprehensive Economic Partnership，RCEP）、亚太自由贸易区（Free Trade Area of the Asia-Pacific，FTAAP）、《跨大西洋贸易与投资伙伴协议》（Transatlantic Trade and Investment Partnership，TTIP）以及"一带一路"国家知识产权的合作等够体现出知识产权规则形成的区域化特点。21世纪的国际知识产权规则将会在《TRIPS协定》的基础上、通过多边谈判框架之外的众多地区性和双边协议来形成。

（3）发达国家进一步提高知识产权保护水平。

在内容上，发达国家主导的诸边、地区性以及双边贸易投资协议中出现大量"超TRIPS"知识产权条款，这显示出发达国家进一步追求高水平知识产权保护的趋势。在主要发达国家的推动下，《TRIPS协定》之后的国际知识产权制度一直朝着加强知识产权保护的方向发展。

（4）多边框架下"发展主题"受到重视。

多边框架下，发展主题越来越受到重视，知识产权与其他权利之间的平衡成为国际知识产权制度的重要内容。片面追求高标准知识产权保护可能与涉及公共健康、环境保护、生物多样性、食品安全、公众获取知识的权利以及人权的国际法律制度产生冲突，并有可能阻碍创新和发展。因此，在WTO和WIPO等多边框架下，发展中国家致力于推动"发展议程"，充分利用国际知识产权规则中的弹性条款和限制性条款来平衡权利人利益与社会公共利益。

（二）知识产权国际化与企业知识产权管理

1. 知识产权的范围

关于知识产权范围，世界知识产权组织（World Intellectual Property Organization，WIPO）《建立世界知识产权组织公约》和世界贸易组织（WTO）一揽子协议的重要组成部分的《与贸易有关的知识产权协定》两大主导公约规定并不一致，但概括而言，知识产权的范围主要包括如下类别：

---

❶ 佟家栋. 经济全球化遭遇区域一体化 发达国家试图继续主导世界经济[N]. 人民日报，2015-08-23（6）.

（1）著作权和邻接权。著作权又称版权，是指文学、艺术和科学作品的作者及其相关主体依法对作品所享有的人身权利和财产权利。邻接权在著作权法中被称为"与著作权有关的权益"。

（2）专利权，即自然人、法人或其他组织依法对发明、实用新型和外观设计在一定期限内享有的独占实施权。

（3）商标权，即商标注册人或权利继受人在法定期限内对注册商标依法享有的各种权利。

（4）商业秘密权，即民事主体对属于商业秘密的技术信息或经营信息依法享有的专有权利。

（5）植物新品种权，即完成育种的单位或个人对其授权的品种依法享有的排他使用权。

（6）集成电路布图设计权，即自然人、法人或其他组织依法对集成电路布图设计享有的专有权。

（7）商号权，即商事主体对商号在一定地域范围内依法享有的独占使用权。

对于科技成果奖励权、地理标志权、域名权、反不正当竞争权、数据库特别权利、商品化权等能否成为独立的知识产权，在理论界存在较大分歧。

2. 与企业国际化过程密切相关的知识产权

诚然，一个企业，无论是高科技企业还是中小企业都会涉及很多的知识产权问题。不过，从企业国际化的进程以及特点分析，在企业国际化进程中最需要管理的知识产权还要属于专利和商标。

（1）企业国际化过程中的专利管理。

有关专家认为，PCT 国际专利申请与区域经济发展水平密切关联。作为创新主体，我国企业在"走出去"的过程中，要更加注重 PCT 国际专利申请的布局。过去，我国企业对国家专利申请的重视程度不够，这也直接导致了国际专利申请的数量偏少。可喜的是，目前这种状况已经发生了比较大的改变，根据世界知识产权组织（WIPO）发布的 2016 年全球通过《专利合作条约》（PCT）途径提交的国际申请情况报告，中国的 PCT 国际申请量达 4.3168 万件，位列全球第三；其中，中兴通讯以 4123 件已公开 PCT 国际申请量排名第一，华为公司以 3692 件国际申请紧随其后。

在企业国际化进程中的专利管理主要涉及企业的国际专利申请问题。企业的国家专利申请应该考虑如下几个方面的问题❶：①有关国家专利制度状况。不同国家的专利制度状况对在国外申请专利有一定影响。②企业拟在国外的活动计划。这主要是指企业在哪些国家使用该项技术从事生产，或输入专利产品并防止伪造品输出；国外竞争对手的规模与分布情况等。③产品技术领域。企业在国外生产、经营的产品应事先心中有数，可以从产品的性质、技术寿命、市场范围、消费群体等方面进行评价。④申请国。从占领竞争对手市场的角度看，开拓性的重要发明宜向多国申请专利。

（3）企业国际化过程中的商标管理。

我们知道，包括商标权在内的许多知识产权都具有地域性的特点。商标权利的地域性是指一个国家或地区依照本国的商标法或本地区的商标条约所授予的商标权，仅在该国或该地区有效，对他国或该地区以外的国家没有约束力。换句话说就是，每个国家对他国授予的商标权利不承担保护的义务。在我国注册的商标若不在其他国家注册的话，该商标在其他国家就得不到保护。所以企业若有志于将其产品推向国际市场，就应当及时在产品所出口的国家进行商标注册。

商标权具有严格的地域性，在哪个国家取得的权利也只能在哪个国家获得保护，在其他国家是不承认其权利的。因此，企业要使其商标权在所销售的国家获得保护，扩大商标权利的地域性，就必须通过一定的方式履行一定的手续。在目前，主要是两种方式：一是直接向所在国家申请商标注册。向国外申请商标注册时，一般应委托所在国的商标代理人。申请人可以委托自己在所申请国的贸易伙伴代为寻找，也可以自己寻找，目前为许多企业所乐于接受的是委托我国的商标涉外代理机构办理。委托这些机构办理时，只要出具相应的委托书提供相应的商标图样（文字商标有时不要），指定必要的商品范围就可以了。若申请人委托自己在国外的贸易伙伴代为办理时，双方应签订协议，写明以我方名义申请注册，以防商标权旁落。二是通过商标国际注册的领土延伸。商标国际注册是指按照《商标国际注册马德里协定及其有关议定书》，由世界知识产权组织国际局所进行的商标注册。申请商标国际注册须向商标局提出，其手续既可委托代理人办理也可自己办理。商标局收到申请书及必要的附件、费用后，将有关的申请书件寄交设在瑞士日内瓦的世界知识产权组织国际局，由其办理商标注册。国际局对申请进行审查后，即将该商标注册，颁发商标国际注册证，

---

❶ 冯晓青. 企业知识产权战略[M]. 北京：知识产权出版社，2001：239-241.

同时通过指定保护的国家限期进行审查。国际注册商标在某个成员内得到保护称为商标国际注册的领土延伸，只有延伸申请在规定的期限之内没有被该成员驳回，商标才能在该成员受到保护。

当然，企业在国际化的过程中申请注册国外的商标也有诸多的优点：

第一，进军国际市场。在注册国际商标使您享有在国际使用该商标的专用权，它能够阻止别的使用该商标的产品进入国际市场，为制止侵权者奠定了坚实基础。同样，如果您的产品没有在国际注册商标，您也会面临货物被海关扣押，造成严重损失的局面。而且，国际的知识产权保护深入人心，不少外国买家（尤其是国际买家）会要求制造商或卖家证明其拥有产品的知识产权，以保障本身不会卷入侵权诉讼。

第二，赚取许可费。国际法律规定商标是可以转让的，在国际注册商标为商标权人提供了一种许可他人使用商标的机会（通常与其他知识产权一起），或为公司的特许经营或销售战略奠定了基础。当商标已在国内有一定知名度但却由于很多原因不能去国际拓展市场时，可以将在国际注册的商标许可给别人使用，赚取许可费。

第三，以商标作为防卫盾。国际的商标保护非常完善，它不仅可以阻止侵权商品进入国际市场，还能阻止他人在专用的商品或者服务类别上再注册一个相同或者可能令人误认与混淆的商标。因此，注册商标能很好地制止竞争对手的恶意竞争，维护自己的利益。

第四，增加企业的价值。注册商标是一种可以流传后世永续存在的企业最重要的无形资产，可以转让、继承，作为财产投资、抵押等，并有助于公司在股票上市时或被收购时的资产评估。很多企业都认为现在还没有申请注册国际商标的必要，但问题是等到某一企业感到走向世界的必要和可能时，自己的商标已被别人抢注了。这时不管是另换新的商标，还是夺回原来的商标，企业都要付出极大的代价，联想的教训已众人皆知，希望国内其他企业不要步其后尘。即使暂时没有在海外使用、申请商标的必要，也要考虑将来这样做的可能性。提前的战略规划往往比事后应诉要省钱省事得多，未雨绸缪、防患未然。

第二节　企业知识产权国际化管理的内容

一、企业海外专利布局策略❶

1. 企业海外专利申请模式与因素考量

企业的专利布局，即在综合考量产品商业化可能性，将来利用价值，竞争对手复制与反向工程的可能性及拓展海外市场预估的基础上，对专利申请进行周密规划与统筹协调的过程。企业通过高效方式获取海外有效专利，再围绕该基础专利进行外围专利的强化布局，结合商业策略以获得市场优势地位。

企业海外专利布局，应选择合适的专利申请策略。一般通过《巴黎公约》途径或PCT途径，相较于PCT途径，《巴黎公约》途径专利申请地域更加具体与确定，适用于当发明为广泛知晓的技术领域或简单实用的技术构思。PCT提供了更长的评估期间，申请人可以结合国际局所提供的国际检索报告与书面意见参考，在立足于企业自身特点及市场范围，研发地，销售地的市场前瞻性预测的基础上，决定是否进入国家阶段，从而大大提高了专利申请的针对性与有效性。

证明侵权难度以及法律健全程度是企业海外专利布局的导向。因法律的地域性，企业在不同国家申请专利时要对专利申请类型做出具体考量。如，技术属于用于新途径，创造程度高，无固定形状且具期待长保护期时，发明专利更具有市场优势。而对于形式审查为主的实用新型专利更适合更新速度快的结构性改进。立法上，不同国家对专利保护类型持有较大差异，英美以保护发明专利为主，不仅仅是对司法成本，更多的是对知识产权合理垄断制度原旨的考量，避免专利制度退化为纯粹的商业策略。再如保护产品形状与图案的外观设计专利，日本以《意匠法》进行专门保护，德国在某种程度上将其纳入模型设计图的保护范围，均采单独立法的立法模式。英国以《注册外观设计法》《外观设计版权法》《版权法》保护的双重立法模式与法国类似，但两国又存在实质审查与登记制之间的差异。

企业在海外专利布局时，应在对不同功效结构与数量上集合的技术内容进行挖掘的基础上，从创新成果中提炼出具有价值的创新点与方案。对申请

---

❶ 姚硕，陆婧楠．企业海外专利布局策略与管理运营研究[J]．科教导刊，2016（16）：143-144．

内容的有效选择直接关系到申请的专利能否被授予。日本对自然法则本身、单独发现、违反自然法则以及不归于技术方案的情形排除专利保护，并对充分公开且清楚的要件要求提出了技术人员按照说明书公开内容可实施的标准要求。因而专利申请前对自身技术进行研判以确定申请策略对企业海外专利布局成功率而言十分重要。

处于不同产业生命周期的企业，其专利实施策略的重点、内容的侧重点应有所不同，以在产业发展的相应阶段把握技术先机，以专利战略获得市场竞争优势。

首先，对于产业引进期的产业，应及时跟踪新兴产业领域的专利信息与情报，尽早进行海外针对性专利布局，以限制潜在的竞争对手，形成规模优势与垄断性市场。

其次，对于产业成长期的技术成果，应对次级市场进行专利布局，对基础专利持有者利益范围进行规避设计，降低侵权风险。在产业成长期，进入该产业更多的企业在技术和经济实力上丧失了先机，在专利战略与技术创新运用模式上只能以防御性专利战略和跟随型模仿创新战略为主。

最后，对于成熟期与淘汰期的技术而言，将产业向低级市场转移以延缓市场地位的丧失，或在早期将该技术进行阶梯式布局，即对不同重点的市场进行专利申请的时间进行交错，可延长技术的市场生命周期。

2. 以企业海外专利并购为核心的布局策略

与企业原生技术申请海外专利的策略相比，进行企业海外专利并购，实现海外市场竞争地位与优势资产的转移，能够有效缩短科研时间与经济投入，延长技术市场产业链。通过继受方式获得海外专利，应坚持以专利资产的有效评估为前提，在制度化、体系化的并购流程的基础上，充分考量竞争对手以及行业知识产权状况，规避法律与市场风险，确定知识产权交易的架构设计。企业海外专利并购应从规避交易风险，有效的资产评估与市场预测，资源整合的基础上进行。

知识产权的交易风险控制，即通过事先对有关的权利义务进行规定的方式，避免跨国并购专利中因为专利自身问题而导致的并购失败或无法达到预期成果的情形。对交易风险进行控制，首先，要评估并购目标国的法律法规政策，是否存在技术出口管制措施。其次，知识产权的有效性管理，应综合考量授权专利的有效性，是否存在被申请无效的可能性，作为标的的专利本身是否存在共同共有的权利限制，被收购方是否享有完全意义上的该专利的所有权等。

有效的专利资产评估与市场预测以合理的交易流程和尽职调查为前提，企业在进行海外专利并购时，应在涉外知识产权律师的协助下确定合理的贯穿规划、并购、资源整合始终的并购流程。在并购前进行目标国市场的专利信息与技术资料的搜集，确定所并购的专利非基于第三方授权的基础专利的改进专利，并对标的专利进行特定市场环境下的初步评估。并购中，确定转让的专利权的具体内容，如果涉及专利许可，则应将争点落实在专利许可的模式上。并购后，应拓宽专利交易的融资途径，制定企业技术资源整合办法，在人力与组织相适应的基础上实现专利价值应用与知识产权资源的转移。

有效利用海外较为完善的知识产权法律保护体系维护海外市场，是当前企业取得海外竞争优势地位的有力保障，而运用目标国专利制度阻止其他竞争对手进入该市场是一种有效的商业策略。以美国商务部的337调查为例，基于美国《1930年关税法》，美国商务部有权针对专利侵权行为、不公平贸易竞争行为向侵权方发布排除令或禁止令以保障权利人在美国的市场利益。日本索尼多次通过向美国国际贸易委员会申请启动337调查的准司法程序，实现了在较短时间内排除侵权产品进口到美国的目的，当前日本企业已成为除美国本土企业外在美国提起337调查最多的企业群体。其次，利用美国专利诉讼立案宽松，诉讼成本低的特点，向多个法院提起平行诉讼以增大竞争对手应诉压力，迫使其放弃目标国市场也是重要的知识产权商业策略。因此，企业应积极布局海外专利，广泛收集行业专利情报，积极开展专利分析评议，并结合自身实际，制定应对的策略与具体方案。

二、企业海外商标保护策略[1]

众所周知，品牌是企业竞争力和国际地位的核心体现。据统计，世界知名品牌占全球商标总量的比重仅为3%，但却占据了全球将近半数的市场份额及销售额，且作为一种高度稀缺资源，正被少数发达国家的企业所垄断。借鉴这些企业的发展策略，我们中国的企业也应当以前瞻性的眼光来进行自身品牌的全球战略布局，从而为企业的发展壮大提供助力。海外商标保护的基本策略有如下四个方面。

1. 巧设品牌，入乡随俗

作为传诵呼叫的品牌名称，怎样的商标定位可以在设定之初就能考虑周

---

[1] 刘琴，程安坤. 企业海外商标保护四要素[EB/OL]. (2017-01-11) [2017-06-20]. https://wx.abbao.cn/a/4826-08ec47f10f8c58af.html.

全而为之后企业发展壮大提供助力呢？商标能在全球范围内获准注册，需要考虑的因素都有哪些呢？一般商标可分为三类，即文字、图形、文字及图组合商标。这三类商标在大多数国家及地区都能获准保护。海外注册时，商标的独创性很重要，作为意图进军国际市场的品牌，英文（或中文拼音）商标则是首先，原因是英文在大多数国家识别性和传诵性都较强，既易于获得注册，也易于使用。

从多年代理经验来看，6~9个字母组成的英文臆造词为佳。换句话说，就是无中生有创设出来的词，目前最易获取注册且便于推广。例如，企业可取企业字号的拼音谐音加以适当的改造和设计提起注册，这样商标和商号既能呼应，也能更好地打响企业品牌。

当然，商标组成要素与商标显著性息息相关，在设计和选择商标时应对相关风险进行评估，并做好防控和应对准备。大多数国家在商标禁注条款的规定上与中国差别不大，因此在选定商标时可基本参考中国商标法的规定，规避缺乏显著性和不良影响等问题。然而由于当地特殊风俗习惯和审查员主观判定等不可控因素，如泰国认为由四个以下纯英文字母组成的商标不具有显著性，这些也需要企业纳入考虑范围。

为尽可能降低风险，需要国外律师根据当地商标审查标准和从业经验对于商标显著性和可注册性进行初步审核，以供企业进一步参考决策。

2. 市场未入，商标先行

国际商标注册都是采用"市场未入，商标先行"之策略，以确保企业在目标市场"有标可用"，安全稳妥地推广企业品牌。对于已有出口计划的海外市场应提前做好商标布局；对于已有商品或服务出口的海外市场，更应尽快申请商标注册以使商标的使用享有强有力的法律保障。商品或服务的出口国、主要竞争对手所在国、投资地或潜在的投资地、贸易中心所在地等都是企业考虑布局的首选地。在以上地区启动商标注册，既可确保享有当地商标权，防止商标被抢注，也可防止品牌"裸奔"在当地及其他地区带来不可估量的法律风险。

随着近年来我国经济持续高速发展，企业实力不断增强，逐渐融入全球经济，抢注中国商标在境内外都已进入高峰期，恶意侵权现象也层出不穷。很多外国大公司和海外代理商在多个国家大肆抢注中国知名商标，恶意打压中国企业，通过商标抢注制造新形式的知识产权壁垒；或将其作为商业手段，延缓中国品牌抢占其市场份额的步伐；更有甚者，借机索取高额商标转让费。

从商业成本因素考虑，一旦企业后期出现商标侵权，花费要远高于前期商标注册申请成本，轻则翻倍，重则"未完待续"。因而，企业可以依据发展计划，从注册商标（主品牌和子品牌）、注册类别（主营类别和关联类别）、注册区域（重点市场和未来市场）等方面有针对性地设计出或请专业人士量身定做具有前瞻性的商标注册方案并加以实施，不仅可为企业树立和提升品牌形象奠定基础，还能够有效地减少品牌成熟期的维权成本。

3. 商标监控，眼耳并用

"身未动，心已远"，这应该是每个重视品牌企业应有的态度。随着信息全球化导致商标抢注和商标侵权日益增加，给拥有自主知识产权的企业带来巨大无形资产的损失及被侵权的法律风险。因此，企业在国际化进程中，除了需要做到掌控市场动态，完善商标布局之外，还需要及时进行品牌的全球监控，以超强的商业嗅觉和敏锐度来防范恶意抢注或巧合注册，以及可能的"搭便车"行为。

4. 未雨绸缪，有备无患

品牌作为企业重要的无形财产，其价值也是依据公司实力而水涨船高，同时其自身对企业的影响力也是不容小觑的。完整准确的商标申请、注册、使用、许可等商标数据，不仅是公司商标战略制定和发展的客观依据，也可以为公司总体发展战略决策提供重要的参考信息。完善的公司商标数据应该包括商标设计数据、商标注册数据、商标变更数据、商标续展数据、商标转让数据、商标授权许可数据、商标广告宣传数据、商标保护数据等。企业需要指定专人管理这一笔财富资源，也可以委托专业公司进行全面托管服务。

在规范管理好这些资源的前提下，企业还需要有一定的风险防范意识，注意收集各地区商标使用的真实证据。伪造证据有可能导致注册商标被撤销，注册人因失信被列入黑名单，后果非常严重。证据本身及其来源都要合法，否则有可能不被采纳。证据内容要与待证事实相关联，地域上要与目标国相关。在具体案件中，要根据案情提供相应时间段的证明材料。形式上要严格遵守各国、各案对于证据材料的要求。有关联性的关键证据，哪怕数量有限，只要能形成证据链就可以起到决胜作用。

证据在案件审查中占了举足轻重的作用，在平时工作中，需高度重视商标使用证据的归集整理，以备不时之需。时间上最早使用、持续使用的证据比较重要，建议企业有意识地据此保留相关证据，既要能主动维护自身权益，也要抵御他人打击。即便在境外遇到商标纠纷，只要有证据在手，就有底气抗争，更有机会获胜！

三、企业国际贸易中的知识产权管理

(一) 产品出口及其知识产权问题

1. 产品出口

近年来，企业为拓展市场，加快发展进程，开拓新产品以及延长产品线，将产品出口到海外市场越来越成为一种有效手段。

企业产品出口过程中，可能遇到以下的问题：欲出口产品是否符合出口目标国的相关法律规定（例如是否有知识产权的侵权风险等）；欲出口产品是否属于出口目标国禁止或限制进口的产品，如果不属于上述范畴，还需要了解出口目标国对于进口产品需要进行备案的相关规定。

在企业进行产品出口过程中，依然会面临知识产权风险。

2. 产品出口过程中的知识产权问题

企业进行产品出口过程中，可能遇到以下问题：

（1）欲出口产品在我国是否属于《技术进出口管理条例》中规定的限制或禁止进口的技术，是否属于商务部颁布的限制类和禁止类进口、出口技术的列表。欲出口产品目标国或地区对于技术进口的相关法律规定，欲出口产品是否属于该国或地区禁止或限制进口的技术，如果不属于上述范畴，还需要了解该国或地区需要进行备案的相关规定。

（2）待出口产品在出口目标国或地区是否具有侵犯他人知识产权风险的可能性。

（3）待出口产品在出口目标国或地区是否具有专利权，包括外观设计权和植物品种权等，直接获得待出口产品的制备方法在出口目标国或地区是否具有专利权（注：在某些国家和地区植物品种权不被视为专利权）。

（4）待出口产品在出口目标国或地区是否具有相应的商标权。

（5）如果待出口产品属于软件产品，要注意待出口产品在出口目标国或地区是否具有著作权或版权问题。

(二) 跨国采购及其知识产权问题

1. 跨国采购

作为企业生产行为的一部分，跨国采购原材料和/或生产设备等也是企业生产和发展必不可少的构成部分。跨国采购可能具有产品生产成本低带来的较低价格或者解决国内无产品来源的问题等优势。

同样，在跨国采购原材料和/或生产设备的过程中也会面临知识产权风险,例如上述原材料和/或生产设备是否有专利侵权风险等。

2. 跨国采购过程中的知识产权问题

企业进行跨国采购过程中,可能遇到的知识产权问题主要有:

(1) 待跨国采购的产品,如原材料或生产设备在目标使用国或地区是否具有专利权,包括外观设计权和植物品种权等,或者对于直接获得待跨国采购产品的制备方法在目标国或地区是否具有专利权。

(2) 待跨国采购的产品在目标使用国或地区是否具有商标权。

(3) 如果待跨国采购的产品属于软件产品,待跨国采购的产品在目标使用国或地区是否具有著作权或版权。

(三) 技术贸易及其知识产权问题

1. 国际技术贸易与知识产权保护的关系

(1) 国际技术贸易的内涵与地位。

国际技术贸易(International Technical Trade)是世界不同的国家或地区间,一方将某种内容的技术通过签订商业协议或合同的形式,转让给另一方面,并收取一定的技术使用费,这种交易即称为国际技术贸易。国际技术转让可以是有偿的,也可以是无偿的。有偿的国际技术转让就是国际技术贸易。国际技术贸易的主要内容有:各种工业产权,如专利、商标;各种专有技术或技术诀窍;提供工程设计,工厂的设备安装、操作和使用;与技术转让有关的机器、设备和原料的交易等。总之,技术贸易既包括技术知识的买卖也包括与技术转让密切相关的机器设备等货物的买卖。

通过国际技术贸易,技术出口国可以得到可观的技术转让费,获得较多的贸易利益,并且也有利于他们参与国际技术竞争;而技术进口国则可利用进口技术加快本国国民经济部门技术改造和发展速度,有利于促进产业结构升级换代和优化组合,同时还可以节省研制费用,缩短研制时间,提高产品技术含量和竞争力。可见,国际技术贸易在现代国际贸易中的地位将越来越突出。

(2) 国际技术贸易中知识产权保护。

随着世界经济、贸易格局的不断发生巨大变化,国际技术贸易的重要性不断被强化,知识产权保护已经成为推进技术贸易健康发展的重要前提条件和保障。《与贸易有关的知识产权协定》是当前知识产权保护领域中涉及范围广、保护力度大、制约力强的一个国际公约,它为成员之间的技术贸易提供了知识产权保护方面的最高要求。

(3) 国际技术贸易与知识产权保护关系密切。世界知识产权保护水平对于世界福利水平、创新率、增长率和经济发展都有着重要影响。世界各国经济发展的实践证明，是知识的增长而不是要素的积累，成为经济增长的重要源泉。知识产权保护可以创造一个有利于人类知识积累的环境，促进和保障知识的创新和经济的发展。因此，确立一个有效的知识产权保护机制是促进新知识产生和经济增长的重要的制度保障。各项经济研究和国际技术贸易实践都证明，适度的知识产权保护，有利于改善投资环境、降低交易费用、保护技术受让双方的利益、增加技术市场的有效供给，从而，促进了国际技术贸加强知识产权保护促进国际技术贸易发展。而过度的知识产权保护则成为具有隐蔽性的技术贸易壁垒，它限制公平交易，恶化各国的贸易条件，拉大了南北差距，阻碍国际技术贸易的健康发展。因此，国际技术贸易与知识产权保护的关系是非常密切的，而且，只有把握好知识产权保护的度，才能促进国际技术贸易的健康发展。

2. 我国国际技术贸易中的知识产权的发展现状❶

我国是制造业大国，主要依靠进口加工复出口为主，拥有自主创新的产品少之又少，并且对知识产权保护的意识起步较晚，商标品牌被抢注的案例时有发生。因此随着我国出口量的不断增大和出口产品技术含量的不断提高，要在国际市场中避免不必要的损失和纠纷，必须重视知识产权的自我保护。虽然目前我国不断加强自我创新的力度，但是仍处于模仿创新时期，靠仿造来出口，本身存在知识产权上的缺失。据统计，我国企业出口产品中拥有自主品牌的比率不到10%，只有3%的企业拥有自主知识产权和核心技术，对外技术依存度达50%以上，高技术产品80%靠进口模仿创新。这些产品走向国际市场，很容易因知识产权问题而被国外查处。

3. 我国国际技术贸易中的知识产权侵权问题突出❷

(1) 我国企业侵犯他人知识产权事件不断。

随着我国步入WTO的门槛，越走越远，我国面临的国际竞争形式越来越激烈。前几年发生的国际专利联盟企业诉中国DVD、彩电等生产企业专利侵权而被索取巨额许可费，近期中国的海外企业经营过程中遇到的专利纠纷，

---

❶ 杨亚军. 浅谈我国国际技术贸易中的知识产权侵权问题[EB/OL]. (2017-05-18) [2017-08-01]. http://www.dylw.net/gongyejingji/237648.html.

❷ 杨亚军. 浅谈我国国际技术贸易中的知识产权侵权问题[EB/OL]. (2017-05-18) [2017-08-01]. http://www.dylw.net/gongyejingji/237648.html.

如美国英特尔公司向美国国际贸易委员会提起申请，指控华为技术有限公司、中兴通讯有限公司和芬兰诺基亚公司侵犯其 3G 无线设备领域的 7 项专利，请求对被告企业发起 337 调查并发布进口排除令等案件。知识产权问题，已经成为中国企业发展道路上的一个不容忽视的障碍。

(2) 我国企业知识产权遭到侵犯事件不断。

近年来中国许多著名商标、原产地产品品牌等都不同程度地遭受了国外的商标抢注。每年这类事件的发生都有上百起，例如，"康佳"在美国被抢注、"科龙"在新加坡被抢注，"红塔山"在菲律宾被抢注、"海信"在德国被抢注、厦门节能灯商标"东林"在德国被抢注。

(3) 国际技术贸易中产权争议案件突出。

无论是在国内还是国外，滥用知识产权的问题并不鲜见。2009 年 6 月 15 日，英力士公司等两家原告在得克萨斯州南区联邦地区法院，起诉中化宁波公司、中化厦门现代环境保护化学公司、太仓中化环境保护化学公司、美国中化公司等侵犯专利权。中化集团在宁波、厦门、太仓、美国等地区的下属环保制造企业还曾在 2007 年 10 月 5 日、2008 年 9 月 17 日在美国法院被控专利侵权等，国际技术贸易中知识产权争议案件突出，随着未来贸易的深化，这种知识产权争端事件将不断浮现。

四、国际投资及其知识产权问题

国际投资 (International Investment)，又称国外投资 (Foreign Investment) 或海外投资 (Overseas Investment)，是指跨国公司等国际投资主体，将其拥有的货币资本或产业资本，通过跨国界流动和营运，以实现价值增值的经济行为。国际投资的内涵应包括以下三个方面：

首先，参与国际投资活动的资本形式是多样化的。它既有以实物资本形式表现的资本，如机器设备、商品等，也有以无形资产形式表现的资本，如商标、专利、管理技术、情报信息、生产诀窍等；还有以金融资产形式表现的资本，如债券、股票、衍生证券等。

其次，参与国际投资活动的主体是多元化的。投资主体是指独立行使对外投资活动决策权力并承担相应责任的法人或自然人，包括官方和非官方机构、跨国公司、跨国金融机构及居民个人投资者。而跨国公司和跨国银行是其中的主体。

最后，国际投资活动是对资本的跨国经营运活动。这一点既与国际贸易相区别，也与单纯的国际信贷活动相区别。国际贸易主要是商品的国际流通与交换，实现商品的价值；国际信贷主要是货币的贷放与回收，虽然其目的也是为了实现资本的价值增值，但在资本的具体营运过程中，资本的所有人对其并无控制权；而国际投资活动，则是各种资本运营的结合，是在经营中实现资本的增值。如果是以时间长短为依据，国际投资可分为长期投资（Long-term Investment）和短期投资（Short-term Investment）。如果是以投资经营权有无为依据，国际投资可分为国际直接投资（International Direct Investment）和国际间接投资（International Indirect Investment）。

（一）跨国并购及其知识产权问题

1. 跨国并购

近年来，到海外兼并、收购境外企业的中国企业越来越多。很多情况下，中国企业跨国并购的战略意义主要是获得境外企业的先进技术以及利用境外企业的品牌商誉和商业渠道，从而开拓海外市场并且整体上提升该企业在海外市场的竞争力。作为技术的延伸的专利以及代表商誉的商标等知识产权往往在海外收购中占据非常重要的地位。通过针对目标公司的知识产权，尤其是专利和商标的获取，可以帮助中国企业进行技术升级、提高研发能力和拓展国际市场。

跨国并购指中国企业依照目标国的法律购买目标国企业的全部或部分股份或资产，以取得目标公司股份或资产的全部或部分所有权。按照并购方式可以分为资产并购和股权并购。资产并购指中国企业作为收购方购买境外目标企业的全部或部分运营资产的方式。股权并购指中国企业购买境外目标公司发行在外的具有表决权的股份或认购其增发股份的行为。通过股权并购所获得的股份达到一定比例时，中国企业可对该公司行使经营管理控制权。

目前国际上很大一部分的跨国并购交易都是由知识产权驱动的，甚至是以知识产权资产的获取作为首要并购目的。越来越多的中国企业也将目光瞄向海外的知识产权，包括专利、商标等，通过并购的方式来获取知识产权资源，突破海外知识产权壁垒，立足国际市场。对知识产权的重点关注将成为中国企业跨国并购的新趋势。跨国并购面临的知识产权风险主要有知识产权交易风险和知识产权运用风险两大方面的风险。

2. 跨国并购中的知识产权问题

跨国并购是一种高风险的投资方式。并购中的知识产权问题是一个系统工程。企业应该熟悉并购中的知识产权流程，了解其中的风险，提高风险防范意识，以帮助企业达成并购目的。

（1）知识产权交易风险表现在以下三个方面。首先，法律法规政策风险。对于有关智力成果的进出口、交易、销售、知识产权权利获得程序和标准等问题，各个国家和地区的规定存在一定差异。在大规模跨国并购交易中，各国知识产权法律和政策的差异性可能会直接影响并购交易进程以及并购后企业对知识产权的使用。其次，知识产权有效性风险。知识产权有效性风险包括：授权专利的有效性及权利稳定性风险；时间和地域性风险；知识产权的权属瑕疵（知识产权的权属瑕疵主要包括如下三个方面：被收购方根本不拥有知识产权；被收购的知识产权为共同所有；被收购的知识产权存在权利限制。）以及市场价值不确定风险。最后，知识产权价值风险。包括知识产权所体现的技术的先进性，知识产权与产品的保护体系构建的完整性，知识产权本身的技术、法律、市场角度评估的价值问题。

（2）知识产权运用风险表现在以下几个方面：首先，协议陷阱。并购对象与他人签订的知识产权协议或技术协议中可能存在知识产权风险或限制，导致并购后期知识产权或技术不能"为我所用"。其次，技术侵权。并购对象的技术本身在实施过程需要依赖于非自有专利，这样的技术实施存在侵权风险。如未对风险进行提前预防与防范，在并购后侵权赔偿的风险将直接转嫁给并购方。如果第三方正在或可能对目标知识产权提起诉讼，那么并购方不但难以达到预期的商业目标，而且可能因此而官司缠身。

同样，企业并购中也涉及商标和著作权等方面的知识产权风险问题，例如，待并购企业的商标是否属于自有商标还是属于其他企业授权使用的商标，在企业并购中是否涉及相应的知识产权可以由并购企业使用的相关协议等问题。

跨国并购存在很多不确定性，企业应特别注意与并购方就谈判过程涉及的细节内容签署保密协议，以防并购计划如果最终流产而损坏中方企业的利益。

（二）企业境外上市及其知识产权问题

1. 企业境外上市

境外上市是指国内股份有限公司向境外投资者发行股票，并在境外证券交易所公开上市。我国企业境外上市有直接上市与间接上市两种模式。

近年来，企业为扩大生产规模，上市融资越来越成为一种重要手段。其中，越来越多的企业，尤其是一些互联网企业在寻求境外上市融资之路。中国企业国际化，尤其是通过资本市场境外上市的方式实现国际化，是融入世界经济潮流的重要路径，是中国企业发展壮大的理性选择。

企业在选择上市地点时，要选择市场收益大而需要付出的资源相对少的上市地点。从成本方面考虑，企业应当考虑通过合理选择上市地点使维持挂牌的费用和各种资源尽可能减小。从收益角度考察，企业上市地点的选择应当有利于发行的顺利进行，有利于发展战略的配合，通常应当选择在主要的业务所在地上市，这样可以利用公司在市场上已经具有的知名度来便于吸引投资者的投资以及投资者对公司进行后续的研究。同时，在国际市场的上市有利于提高公司的市场声誉，塑造一个全球化国际化的上市公司形象。

但是，从企业自身发展看，走向境外证券市场之路并非鲜花锦簇，一片坦途，若稍有不慎，潜在的法律风险就可能转化为现实的不利法律后果。在国际证券市场上市融资的法律风险来源于与我国内地不同法律领域下的法律冲突，来源于与我国内地不同法治理念下的法律环境，来源于与我国内地不同法律规范下的法律义务，还来源于企业境外上市可能遭致的知识产权诉讼，甚至是竞争对手的恶意知识产权诉讼。

2. 企业境外上市中的知识产权问题

在企业境外上市过程中，企业需要了解待上市地点所在国的相应法律规定和法律现状，其中会涉及知识产权管理的状况。最佳方式是企业委托当地的专业代理机构，确保实现完全、及时的信息披露，以规避其中的潜在风险，保证最终顺利实现境外上市。

尤其是，在企业境外上市板块中涉及的那些技术和产品的相应知识产权内容。例如，在企业境外上市板块中所涉及的技术和产品的专利权、商标权、版权等属于自有知识产权，或者具有明确的许可协议规范。

(三) 绿地投资及其知识产权问题

1. 绿地投资

(1) 什么是绿地投资。

绿地投资（Green field Investment）又称创建投资，是指跨国公司等投资主体在东道国境内依照东道国的法律设置的部分或全部资产所有权归外国投资者所有的企业。创建投资会直接导致东道国生产能力、产出和就业的增长。

绿地投资作为国际直接投资中获得实物资产的重要方式是源远流长的。早期跨国公司的海外拓展业务基本上都是采用这种方式。绿地投资有两种形式：一是建立国际独资企业，其形式有国外分公司，国外子公司和国外避税地公司;二是建立国际合资企业,其形式有股权式合资企业和契约式合资企业。

(2) 绿地投资方式的优点。

首先,有利于选择符合跨国公司全球战略目标的生产规模和投资区位。海尔集团选择在美国的南卡罗来纳州的汉姆顿建立生产基地是因为其地理位置优势。汉姆顿生产基地是海尔集团独资企业,电冰箱厂设计能力为年产20万台,以后逐渐扩大到年产40万至50万台。其次,投资者在较大程度上把握风险。掌握项目策划各个方面的主动性例如在利润分配上,营销策略上,母公司可以根据自己的需要进行内部调整,这些都使新建企业在很大程度上掌握着主动权。最后,创建新的企业不易受东道国法律和政策上的限制因为新建企业可以为当地带来很多就业机会,并且增加税收。到目前为止,海尔集团在南卡罗来纳州的总投资额达到1.26亿美元,创造了1250个工作岗位。

(3) 绿地投资方式的缺点。

首先,绿地投资方式需要大量的筹建工作,因而建设周期长、速度慢、缺乏灵活性,对跨国公司的资金实力、经营经验等有较高要求,不利于跨国企业的快速发展。其次,创建企业过程当中,跨国企业完全承担其风险,不确定性较大。最后,新企业创建后,跨国公司需要在东道国自己开拓目标市场,且常常面临管理方式与东道国惯例不相适应,管理人员和技术人员匮乏等问题。

(4) 跨国并购与绿地投资方式的对比。

① 从短期角度来比较。尽管并购方式和新建投资方式的 FDI 都为东道国带来国外金融资源,但并购方式所提供的金融资源并不总是增加生产资本存量,而在新建投资的情况下则会增加。并购方式不太可能转移新的或比新建更好的技术或技能,而且可能直接导致当地生产或职能活动(如研发)的降级或关闭,而新建并不直接减少东道国经济的技术资产和能力。当利用并购方式进入一个国家时,不会创造就业,还可能导致裁员,新建在进入时必定会创造新的就业。并购方式能够加强东道国的集中并导致反竞争的后果,而新建能够增加现有企业的数量,并且在进入时不可能直接提高市场集中度。

② 从长期角度来比较。跨国并购常常跟随着外国收购者的后续投资,如果被收购企业的种种关联得以保留或加强,跨国并购就能创造就业。这两种方式在就业创造方面的差异更多地取决于进入的动机,而不是取决于进入的方式。并购和新建 FDI 都能带来东道国缺少的新的管理、生产和营销等重要的互补性资源。从东道国角度看,需要 FDI 的原因部是 FDI 能够在新领域中

带来资本（如工业产权），从而有助于当地经济的多样化。

2. 绿地投资中的知识产权问题

绿地投资中可能面临的知识产权问题主要有两个方面，知识产权滥用和知识产权流失：

（1）知识产权滥用。

"知识产权滥用"的概念源于英国专利法，具体是指，权利人超出了知识产权法律、行政法规的规定，不正当行使有关权利，损害他人利益、社会公益或者限制排除竞争的行为。滥用知识产权的行为主要分为两大类：一是权利人行使知识产权时超出了法定权利本身的范围；二是权利人行使其知识产权时没有超出法定权利，但不合理地限制了市场正当竞争，或者违反了其他公共政策，该行为仍应受到竞争法的规制。《中华人民共和国反垄断法》第55条规定："经营者依照有关知识产权的法律、行政法规规定行使知识产权的行为，不适用本法；但是，经营者滥用知识产权，排除、限制竞争的行为，适用本法。"从法条的语义中分析，在反垄断法层面下的知识产权滥用必须具备两个条件：一是有滥用知识产权的行为；二是该行为排除、限制了竞争行为。

知识产权滥用已经是跨国企业打压中国企业进入该国市场的重要工具，中国企业在国外也是频频触雷触电。在高科技领域举步维艰。DVD专利费案、丰田诉吉利案、通用诉奇瑞案以及思科诉华为案等就是明证。

（2）知识产权流失。

发展中国家在引进外资的过程中，往往仅看到外方的先进技术、著名品牌，却不懂得自己手中掌握的知识产权的价值，轻而易举地低价转让给外方，从而丧失原有市场上的优势地位。以我国为例，上海一家有名的中医药研究所和一家外资机构合作研究中药材，外方提供资金和技术，中方提供中医药秘方。不料研究完成后，对方却不认可中方将秘方作为投入，声称这是公共知识，没有财产属性，即使有知识产权，也只能折很低的价。最终，研究成果成了外方的囊中物，我们的传统秘方流失。上海中医药知识产权研究中心主任宋晓亭教授指出，类似情况目前相当多见，"基本上是合作一次，中医药知识产权就流失一次"。而在中美药品知识产权保护会议上，美国提出对药品的研发数据增加5到10年的保护期。原因很简单，因为美国有200多种药品在中国的知识产权即将到期，目前有1000多家企业准备仿制这些药品❶。

---

❶ 姜澎. 专家呼吁尽快立法保护[EB/OL]. (2009-10-11) [2017-07-23]. http://www1.zgyc-sc.com/readinfo-htm-ifid-30403.html.

第三节 企业知识产权国际化应注意的问题

一、企业知识产权的分析与预警

需要说明的是，在企业国际化的过程中，企业会面临众多的知识产权问题，为此，在国际化的过程中需要做好知识产权的分析与预警工作。

(一) 建立企业专利预警系统的意义

当前，在国际贸易和其他一些领域，跨国公司频频就各种知识产权侵权问题向我国企业提起诉讼，而且规模越来越大，涉及范围越来越广，对我国产业发展造成的影响越来越深刻。可以预见，相当多关系到我国未来发展的主导产业和新兴高科技产业面临来自包括专利在内的知识产权方面的危机，形势十分严峻。

然而，目前我国不少企业缺乏应对专利危机的有效机制，大部分企业掌握和运用专利制度的能力和水平不高，合理使用国际规则保护自身并有效参与国际竞争的能力十分薄弱，在国外企业的知识产权攻击下往往陷于被动挨打、不知如何应对的尴尬局面。

为此，建立一套包括专利信息的采集与分析、预警信息的发布与反馈以及针对预警信息制定应对预案十分必要和紧迫。这将有助于企事业单位随时掌握知识产权竞争态势，提前准备应对即将来临的竞争威胁，正确应对已经发生的专利争端，从而促进企业公平健康地参与国际竞争，维护国家产业经济安全。

(二) 企业专利预警系统的任务[1]

企业专利预警，是指企业知识产权部门在统计和分析本企业专利基本情况、采集和分析所关注的技术领域专利动态，企业产品贸易的历史与现状数据、跟踪重要技术竞争对手的专利活动的动态变化情报以及技术产品的市场分布信息，收集国内外相关的专利案例以及国内外专利法规和政策变化的有关信息的基础上，分析研究本企业在生产、经营和决策中涉及的专利问题，

---

[1] 中国国际电子商务中心. 企业专利预警意义与实施步骤[EB/OL]. (2015-07-24) [2017-06-19]. http://gpj.mofcom.gov.cn/article/zuixindt/201507/20150701059489.shtml.

判断企业未来发展过程中可能面临的专利风险，预测风险可能产生的危害程度，提出针对性的对策措施，及时将相关信息传递给企业决策、科研和生产等部门，发出警示预报，并提出相应对策。

企业预警系统由预警信息采集子系统、预警信息分析子系统、预警信息应用（服务）子系统组成。

1. 预警信息采集子系统

预警信息采集子系统是预警系统的基础模块，它的工作质量和速度决定着企业专利预警系统的效能。

（1）确定信息采集的范围。

进行预警分析，要正确选择与企业知识产权保护关系密切、对知识产权制度依赖性较大、对国民经济有重大影响的重点产业，或重点品，或重点技术领域进行信息的采集和监测，其对象应由重点到一般，逐步推进，主要收集以下五方面信息：

第一，专利申请与审查相关信息。在专利审批系统中采集各种专利申请的特征、数据和值得关注的问题，特别是不同技术领域、不同技术领域重点企业的专利申请量、授权量等数据。同时采集专利权无效申请的有关情况，例如所涉及的当事人、审理结果等。应关注国内国外专利申请授权的对比变化，国外来华申请最多的若干个技术领域，国外来华专利申请增长较快的若干个技术领域，来华专利申请最多的若干家公司。在此基础上，进一步关注其他国家专利申请方面的相关信息等。

第二，知识产权纠纷相关信息。在行政执法和司法执法系统采集各种知识产权纠纷，特别是专利纠纷案件的特征、数据和值得关注的问题，包括：纠纷的类型、产业或产品门类、地域分布、国际纠纷的比例及国别、原告类型、被告类型、处理结果、结案周期、诉讼费用、执法效果等。

第三，国家重大贸易相关信息。通过贸易和进出口监测系统，对我国各种贸易及进出口量进行详细的动态监测，找出数量或市场占有率显著变化的品种及其市场、产地、相关企业等信息，采集它们涉及的知识产权信息。

第四，国内外科技法律法规信息。首先要采集世界贸易组织、世界知识产权组织、世界海关组织、世界银行、亚太经合组织、东盟等主要国际组织关于知识产权保护政策的重大变化或动议以及上述组织关于中国知识产权保护环境的评价；若干发达国家和发展中国家（我国主要贸易伙伴国，政府关于中国知识产权保护环境的评价以及上述国家有关知识产权保护的政策、法律、机构的重大变化及近期重大措施；有关技术国际标准、国家标准的变化态势。其次要采集国内相关的科技、法律法规的各类相关信息。

第五，其他信息来源。包括国内外重点报纸和专业杂志、行业协会出版物、产业研究报告、政府出版物、商业数据库等，以及利用媒体实时跟踪软件获取的信息。

（2）统筹协调信息采集工作。

企业专利预警需要的信息来自企业内部诸多部门，要统一组织协调信息的报送工作，建立通畅的信息交流渠道，保证从各信息源及时准确完整地获取相关信息。

2. 预警信息分析子系统

预警信息分析子系统是专利预警系统的核心模块，它是以人的智力为主导，实现信息的集成、重组和知识化。通过专职和兼职的情报分析人员，借助各种信息分析工具，采用人工和计算机辅助分析方法相结合的手段，将预警信息采集子系统所采集的信息有序化、系统化、层次化，最终产生出之有价值的预警情报。

（1）数据的鉴别和验证。

对预警信息采集子系统传输的数据进行鉴别和验证，是预警信息分析子系统第一步要做的工作。鉴别和验证的总原则是：预警信息分析应围绕专利权利的基本情况（即专利拥有量）及变化趋势（即专利拥有量的变化）展开，分析内容包括国外企业可能通过知识产权手段制约企业经济发展的技术领域和地域（市场范围）、企业专利拥有量低而国际市场份额占有量高的技术领域以及可能造成的危害程度等。

具体鉴别和验证方法，有待于具体项目立项后，对各种数据源进行调查研究，制定出数据评价和筛选原则。

（2）信息的有序化组织。

在整个系统中，除了连接已有的各种结构化数据格式的数据库外，将建立一个非结构性数据库，用于存放文本或文档格式的数据（包括自然语言提取的信息）。为了降低系统建设成本，尽可能通过接口连接已有的数据库，对需要重点跟踪的行业、其他竞争对手或某个技术领域应当建立相应的特定行业、特定企业、特定技术领域数据库。信息的有序化组织中，另一项重要任务是设计信息存储表格，这项工作应在对各种数据源进行调查研究后完成。

（3）预警信息分析。

预警信息分析包括预警指标的确定，信息分析方法、分析内容和辅助信息分析工具的选择。

企业进行预警分析的目的旨在及时掌握相关领域专利竞争态势，提升企业自主创新能力，有效 规避和处置可能发生的竞争威胁，促进企业公平健康地参与行业竞争，提升企业竞争优势。

一般来说，预警指标的选择包括专利、科技和贸易三方面：

首先，贸易指标。经济利益的争夺是专利纠纷发生的根源，对各种贸易数据的统计、分析、再加工是专利预警工作的重要内容之一。这些数据包括海关进出口贸易数据以及国内、国外特定市场的销售等相关数据，以及出口产品价格同比变化率、出口产品数量同比变化率、进口国同类产品的市场占有率、企业产品在国际国内市场的占有率变化等。

其次，专利指标。专利指标是进行 专利分析和预警工作最重要的基础指标。主要有专利数量指标、申请人或权利人指标、专利技术主题指标、专利区域分布指标和研发团队指标等基础指标。

其中，专利数量指标是以数量和数量的变化为依据，包括专利申请数量和授权数量及其变化率等；申请人或权利人指标包括企业的主要竞争对手（特定申请人，即某行业中重要的生产、研发企业）和潜在竞争对手及其他们的技术特征等；专利技术主题指标包括利用各种专利分类号（国际专利分类号、美国专利分类号、欧洲专利分类号、日本专利分类号、手工代码分类号）、数据挖掘或人工标引方法进行的针对专利涉及的技术主题所做的各种分析；专利区域分布指标包括同一技术主题在不同国家的专利分布或同一专利权人在不同国家的专利布局等指标；研发团队指标包括重要竞争对手专利发明人的数量及其变化等指标，旨在探索企业技术投入的动向。

最后，科技指标。科技指标包括企业所采用的技术要素、相关行业国际主流技术标准要素等指标，旨在探索企业跟随科学技术发展的能力。

由于不同技术领域专利技术的生命周期不同，因此设定的各类专利警示指标起点不同。这就决定了专利预警不同于其他行业的预警，它没有统一的量化指标，企业在实际专利预警操作中应当引起关注。

（4）预警信息分析的工作方式。

根据系统设立的各技术领域或主要竞争对手的专利预警信息的警示点，由系统自动生成统计报表，监测相关技术领域或专利申请人专利申请（或授权）量和量的变化信息。由分析人员阅读统计报表，以信息预警快报的形式发出。

对于涉及国民经济的重大事件和可能发生大规模知识产权纠纷的警示信息，应成立相应的预警信息分析专家组，针对有关技术和产品，在对所收集的预警信息进行深入综合分析的基础上，对其可能给企业或产业造成的影响做出预判，撰写评估和分析报告。

3. 预警信息应用（服务）子系统

预警信息应用（服务）子系统是专利预警系统的输出系统，它的主要功能是面向企业各级决策层提供情报产品和情报服务，并负责收集和处理各种反馈信息。预警信息应用（服务）子系统涉及以下内容。

（1）信息分层推送制度。

预警信息应用（服务）子系统设有向企业最高领导层、企业相关部门主管、允许进入本系统的企业技术官员等不同层面的信息推送制度。

（2）信息产品的类型。

预警信息应用（服务）子系统所提供的信息产品的类型有：情报简报、特别专题报告、重点行业跟踪研究报告、主要竞争对手分析报告、竞争环境分析报告、新兴产业领域预测报告以及对国际国内有关政策的变动进行分析形成的报告和重要市场事件涉及的专利通告等。

（3）信息产品发布形式。

预警信息应用（服务）子系统的信息产品发布形式有：定期和不定期的口头汇报、E-mail 电子邮件形式、Fax 传真形式、内部资料或刊物形式和网络资源共享等方式。

（4）预警信息结果的反馈和跟踪。

企业各有关人员在收到预警信息后，应提供预警信息质量和效果等反馈意见，并及时将反馈意见输送到预警信息应用（服务）子系统中的反馈信息收集窗口，系统自动将反馈信息导入原有的发送信息文档中。预警部门将在此基础上进行后续的跟踪研究，并提出进一步的指导意见。同时根据反馈的结果对预警分析法进行修正。

二、企业海外知识产权纠纷的应对路径

（一）如何应对知识产权海外诉讼[1]

中国企业在对外贸易中如何做好知识产权风险的预防与应对工作已成为企

---

[1] 如何应对知识产权海外诉讼？[EB/OL]. [2017-06-16]. http://china.findlaw.cn/jingjifa/shewaifalv/swzscq/20140715/1121182.html.

业运营重中之重！预防与应对意味着事务的两个方面，但显然预防是更重要的。

1. 如何做好事前预防

（1）事前主动调查。

当企业产品准备进入国外市场前，应做好专利检索或商标查询，如果需要，应委托国外有关专门律师事务所等中介机构做相关知识产权分析，以确定拟进入产品是否涉嫌侵权，此报告还可在将来一旦涉及相关知识产权诉讼，避免因故意侵权之嫌被判3倍赔偿金；若分析报告提示可能涉嫌专利侵权，则应提前做好产品研发的规避设计，该规避设计一旦获得ITC认可，今后涉及调查，将不会被适用排除令等救济措施，如果无法进行规避设计而必须进入美国市场则可通过专利使用许可谈判来合法范得进入美国市场的准入证。

（2）主动研发并积极在国外申请专利。

对于无法规避设计而又是产品核心技术的，则应积极并尽早在国外申请专利，以便获得主动而稳定的权利，避免受制于人，又缴纳高昂的专利使用费，同时也是今后与他人进行专利对抗和谈判的筹码。

（3）全面深入了解调查和国外专利诉讼规则及程序，做到知己知彼，掌握主动。

（4）建立完善的知识产权制度与权利，以便全面了解市场动态、竞争对手状况和知识产权布局，做到及早了解，及早防备，应对从容。

（5）内部知识产权人才储备，有效保持与外界知识产权中介机构的合作。

知识产权人才对专业性要求极高，企业拥有懂外语、法律、管理兼备的专门人才是必需的，同时与外部包括有丰富从事经历的专业知识产权律师事务所，及专利代理事务所的稳定合作将保证企业一旦涉及调查或美国专利诉讼时临阵不乱，应对有序。

2. 如何做好调查中的应对

（1）是否应诉的论证。

碰到调查企业不可不予理睬，也不应盲目应诉，应结合应诉成本、当事人启动调查的目的等多项因素综合考虑并决定是否参加应诉。如果企业是直接的产品生产商且依赖出口严重则应考虑应诉。如果企业是销售商，若调查对其品牌冲击严重则应考虑应诉。

（2）选定有经验的律师应对调查。

调查涉及美国知识产权的实体与程序法律，专业性要求极高，加上在美国本土展开,聘请专业的美国律师十分必要,但基于涉诉讼成本,语言沟通,及取证方便等因素,配备中国本土专业的知识产权律师对企业而言,是必不可少的,中国律师的收费相对美国律师有较大差距,更为重要的是,民族认同感、客户忠诚度高,语言沟通顺畅及节省大量取证时间和费用,都是二地律师合作所需要的基础。

(3) 寻求主动出击。在综合分析把控涉案证据,案情优劣分析、诉讼程序运用的基础上寻求主动出击,力争启动专利无效。

如果企业经全面收集、分析涉案证据并仔细研究比对涉案专利权利保护范围,认为可以启动专利无效程序的,应首先考虑从源头上消灭对手专利,以彻底扫清出口障碍。

若无法实现无效,则应考虑不侵权抗辩,公知技术抗辩,禁止反言抗辩及合同抗辩等诉讼策略,以寻求反击。

(4) 运用各种诉讼策略应对调查。

被申诉人若对手中掌握的证据有信心还可采用反诉方式来牵制对手并变被动为主动。

同时在调查外结合采用与对手判断或在国内外再启动相应的以申请人为被告的专利诉讼或相应救济措施以期迫使对方求和或让步。

(二) 解决知识产权纠纷的其他途径

1. 解决知识产权纠纷的趋势❶

随着我国近年来知识产权制度的不断完善和发展,各种有关知识产权的确权、权属以及侵权等案件与日俱增,对人们生产和生活乃至国际交往都带来较大的影响。而在实践中,一方面,由于这种知识产权纠纷具有涉及广、法律关系复杂、专业性强、取证困难等特点,造成案件审理难度增加和审理时日拖延,另一方面,由于我国知识产权制度建立时间还不长,不少当事人由于缺乏经验或乱用滥用诉权或盲目介入无效、撤销程序,从而加重了法院和有关知识产权行政管理机关的处理难度。知识产权案件这种旷日持久、耗资巨大的司法审判,对诉讼双方都是极为不利的,需要从理论上深入研究。最近这些年来,知识产权纠纷的非诉讼途径得到了大力的推广。

为此,近一二十年来,即使被称为诉讼社会的美国也已开始意识到诉讼

---

❶ 陈贵斌. 对知识产权纠纷非诉讼解决的几点认识[EB/OL]. [2017-06-16]. http://www.chinalawedu.com/news/20800/21690/2005/2/li84604749341225002246233_158408.htm.

的弊端，而大力提倡采用非诉手段解决纠纷。具体做法主要有：仲裁、调解、私人审判、早期中介评价和小型实验。

（1）仲裁。

仲裁是指双方当事人在争议发生之前或者争议发生后达成协议，自愿将争议交给第三方作出裁决，争议双方有义务执行该裁决，从而解决争议的一种法律制度。仲裁通常在解决国际贸易纠纷中广泛采用，而在处理某些知识产权纠纷时，起先多有限制。后根据1984年的法律修正，即使对发明专利的有效性进行仲裁，也成为可能。

（2）调解。

调解是双方或多方当事人在中立的调解人主持下，寻求妥协而采用的一种普遍形式。

（3）私人的审判。

这属于任意程序。是当事人根据协议选定中立的退休法官，并由当事人支付报酬，委托其对争议事件进行审理和判断的一种程序，他由当事人自由决定是否采用。在具体操作上，它可参照传统的民事诉讼程序进行。私人法官向法院提出的判断对双方当事人来说是具有约束力的，理论上，当事人应保留上诉的机会，但是，在实践中提出上诉的案例并不多。这一方式，除了在执行时采用法定的程序外，均能保持其审理的非公开性。这种方式的长处是当事人能够选择法官，以及能避免法院的拖延。但在我国，这种方法目前不宜适用。

（4）早期中立评价。

它是由当事人或法院选定的中立的专家对成为争议核心的事实认定作出判断的一种程序。具有能够从纯技术的角度迅速作出判断的优点。程序采用非公开调查的形式进行。判断结论被整理成调查报告书的形式，有时具有约束力，有时也可不具有约束力。利用这种方式在能使纠纷达到迅速和解的同时，能大幅度地减少诉讼审理前的准备工作。

由中立评价者作出的判断，由诉讼时也能将其作为证据提出。但在提起诉讼的场合，原则上应公开审理。

（5）小型试验。

当事人根据协议选任中立的建议人而进行的一种任意、非公开程序，作为双方代理人的律师，向建议人作简单地陈述，建议人据此评价双方的立场。建议人的意见不具有约束力。此后，以和解为目标与有权代表纠纷当事人的负责人一起,依协议寻求妥协点。当妥协成立时,整理出书面的协议;而当妥协不能成立时,建议人的见解在此后的诉讼中不能被引用。其最大特点是因为有代表纠纷当事人作出决定权利的人参加,因而能够当场作出是否接受妥协案的决断。

上述5种方式是基于当事人间的协议,并在其主导下进行的任意程序。在一方不服的情况下有可能重新采用审判程序。目前,美、日法院采用上述方式来处理的案件有增长趋势。除了在审理前或审理中通过法官促成和解,还有调解仲裁和简式陪审审理两种形式。前者多数是在法院的参与下,采用调解与仲裁相结合或者相混合进行的一种程序;后者是由法院选定的模拟陪审员,在双方当事人简洁地举证后,作出劝告性的评决。该评决虽然没有约束力,但对实际陪审判可起着预测的作用。

2. 仲裁:解决知识产权纠纷的第三条途径❶

仲裁是解决争议的重要方式,也是人们熟悉并乐于采用的一种解决纠纷的方式,仲裁裁决尽管不是国家裁判行为,但是同法院的终审判决一样有效。在欧美等发达国家,仲裁已经是一种解决知识产权纠纷的普遍方式,世界知识产权组织也设有专门的仲裁机构。其实我国已经通过仲裁解决知识产权纠纷,仅在2006年武汉仲裁委员会就受理了11件知识产权纠纷案件。

我国也即将采取仲裁方式解决知识产权纠纷,中国知识产权报讯"仲裁将是继司法、行政之后,解决知识产权纠纷的第三条有效途径。"这是参加武汉知识产权仲裁研讨会的知识产权行政、司法和学术界专家们达成的共识。2007年2月2日,知识产权界代表齐聚武汉仲裁委员会,共同就知识产权仲裁的可行性和优势,知识产权仲裁如何与司法、行政保护对接等问题展开了热烈讨论。会议透露,全国首个知识产权仲裁院——武汉仲裁委员会知识产权仲裁院已获得正式批准,落户中南财经政法大学,并将于2007年3月挂牌。专家和学者纷纷表示,与司法和行政保护相比,仲裁具有一裁终局、快捷便利、无地域性和管辖权限制等优势,可以提高纠纷解决效率,打破地方保护主义。

---

❶ 王瑜. 公司知识产权管理[M]. 北京:法律出版社,2007:352. 王瑜. 解决知识产权纠纷的非诉讼途径[EB/OL]. (2010-12-10) [2017-06-16]. http://www.lawtime.cn/info/zscq/zscqlw/20101210 55326.html.

3. 调解：效率最高、成本最低的解决方式❶

调解的优点是地点不受管辖地的归属约束，只要双方当事人愿意，可以选择双方认可的任何中立的机构或者行业协会甚至是个人充当调解人，各方本着互谅互让的精神，在友好、平和的气氛下进行，这对于当事人是很有益的。调解成功，可以达成调解协议书，具有一定的法律效力，即使调解不成，也不影响其他法律程序的启动和进行。据一份调查报告显示遇到知识产权纠纷后，40.7%的企业选择以双方协商的方式解决，37.2%的企业选择以诉讼或仲裁的方式解决，31.4%的企业选择行政途径解决。可见，双方协商作为效率最高、成本最低的最优解决方式，最为企业接受。

美国通用公司和我国奇瑞汽车有限公司（奇瑞公司）知识产权纠纷，历经三年时间，双方达成最终的和解协议，以解决通用大宇汽车和技术公司（通用大宇公司）、通用汽车公司和奇瑞公司间的所有纠纷。经双方共同商定的公开声明说："通过友好协商，就通用大宇公司、通用汽车公司和奇瑞公司间的纠纷，通用大宇公司、通用汽车公司和奇瑞公司已达成了和解协议，解决了通用大宇公司、通用汽车公司和奇瑞公司间的所有纠纷。因此，所有目前的案件及相关的诉讼请求已经或将被撤回。各方将集中精力发展好各自的业务。各方均对相关政府部门为进一步澄清知识产权事务及相关法律框架已进行的努力表示感谢"。

三、企业海外知识产权纠纷的应对建议❷

党的十八大报告明确提出："适应经济全球化新形势，必须实行更加积极主动的开放战略""形成以技术、品牌、质量、服务为核心的出口竞争新形势""加快走出去步伐，增强企业国际化经营能力，培育一批世界水平的跨国公司"。近年来，中国传统优势产业和战略性新兴产业快速崛起，在国际市场上得到广泛认可，但同时也不断遭遇以美国为首的发达国家设置的知识产权壁垒，海外知识产权纠纷呈现迅速上升趋势。这些纠纷不仅会给涉案的中国企业带来直接经济损失，还会严重损害"中国制造"的信誉和国际市场上的竞争力，影响"走出去"战略的顺利实施。

---

❶ 王瑜. 公司知识产权管理[M]. 北京：法律出版社，2007：352. 王瑜. 解决知识产权纠纷的非诉讼途径[EB/OL]. （2010-12-10）[2017-06-16]. http://www.lawtime.cn/info/zscq/zscqlw/2010121055326.html.

❷ 徐家力，邵琰. 企业如何应对海外知识产权纠纷[EB/OL]. （2016-10-03）[2017-06-19]. http://news.xinhuanet.com/tech/2016-10/03/c_1119661252.htm.

为使我国企业更好地应对海外知识产权纠纷，应尽快健全和完善以政府为主导，以行业组织、研究机构和媒体为辅助，以企业为主体的纠纷应对机制。具体内容是：

1. 充分发挥政府的主导作用

完善知识产权立法，加强国际合作。知识产权法律体系必须与时俱进，同国际知识产权规则接轨，尽量避免由于国际、国内法律规范不统一而产生纠纷。针对发达国家设置的知识产权壁垒，我国需要采取相应的政策法律予以反制。可以通过建立类似美国"337调查"的制度，一方面更好地保护本国企业的知识产权，另一方面对其他国家起到一定的威慑作用。此外，还应不断加强国际合作，积极参与知识产权国际规则的制定，通过经贸合作，利用双边、多边谈判等方式将知识产权保护的规则合理化，推动国际规则向有利于我国企业的方向发展。

做好长期规划和战略布局。应坚持实施国家知识产权战略，将维护企业利益作为战略的主要目标，通过对创新型企业提供税收减免、资金支持和行政便利等相关政策鼓励企业增强自主创新能力，申请海外知识产权。同时加强知识产权行政执法能力建设，提高知识产权执法力度，严厉打击知识产权侵权行为。随着"走出去"和"一带一路"战略的推进，我国还应积极做好在发展中国家的知识产权布局，整合各方资源，防范可能产生的风险。同时对有贸易关系的发展中国家开展知识产权培训教育工作，以增强我国在知识产权保护领域的国际影响力，更好地维护我国企业在海外的知识产权相关权益。

健全海外知识产权援助机制。要充分发挥海外知识产权援助中心的作用，继续为企业提供咨询、协调和救助工作。与行业协会联手帮助企业更好地了解海外知识产权保护的立法和执法环境，通过建立海外知识产权纠纷的信息库和专家库，完善知识产权纠纷预警系统，为涉案企业要采取的措施提供建议。定期为我国企业培养和输送海外知识产权保护专业人才，提高企业的产权意识和维权能力。此外还可以建立我国企业海外知识产权纠纷应诉准备金和企业海外知识产权保险制度。前者可以帮助我国涉诉企业，尤其是其中的中小企业更好地应对诉讼，摆脱被动、弱势地位；后者可以帮助我国企业解决高昂的诉讼费用问题，有效地分担风险。

2. 与行业协会、研究机构和媒体形成合力

在海外知识产权纠纷面前，要让政府、企业、行业协会、研究机构和

媒体形成合力。行业协会的作用在于为企业提供知识产权信息服务和交流的平台，促进实现多家企业的共同维权。行业协会要联通企业与政府、经销商或代理商、律师事务所、知识产权专家间的互动和交流。要为企业培训海外知识产权专业人士，提高企业知识产权保护意识和能力，还要监督企业知识产权侵权行为，对在海外涉诉的企业提供资金援助和法律支持等。研究机构在海外调查知识产权侵权行为、提供法律咨询服务和知识产权纠纷代理方面有着明显优势，可以在我国企业海外知识产权保护中提供大力支持。媒体可以通过对纠纷的宣传为我国企业造势，提升我国企业在海外市场的知名度。

3. 鼓励企业发挥主体作用

加强知识产权的自我保护和管理。企业要积极参与海外知识产权申请，加强海外知识产权储备，提高在国际市场上的核心竞争力。在企业内部建立知识产权管理部门和预警制度。面对海外知识产权纠纷时，要积极争取政府、行业协会和媒体等的支持，做好应诉和处置工作。

注重海外知识产权战略部署。在考虑走向国际市场时，要先做好海外知识产权的战略部署。通过各种途径充分了解海外知识产权的相关法律制度，对产品是否会在进口国引发知识产权纠纷进行调查，适时调整企业战略，制定规避侵犯他人知识产权的策略，同时也要最大限度地保护自己的核心技术。此外，还应积极培养和储备自己的知识产权运作人才和管理人才。

掌握多元化的知识产权争端解决方式。知识产权纠纷的解决方式主要有诉讼、和解和仲裁。三种方式各有自己的特点，在面对纠纷时，企业需要根据自身实际情况和长远利益，谨慎选择。诉讼一般成本高、耗时长，但如果企业做好整体战略部署，把握好诉讼时机，也可以变诉讼危机为发展契机。和解成本相对较低，通过寻找双方利益平衡点，达到双方各自追求的目的，缓和双方对立的关系。企业在协议和解时不应盲目退让，以求息事宁人，而是要灵活运用自己的知识产权资源，在谈判的同时根据局势的变化调整自己的目的，寻求自我主导的良性竞争环境，化侵权为许可。仲裁在保持双方的和谐关系方面与和解相似，但比和解更能体现出专业性，企业应该重视和掌握海外仲裁的流程，必要时也可通过仲裁解决知识产权纠纷。

案例分析

王致和商标归来 中华老字号企业海外维权胜诉❶

中华老字号企业海外维权第一案——王致和诉德国欧凯公司恶意抢注商标案，于2009年4月23日作出终审判决。德国慕尼黑高等法院裁决"王致和"商标侵权案中方胜诉，要求德国欧凯公司停止使用"王致和"商标，并撤回其在德国专利商标局注册的"王致和"商标。这是终审判决，并且具有最终效力。

2006年，试图开拓欧洲市场的王致和食品集团发现自己拥有的"王致和"商标和使用了几百年的标识被抢注，其腐乳、调味品、销售服务三类商标被一家名为"欧凯"的德国公司抢注，并且商标标识完全相同，王致和随后提起诉讼。2007年11月，慕尼黑地方法院一审认定欧凯公司在明知的情况下，恶意抢注王致和商标，已经构成了侵权和不正当竞争。欧凯不服，并上诉至慕尼黑高等法院。

谈到商标被抢注，王致和集团总经理王家槐显得很气愤。欧凯方面坚持其商标注册并不违法，提出注销或停止使用该商标的前提是王致和要给予一定的补偿。"我们的商标很明显是被他们偷窃了，这种要求没有任何根据。"王家槐称，此前双方争论的焦点是欧凯认为他们只负责销售没有生产，而且王致和在德国也没有生产行为，两个公司之间不存在竞争关系，因此不构成恶意抢注。

一直主张以和为贵的王家槐称，王致和的生产和经营并未收到这场持续很久的管理的不良影响。而且表示，随着公司国际化进程的加快，肯定会越来越重视公司知识产权对的保护工作。

王致和德国商标维权案律师沃尔夫冈博士曾经表示，欧凯在德国注册与王致和完全相同的商标本身就已经违反了德国《反不正当竞争法》，"欧凯心里打的主意很明显，因为王致和集团下一步要进军欧洲市场，一旦商标被抢注，就意味着进入该地区销售的产品需要向商标拥有者支付高额的版权费。"

"尽管目前欧凯并没有展开生产，但从逻辑上来讲，这种可能性是存在的，欧凯可以独立生产带有王致和商标的产品并销售。"此外，王致和在德国的销售行为是存在的，目前在德国销售的产品都是来自王致和的分销商，王致和与负责销往欧洲和德国的分销商所签订的合同，也证明了这种销售关系的存在，因此，欧凯的理由是站不住脚的。

欧凯在20世纪90年代注册"王致和"等商标时没有遇到一点困难。其公司

---

❶ 本案资料来源：李静. 王致和商标归来，中华老字号企业海外维权胜诉[J]. 商界，2009 (6).

负责人曾经对媒体表示："我们注册的原因是想提高这些商标在德国市场的影响力，促进广告宣传和营销。那时候王致和公司在北美和东南亚的10多个国家注册了商标，却偏偏放弃了欧洲。"他们认为，王致和在德国的名气是欧凯的功劳，因此希望以商标为筹码，换取"王致和"等产品在德国的总代理权。

欧凯公司是一家由德籍华人开办的百货公司，主要销售来自中国的食品。除了注册王致和的商标以外，他们还在德国注册了洽洽瓜子、老干妈辣椒酱、白家方便粉丝三家企业的商标。目前，王致和商标案的胜诉也带来了诸多积极的效果，像洽洽瓜子、老干妈辣椒酱、白家方便粉丝等商标所有人也开始采用多种手段与欧凯进行协商，他们均表示，不会放弃起诉的权利。

而"王致和"案只是中国企业的知识产权在海外被侵犯案例的冰山一角。根据国家工商管理总局相关数据，从20世纪80年代以来，已发生了2000多起中国出口商品的商标在海外被抢注的案例，有15%的知名商标在国外被抢注，每年约有价值10亿元无形资产损失。

【基本概念】

企业国际化；知识产权制度；国际投资；国际贸易；国际研发；专利分析；专利预警；知识产权诉讼；知识产权调解；知识产权仲裁。

【思考与分析】

1. 简述企业国际化的概念。
2. 简述企业国际化的特点。
3. 试述知识产权制度的国际化。
4. 试述企业知识产权纠纷的应对。

参考文献

[1] Wang M K, Hwang K P. Key factors for the successful evaluation and screening of managers of the intellectual property rights speciality[J]. Expert Systems with Applications an International Journal, 2011, 38 (9): 10794-10802.

[2] 安雪梅. 企业知识产权战略管理[M]. 北京: 知识产权出版社, 2012.

[3] 安雪梅. 知识产权管理[M]. 北京: 法律出版社, 2015.

[4] 曾德国, 乔永忠. 知识产权管理[M]. 北京: 知识产权出版社, 2012.

[5] 曾德国. 企业知识产权管理[M]. 北京: 北京大学出版社, 2015.

[6] 陈昌柏. 知识产权战略[M]. 北京: 科学出版社, 2009.

[7] 陈朝晖. 企业专利商业化模式研究[M]. 北京: 知识产权出版社, 2014.

[8] 陈伟, 于丽艳. 企业国际化经营知识产权战略管理系统[M]. 哈尔滨: 哈尔滨工业大学出版社, 2014.

[9] 陈媛媛. 企业知识产权管理[M]. 北京: 中国铁道出版社, 2014.

[10] 成全, 王玉平. 企业知识产权预警机制的构建及实施策略研究[J]. 情报科学, 2012 (9): 1316-1320.

[11] 方立维. 专利标准化下专利联盟及其专利授权许可政策[M]. 北京: 知识产权出版社, 2015.

[12] 冯晓青. 基于我国企业技术创新和知识产权战略实施的知识产权考核评价机制研究[J]. 当代经济管理, 2013, 35(5): 28-34.

[13] 冯晓青. 技术创新与企业知识产权战略[M]. 北京: 知识产权出版社, 2015.

[14] 冯晓青. 企业知识产权管理[M]. 北京: 中国政法大学出版社, 2012.

[15] 冯晓青. 企业知识产权战略[M]. 4版. 北京: 知识产权出版社, 2015.

[16] 冯晓青. 全球化环境中的知识产权保护[M]. 北京: 中国政法大学出版社, 2007.

[17] 冯晓青. 论企业技术创新中的知识产权管理策略——以专利信息管理为考察视角[J]. 东疆学刊, 2013 (3): 91-96.

[18] 甘绍宁. 专利信息分析管理与应用[M]. 北京: 知识产权出版社, 2015.

[19] 官玉琴, 彭强, 叶文庆, 等. 知识产权管理[M]. 厦门: 厦门大学出版社, 2014.

[20] 韩秀丽, 衣淑玲. 中国企业海外知识产权保护法律体系研究[M]. 厦门: 厦门大学出版社, 2016.

[21] 蒋凯. 企业信息管理中的知识产权探析[J]. 商场现代化, 2005 (3): 157-158.

[22] 蒋逊明. 企业合作研发的知识产权风险及其控制[J]. 科技管理研究, 2007 (2): 123-125.

[23] 柯涛, 林葵. 知识产权管理[M]. 北京: 高等教育出版社, 2005.

[24] 李皓. 企业研发过程中的专利信息管理与应用[J]. 世界钢铁, 2013, (1): 64-67.

[25] 梁艳. 专利攻防战略[M]. 北京: 法律出版社, 2014.

[26] 刘科. 中国知识产权刑法保护国际化研究[M]. 北京: 中国人民公安大学出版社, 2009.

[27] 鲁桐. 中国企业跨国经营战略[M]. 北京: 经济管理出版社, 2003.

[28] 牟莉莉, 等. 高技术企业合作研发中的知识产权保护机制研究[J]. 科技管理研究, 2009 (2): 251-253.

[29] 孙永一. 企业知识产权保护司法实务[M]. 北京: 知识产权出版社, 2015.

[30] 谭力文, 吴先明. 战略管理[M]. 武汉: 武汉大学出版社, 2011.

[31] 田文锦. 知识产权管理基础[M]. 北京: 中国财政经济出版社, 2012.

[32] 王冰. 知识产权战略制定与战术执行[M]. 武汉: 武汉大学出版社, 2007.

[33] 王成仁, 冯喆. 中小企业知识产权风险预警机制亟待建立[J]. 中国经贸导刊, 2015 (3): 71-73.

[34] 王莉亚, 邱均平. 论企业知识产权保护中的预警机制[J]. 图书情报知识, 2004 (2): 49-51.

[35] 王潇鹤. 企业信息管理能力对营销绩效的影响分析[J]. 商场现代化,

2016（8）：115-117.

[36] 文湘. 浅谈企业技术创新中应注意的知识产权问题[J]. 电动自行车，2005（3）：12-15.

[37] 吴汉东，等. 知识产权制度变革与发展研究[M]. 北京：经济科学出版社，2013.

[38] 吴汉东，郭寿康. 知识产权制度国际化问题研究[M]. 北京：北京大学出版社，2010.

[39] 夏强. 企业在广告宣传中应注意的常见知识产权问题[J]. 中国安防，2013（5）：107-110.

[40] 徐棣枫，沈晖. 企业知识产权战略[M]. 北京：知识产权出版社，2010.

[41] 徐家力. 论企业知识产权保护[M]. 上海：上海交通大学出版社，2013.

[42] 杨勇，马维野. 企业知识产权战略制定与规划[M]. 北京：化学工业出版社，2016.

[43] 叶春明. 专利测度与评价指标体系研究[M]. 北京：知识产权出版社，2013.

[44] 岳贤平. 企业知识产权战略实施中高层领导特征及其影响：基于科技人员满意度的视角[J]. 技术经济，2012，31（11）：36-43.

[45] 周英. 界面管理与企业知识产权信息流[J]. 图书情报研究，2011（1）：28-30.

[46] 周竺，黄瑞华. 基于关系营销观点的企业知识产权管理[J]. 科技管理研究，2006（1）：146-149.

[47] 朱秋沅. 知识产权边境保护制度国际化与本土化研究[M]. 北京：知识产权出版社，2014.

[48] 朱雪忠. 知识产权管理[M]. 北京：高等教育出版社，2010.